날씨의 맛

날씨의 맛

알랭 코르뱅 외 지음
길혜연 옮김

**비, 햇빛, 바람,
눈, 안개, 뇌우를 느끼는
감수성의 역사**

책세상

일러두기

1. 저자의 주는 미주로, 옮긴이의 주는 각주로 표시했다.
2. 원서에서 이탤릭체로 강조한 부분은 고딕체로 표시했다.
3. 책·잡지·신문은 《 》로, 논문·시·연극·방송 프로그램·그림은 〈 〉로 표시했다.

    기상학의 풍부한 역사와, 기상학의 진보를 가능케 했던 모든 기록 방식의 역사는 17세기부터 존재해왔다. 기후의 장엄한 역사도 존재하는데, 이제는 시대 순으로 해마다 종잡기 어려운 날씨의 변화를 추적할 수 있게 되었다. 소小빙하기였던 1709년 겨울의 혹한과 그 밖의 여러 사건들은 매우 잘 알려져 있다. 수많은 인류학자들은 그들 나름대로, 19세기 말부터 가뭄, 우박 혹은 뇌우로 인하여 형성된 집단적인 행동 양식들과 의식儀式들을 서술하고 분석했다.

   이제 비와 눈, 안개를 접하며, 또는 바람을 맞으며 개개인이 느꼈던 감정들이 남아 있다. 이 모든 돌발적 변화에 민감하게 반응하는 기상학적 자아의 출현이 포착되는 것은 역사의 어떤 순간에서인가? 그것을 느끼는 방식은 시대의 흐름에 따라 어느 정도로 변모해왔는가? 오늘날, 앎에 대한 일상적 욕구로, 때로는 진정한 정신의학적 문제로 연결될 정도인 기상 현상이 불러일으키는 관심, 표현, 욕망, 쾌락, 혐오의 형태는 어떻게 변천되어왔는가?

   이 책의 씨실을 이루는 것은 이 모든 감정의 역사, 그 힘이 변이해온 역사이다.

이 기상 현상 속에서의 산책이 지루해지지 않도록 각 분야의 전문가들이, 자기 나름의 자유로운 필치로 다양한 정보들을 펼쳐놓았다. 이 모든 정보의 모음은 날씨를 느끼는 감수성의 역사에 근거를 제공하고 있다.

알랭 코르뱅

1

빗속에서

—

알랭 코르뱅

알랭 코르뱅Alain Corbin

파리1대학교 명예교수. 근년의 저작으로《모르테롤 콘퍼런스, 1895~1896 겨울 : 사라진 세계에 귀기울이며Les conférences de Morterolles, hiver 1895~1896 : A l'écoute d'un monde disparu》(2011)와 《그늘의 감미로움 : 나무, 감성의 원천, 고대에서 현재까지La douceur de l'ombre : L'arbre, source d'émotions, de l'Antiquité à nos jours》(2013)가 있다.

18세기 말, 기상 현상을 느끼는 개인의 감수성이 증대되어 편지와 일기를 쓰는 사람들의 마음속에서, 기상 현상이 미치는 효과를 이야기하기 위한 수사법이 구축되고 세련되어졌다. 개인이 비를 고대하고 인지하고 음미하고 심지어 조롱하는 방식, 시대를 거듭하며 기상 감수성이 심화된 방식을 분석함으로써 비의 역사를 시작해보자. 18세기 말은, 이를 기점으로 전과 후를 구분할 수 있는 하나의 중간 휴지기를 이루고 있다.

　　1784년《자연에 관한 연구*Études de la nature*》에서 비에 대해 언급했던 베르나르댕 드 생피에르*의 말에 귀를 기울여보자. 역설적이게도 이 초기의 문헌은 비와 '궂은 날씨'가 주는 기쁨을 강조하는데, 저자는 이런 날씨를 울적한 느낌이 가져오는 기쁨들과 연관 짓는다. 베르나르댕 드 생피에르는 우선, 비를 "기분 좋게" 음미하기 위해서는

---

*　Jacques-Henri Bernardin de Saint-Pierre(1737~1814). 프랑스의 작가, 식물학자. 그의 스승 루소Jean-Jacques Rousseau처럼 인간혐오자이자 공상가였던 그는 에덴동산에 가까운 유토피아를 꿈꾼 이상주의자였다. 루소의 자연론을 낭만주의적 생태환경론으로 정립했다는 평가도 받는다. 대표작으로는 자연과 하느님에 대한 사랑으로 가득한《자연에 관한 연구》, 소설《폴과 비르지니*Paul et Virginie*》(1788) 등이 있다.

"산책, 방문, 사냥 혹은 여행 계획"[1] 이 없어야 한다고 단언하는데, 이런 계획들은 비로 인해 '방해받을' 우려가 있으므로 기분을 상하게 만들기 때문이다.

저자에 따르면, 이런 상황을 즐기기 위해서는 "이 비는 한없이 내릴 것"이라고 생각하지 않는 것 또한 중요하다. 사시사철 비 때문에 되는 일이 없다고, 모든 것이 엉망진창이라고 투덜대는 것을 삼가야 하고, "비에 젖은 사람이 빠져들 수 있는 모든 비이성적 사유를 피해야 한다". 간단히 말해서 비를 음미하려면 "정신은 여행을 하고 몸은 쉬어야 하는 것이다".

그렇다면 베르나르댕 드 생피에르의 눈에 비친 이 기쁨들이란 과연 무엇일까? 그는 다음과 같이 적고 있다. "나는 예컨대 소나기가 내릴 때, 이끼가 내려앉은 오래된 담장 위로 물이 똑똑 떨어지는 것을 볼 때, 바람이, 비의 미세한 떨림과 뒤섞여 윙윙대는 소리를 들을 때 기쁨을 맛본다. 밤에 들리는 이 쓸쓸한 소리들은 나를 달콤하고 깊은 잠으로 빠져들게 한다."

고대 문화로 내면이 형성된 인물인 베르나르댕 드 생피에르는 플리니우스*의 말을 떠올린다. 그에 따르면, 로마의 어느 집정관은 "비가 올 때면 자신의 침대를 잎이 무성한 나무 아래 갖다놓고 빗방울

---

* Gaius Plinius Secundus(23~79). 고대 로마의 제독, 작가, 자연주의자. 기념비적인 백과사전《박물지》를 집필했다. 그의 생질을 소小플리니우스라 부르고, 그를 대大플리니우스라 부른다. 특히《박물지》제33~37권에서 미술사를 다룬 부분은 2세기경 그리스의 지리학자 파우사니아스의《그리스 이야기》와 함께 고대 미술사(특히 그리스 미술사) 연구에 필수적인 기본 자료로서 오늘날까지 그 중요성을 인정받고 있다.

의 아스라한 속삭임을 들으며 잠이 들곤 했다".

《자연에 관한 연구》의 저자는 좀 더 나아가 본격적인 분석을 하기에 앞서 또 다른 세 가지 기쁨을 묘사한다. 첫 번째 기쁨은 몸과 관련된 것이다. "날씨가 궂을 때에는 비가 오는 광경을 보는 내게 비를 피할 보금자리가 있다는 것으로, 바람이 불 때에는 따뜻한 침대 속에 있다는 것으로 나 자신의 인간적 비루함이 가라앉음을 느낀다. 소극적인 행복을 누리게 되는 것이다."

두 번째 기쁨은 보다 각별히 영혼과 관련된다. 바람을 동반한 비는 "광대한 무한"의 인상을 준다. 먼 곳에서부터 당도한 이 비는——작가가 그렇게 썼기에 이제야 우리가 알게 되는 것이지만——다시금, 멀리 떨어진 동방의 '타타르의 식물'까지도 기름지게 해줄 것이라는 기분 좋은 생각을 하게 한다. 요컨대 비는 영혼의 여행을 가능케 하며, 베르나르댕 드 생피에르가 썼듯이 몸은 비록 "휴식을 사랑하여 더욱 고요하고 더욱 안전할"지라도, "이 지성의 여행은 내 영혼을 그 본성대로 확장시킨다".

그러나 저자에 따르면, 비 오는 날씨가 불러오는 또 다른 희열이 있다. "자연은 다정한 친구처럼 나의 상황에 맞춰주는 것 같다." 이처럼 울적한 마음은 베르나르댕으로 하여금 이미 지겹게 되풀이되었던 비유를 떠올리게 한다. 비와 눈물을 연결시키는 것이다. 그가 보기에 이 비유는 에로스로 귀착한다. "비가 올 땐 아름다운 여인이 우는 모습을 보는 것 같다. 그녀는 애절해 보일수록 더욱 아름다워 보인다."

18세기 당시, 비가 감각에 미치는 기분 좋은 효과에 대해 상세히 기술한 사람은 베르나르댕 드 생피에르뿐만이 아니었다. 작가인 주베르*는 1779~1783년에 기록한 그의 《수첩Carnet》에서, 화가인 발랑시엔**은 학생들을 위한 교재에서 제각기 시선의 즐거움에 천착하고 있다. 비는 자연의 여러 구성 요소들을 채색한다. 비는 그 요소들에 예기치 않은 아름다움을 부여하고 사람은 그 아름다움을 만끽한다.

소리와 색채의 미묘한 차이와, 사물에서 받는 인상에 대해, 비가 우리 몸을 어떤 방식으로, 더욱 신중하고 사색적이며 섬세하게 만드는지 주베르의 글만큼 잘 느끼게 해주는 것은 없다.

비가 오는 동안에는 모든 사물이 과장되어 보이게 하는 어떤 어둠이 있다. 게다가 이 비는, 우리 몸을 얼마간 명상으로 인도하여 그 영혼을 보다 한없이 섬세하게 만드는 과정을 통해 친숙하게 말을 건넨다. 비는 이런 소리로도 말한다. (…) 끊임없이 귀를 사로잡으며 주의를 끌고 숨 돌릴 겨를을 주지 않는다. 벽, 나무, 바위에 밴 습기가 자아내는 이런 갈색조는 모든 사물의 인상에 덧입혀진다. 그리고 그것이 나그네의 주변에 펼쳐내는 고독과 침묵은, 사람과 동물이 모두 조용히 각자의 안식처로 돌아가도록 만들기 때문

---

* Joseph Joubert(1754~1824). 프랑스의 수필가, 모럴리스트. "가르치는 것은 두 번 배우는 것이다" 등 지금까지도 회자되는 유명한 금언을 많이 남겼다.
** Pierre-Henri de Valenciennes(1750~1819). 프랑스의 화가, 교사. 원근법의 개념과 함께 풍경화의 습득법을 담은 《실용적 원근법의 요소들Éléments de perspective pratique à l'usage des artistes》(1799) 등의 저서를 남겼다.

에, 더욱 분명한 인상을 주게 된다. 외투를 입고 모자를 눌러쓴 채 인적 없는 오솔길을 천천히 걸어가는 나그네는 주변의 모든 것에서 강한 인상을 받게 되는데, 그 모든 것은 그의 시야와 상상력 속에서 확대된다. 시냇물은 불어 있고 풀은 더 무성하며 바위의 윤곽은 더 뚜렷해진다. 하늘은 지상에 더 가깝게 낮아지고 모든 사물은 더 좁아진 지평 안에 갇혀 더 많은 자리를 차지하고 더 커지는 것이다.[2]

발랑시엔의 글에 따르면 비는 자연의 사물에 광채를 부여한다. 그러나 이 광채가 즉각적인 것은 아니다. 그것을 포착하고 한껏 누리기 위해서는 조금 기다려야 한다. 나무들이 스스로 껍질과 가지를 말리고, 습기로 인해 거무스름하게 진해진 색을 떨쳐낼 시간을 줘야 한다. 한 시간 후가 "바로 그 순간"이다. 이것이 발랑시엔의 견해에서 중요한 개념이다.

그리하여, 늦추어진 비의 효과 덕분에 "조금 전엔 고개를 숙이고 시들어 있던 나뭇잎들이 줄기 위에서 다시 몸을 일으켜 생생하게 빛나는 초록으로 치장을 한다. (⋯) 이끼와 잔디는 에메랄드빛으로 뒤덮인다".[3] 비가 그친 후 다시금 힘차게 지저귀는 새소리를 듣는 것은 중세부터 익히 강조되어온 기쁨이다.

비가 가져오는 긍정적인 효과에 대한 분석은, 같은 시대에 살았던 목사 윌리엄 길핀*의 글에서는 또 다르게 펼쳐진다. 여기서 우리는 분명히 '픽처레스크한** 아름다움'이라는 코드를 구상해낸 인물들

중 한 사람을 보게 된다. 와이wye 강 유람 당시에 겪은 주된 체험 중 하나인, 목사의 '픽처레스크한 시선'은, 긍정적인 동시에 부정적이기도 한 비의 역할을 내몰아버린다. 그는 이렇게 쓴다.

> 비는 이 풍경들에 **음울한 기품**을 부여한다. 강에서 멀리 떨어진 제방 위에 어둠의 베일을 드리우며 비는 이따금 **즐거운 거리 두기** 같은 뭔가를 만들어냈다. 그렇지만 비는 가장 중요한 아름다움을 숨기고 있었다. 그래서 우리는 다만, 이 모든 광경을 그토록 빛나게 해주었던 생생한 빛과 깊은 그늘이 없어져버린 것을 안타까워할 수밖에 없었다.[4]

탐험가들이나 일반 여행자들을 통해 알려진, 적도 지방이나 열대 지방의 비가 감각에 미치는 영향을 연구하려면 이야기가 너무 길어지게 될 것이다. 이들은 역사학자인 바버라 스태포드Barbara Stafford가 "본질을 찾아 떠나는 진정한 여행"[5]이라 규정한 것을 실행에 옮긴 놀라운 사람들이다. 여기서 비는, 여태껏 느껴보지 못했던 하나의 형태, 어떤 강렬함을 띠게 된다. 이것은 식물에 미치는 비의 영향에

---

* William Gilpin(1724~1804). 영국의 목사, 작가, 예술가. '픽처레스크Picturesque' 개념을 고안한 창시자들 가운데 한 명이다.
** 원래 '그림과 같은'이란 뜻이다. 18세기 영국의 미학 이론에서 회화성을 나타내는 데 쓰인다. 즉 진지하지 않고, 놀이 삼아 하는 풍류나 심심풀이의 성격이 강한 표현을 말한다. 18세기 후기부터 19세기 초기에 영국에서 유행한 건축·조원造園상의 취미를 가리키기도 한다.

서 비롯되는 건 아닐까. 코르코바도*를 둘러싼 숲에서 폭풍우를 목격한 다윈은, 그 상황에서 들었던 놀라운 빗소리에 대해 얘기한다. 나뭇잎을 때리는 물방울은 "엄청나게 크고도 독특한 소리를 내어 수백 미터 떨어진 곳에서도 들을 수 있었고 그 소리는 흡사 엄청난 급류가 만들어내는 소리와도 같았다".[6]

그로부터 조금 후엔 헨리 데이비드 소로**가 비를 찬양할 차례다. 미국의 초월주의 애호가들은, 그가 느끼는 기쁨의 범위가 확장된 것에 또 한 번 감동했다. 피에르 아도***는 그의 글에서, 소로가 빗방울 속에서 "무한한 만큼 인간의 이해력을 넘어서는 자비심을 인지했다"[7]고 썼다. 소로는 "그것이 식물에 좋다면 나에게도 좋은 것이다"라며 《월든Walden》에 적고 있다. 비는 그에게 세상 전체에 깊이 침잠하는 느낌을, 스토아 철학자들의 것이었던, 자연을 수용하는 기쁨을 되찾는 느낌을 주었다. 그가 1848년 3월에 쓴 일기를 읽어보자. 이 대목에서 그는 비와 구름이 가져다주는 기쁨을 매우 치밀하게 분석하고 있다.

---

* Corcobado. 브라질 리우데자네이루에 위치한 산.
** Henry David Thoreau(1817~1862). 미국의 사상가, 초월주의 작가. 1845년부터 1847년까지 월든 호반에서 생활하면서 인간이 생존하는 데 필요한 최소한의 조건을 몸소 체험했다. 그 경험을 바탕으로 쓴 대표작 《월든, 혹은 숲 속의 생활Walden, or Life in the Woods》(1854)은 미국 문학의 고전으로 널리 읽히고 있다.
*** Pierre Hadot(1922~2010). 프랑스의 철학자, 역사가. 고대 철학, 그중에서도 신플라톤주의와 플로티누스 철학에 정통한 것으로 유명하다.

그러면 지금 내게 흥미로운 것은 무엇인가? 초가지붕을 따라 흐르는 비가 **끈질기게 스며드는** 동안 나는 벌거벗은 언덕이 가까이 보이는, 작년에 수확한 야생귀리로 만든 침대 위에 누워 명상에 잠긴다. 그것이 바로 나의 관심사다. 하늘에서 내려온 이 수정 구슬을 **바라보는 것**은 나 자신과 만나기 위해서다. 구름과, 이슬비가 내리는 우울한 날씨가 모든 것을 감싸는 동안 그와 나는 서로 가까워져 인사를 나눈다. 바람이 내뱉는 마지막 숨결 아래 구름이 모여들고, **물방울을 똑똑 떨구는** 가지와 나뭇잎, **친밀한 위로의 느낌**, 사람들이 지나갈 때면 진주알을 떨어뜨리는 젖은 나무와 초가지붕, 그것들을 감싸 안으며 **따뜻한 마음의 표시**로 몸을 살짝 숙이는 것 같은 비, 그 사이로 보이는 이 모든 것의 **희미한 모습**, 이것이야말로 두말할 나위 없는 나의 세계다. 이것이 **영국식 자연의 쾌적함**이다. 새들은 우거진 나뭇가지 아래에서 더욱 가까워지고 정겨워지며, 횃대 위에서, 햇빛이여 다시 돌아오라고 새로운 화음을 지어낸다.[8]

이 글에서는 특정한 비의 형태가 감정을 불러일으킨다는 사실을 눈여겨보자. 끈질기게 흘러내리며 스며들고, 그 무엇보다도 모든 사물을 희미하게 둘러싸는 비. 그래서 이 비는 친밀한 위로의 느낌을 준다.

대서양 너머에서 비를 찬미한 이는 헨리 데이비드 소로 혼자가 아니었다. 시인 월트 휘트먼Walt Whitman은 유명한 시 〈빗소리The Voice of the Rain〉를 바친다.

그대는 누구인가? 감미롭게 쏟아져 내리는 비에게 물었더니

신기하게도 이렇게 대답했네. 그것을 여기에 옮겨보자면

나는 대지의 시라고, 빗소리는 말했네, (…)

나는 지구의 메마름과 미물들, 그리고 먼지를 적시러 내려온다오

나 없이는 모든 것이 미생의 숨어 있는 씨앗일 뿐

나는 언제나 밤낮으로 나의 근원에 생명을 돌려주어

맑고 아름답게 만드나니

노래는 제가 태어난 곳에서 흘러나와 떠돌다가 할 일을 다 마치면,

무엇에도 아랑곳하지 않고 때맞춰 사랑을 싣고 되돌아오기 때문인

것을.[9]

    당연히, 기상학적 자아가 형성되던 이 시대에는 비를 감상하는 태도가 그다지 열광적이지는 않았다. 비를 느끼는 방식이 대체로 '궂은 날씨'의 개념과 연결되어 기본적으로 대개 부정적이었기 때문이다. 비에 젖는 것에 대한 혐오가 배가되는 느낌과, 수세기 동안 위생을 유지해준 건조에 대한 욕구가 뒤섞인 것이다. 이 점에 관해서는 멘드비랑*의 일기가 자주 인용된다. 이 관념론자는 비가 올 때면 기분이 좋지 않았다. 그러나 그가 비를 느끼는 방식에는 단순한 혐오

---

*   Pierre Maine de Biran(1766~1824). '프랑스의 칸트'라 불리는 철학자, 수학자, 정치가. 프랑스 유심론의 시조라고도 하며, 르네 데카르트René Descartes의 "나는 생각한다. 고로 나는 존재한다"를 "나는 의욕意慾한다. 고로 나는 존재한다"로 대치했다. 만년에는 종교적 색채를 더하여 기독교적 신비주의에 경도되었다.

만 있는 것은 아니었다. 그는 비로 인한 불쾌함을, 자신의 기상학적 자아를 세심하게 분석하는 과정에서 떠오른 상호 관계망 안으로 통합시켰다. 이 기상학적 자아는 예측 불가능성과 불안정성에서 비롯한 불편함을 느꼈다.[10] 비의 감상에 관련된 여러 상황은, 일기 쓰는 이의 마음을 옥죄는 '걱정거리', 그 자신의 몸 자체가 느끼는 감각, 그 순간 그의 상념, 추억, 욕망, 그의 사교생활이나 직업에 관련된 의문들과 뒤섞인다. 되풀이하자면 이런 뒤얽힘 속에서 비는 여전히 거의 늘 부정적으로 분석된다.

1814년 9월, 멘드비랑은 그의 《일기Journal》에 이렇게 쓴다.[11] "20일, 날씨가 변했다. 21일과 22일엔 비가 많이 내렸다. 여름이 끝나고 가을이 시작된다. 이런 변화에 따른 영향을 느끼고 있다. 몸이 불편하다. 위염이 생긴데다 머리가 무겁긴 하지만 전반적인 컨디션은 안정을 되찾아 정신적, 육체적으로 약간 나아졌다." 우기의 시작에 따른 영향이, 멘드비랑의 간결한 어휘로 표현됨을 볼 수 있다.

한겨울에 해당하는 1819년 2월 3, 4, 5일, 비가 오며 기온은 따뜻하고 습했던 그 사흘간의 《일기》에서 말한 날씨와의 상관관계는 보다 분명하다. "이 사흘 동안 난 슬픔과 낙담, 곤란함으로 힘들어, 거의 생기라고는 없는 고통스러운 상태였다. 깊은 침잠. 위가 침하된 듯이 소화가 힘들고, 생각은 느리고 모호하다. 세상이 사라진 것만 같다."

이 모든 것이, 매우 근자의 개념인 개인적 체감[12]이 기상과 연결되는 훌륭한 예를 보여준다. 이 개인적 체감이라는 개념은 멘드비랑의 주의를 끌었다. 어쨌든 되풀이하건대, 대체로 비가 내리거나 습기가 가득한 날씨와 같은 나쁜 날씨는, 육체 및 정신에 대한 복합적인 분석에도 아랑곳없이, 대개 그의 《일기》에서는 부정적인 의미를 내포한다.

스탕달Stendhal은 비를 싫어했다. 그는 사적인 글에서 "영원히 내릴 것처럼 계속되는 질척하고 고약하고 밉살스러운 비"[13]를 매우 격렬하게 탓하고 있다.

비가 감성과 심리에 미치는 효과에 대한 연구가 한창이던 이 시대에 집필된, 비를 평가하는 중요 텍스트를 인용하고 분석하려면 끝이 없을 것이다. 이제 하나의 질문이 제기된다. 그러면 그 이전에는 어떠했을까? 이에 관해서는 후에 좀 더 논의하게 될, 집단적인 감상에 속하는 것과 개인적인 감상에 속하는 것을 구분해야만 할 것이다. 개인적인 감상에 관련된 증거는 18세기 이전에는 드물었다. 이것이 우리가 주의를 기울이지 않아서 그런 건지, 이런 종류의 감각들과 감동들을 표현하게 해줄 수사법이 빈곤해서 그런 건지는 알 수 없다.

르네상스와 근대의 예술가들이 쓴 글에서 강렬히 표현된 비는, 무엇보다도 대홍수의 비다. 즉, 회오리 물기둥 모양으로 불쑥 나타나 바람을 타고, 모든 것을 휩쓸어버리고 공포에 떨게 하는, 한밤중의 악몽처럼 격렬하게 퍼붓는 비다. 이 성경의 이미지가 지닌 힘은, 그 표현 방법에 있어서, 비의 감미로움이나 비가 일상성 안에서 미치는 영향에는 거의 틈을 내주지 않을 정도로 독보적이다.

레오나르도 다빈치는 그의 《수첩Carnets》의 한 대목에서 대홍수 때 쏟아지는 비를 상상한다. "하늘은, 비스듬히 내리다가 바람이 세차게 불면 정면으로 들이치는 장대 같은 비로 어두워지고, 이 비는 먼지가 이는 듯한 파문을 일으킨다. 먼지바람과 차이가 있다면 이 홍수는, 흐르는 빗줄기로 줄무늬를 만든다는 점이다."[14]

그럼에도 전문가들은 이 비의 감상 방식이라는 주제에 관해, 17세기 중반 드 세비녜 후작부인*의 서신에서 나타나는 사례가 흥미롭다는 점에 의견을 일치시키고 있다. 결국 이 주제에 대한 논의를 시작할 때 거론했던 시대보다 훨씬 앞선 것이다. 예언적인 확신을 갖고 비의 영향력에 쏟는 이러한 관심은 이 서간문 작가의 글에서 몇 가지 특징으로 정의되는데, 이 특징들 모두가 평가의 영역에 속하는 것은 아니다. 따라서 드 세비녜 부인의 글은 체액 의학에서 파생된 신념, 특히 다른 기상 현상들과 더불어 비는 신체의 체액에 영향을 미친다고 생각하게 만드는 신념의 흔적을 반영한다.

여하간, 후작부인의 서신은 기상 상황에 따라 리듬을 타고 있음은 분명해 보인다. 이 편지들 중에서 그날의 날씨를 암시한 부분은 수백 군데에 달한다. 비가 내포하는 부정적인 암시적 의미는, 체액에 미치는 영향보다는 물질적인 불편과 연관이 있다. 이는 우리가 이미 살펴보았듯이 19세기 초반의 일기 작가들에게는 해당되지 않는 것

---

* Marquise de Sévigné(1626~1696). 프랑스의 작가. 스물다섯에 남편을 잃은 뒤 홀로 1남 1녀를 양육했으며 시집간 딸에게 25년에 걸쳐 수많은 편지를 써 보냈다. 그 편지들을 모은 《서한집Correspondance》(1726)은 18세기 서간체 문학에 큰 영향을 미쳤다.

이다.

드 세비녜 부인의 편지에서 비는 우선 거추장스러운 존재로 부각된다.[15] 비는 마차를 타고 가는 데 장애가 된다. 길 위에 진창을 만들고 '물구덩이'를 만드는 것이다. 게다가 몸도 축축해진다. 특히 비는 후작부인의 '멋진 산책'을 방해한다. 그래서 후작부인은 이렇게 쓴다. "비와 바람, 추위로 몹시 불쾌한 날씨다."

그녀의 편지에는 벌써 비가 정신에 미치는 영향을 다루는 짧은 기록들이 나타난다. 일반적으로 비는 우울한 기분이나 '지독한 슬픔'과 연관된다. 후작부인의 편지들에서는 이미, 앞으로 상투적인 표현이 될 비와 눈물의 관계를 읽을 수 있다.

같은 글 속에서도, 비에 대한 어떤 감상 태도는 때때로 사회적인 관습과 얽히게 된다. 역설적으로 비가 야기하는 불쾌감을 통해, 특히 그것이 불러일으키는 흥분을 통해, 비는 사교의 즐거움으로 연결될 수도 있다. 비가 갑작스레 쏟아질 때 그것은 여성의 행동에 있어 법도를 뒤흔들고 위반을 허락한다. 그리고 이렇게 비가 쏟아지는 것은 종국에는 관능적인 축제가 될 정도로 매우 흥분되는 일이다. 이것은 분명히 후작부인에게 이런 일탈을 기록하는 기쁨을 부추긴다.

그녀는 1671년 8월 23일에 일어난 일을 이렇게 적는다. 비는 "처음에 우리를 적시기 시작했는데, 곧 우리 옷에서 죄다 물이 흐를 정도로 젖었다. 나무 잎사귀들은 잠깐 사이에 뚫려버렸고 우리가 입고 있던 옷도 순식간에 망가졌다. 우리는 모두 달리기 시작했다. 소리 지르고, 넘어지고, 미끄러지며 결국엔 집에 도착했다. 불을 크게 피우고, 모두들 내가 내어준 셔츠와 치마로 갈아입었다. 젖은 구두도 닦았다. 우린 다 함께 기절할 정도로 웃었다".[16]

우리의 출발점이 된, 자아에 미치는 비의 영향을 분석하던 시대부터 현대 이전까지는 심층적인 변화가 나타나지만 이에 대해서는 아직 연구된 바가 별로 없다. 서한 작가들과 일기 작가들이 비의 형태들을 전보다 세밀하게 묘사하려고 노력을 기울였다는 점을 제외하면 감상의 양태는 변화 없이 지속된 것으로 보인다. 대부분의 경우에 비는 이제 고약스러운 존재로 지칭되었다. 보들레르Charles Pierre Baudelaire는 비 내리는 도시의 풍경을 우울의 한 요인으로 만들었다. 베를렌Paul Verlaine의 작품에서는 비가 '멜랑콜리즘'과 일치한다. 비는 "잿빛 풍경", "차가운 안개, 어두운 구름, 은빛 빗방울의 혼합체"[17]와 한 몸을 이룬다. 우리는 모두 학창 시절에 《말없는 연가Romances sans paroles》(1874)에 수록된 시 한두 편을 배운 기억이 있다. 그 시들은 '감미로운 빗소리'를 떠올리게 한다.

> 도시에 비가 내리듯
> 내 마음에도 비가 내리네
> 가슴을 파고드는
> 이 울적함은 무엇일까?

이 시는 눈물과 빗물을 혼동하는 상투적인 표현을 새롭게 상기시킨다. 쥘 라포르그*는 이렇게 쓴다.

오늘 만사가 귀찮아 커튼을 젖히니
저 위 회색빛 하늘에선 하염없는 비가 내리네.[18]**

멜랑콜리, 우울, 권태도 그들 나름의 역사가 있는 것이 사실이지만, 비의 감상 방법에서 어떤 진화를 거쳤는지 가늠하기란 어렵다. 이 모든 글에서, 비는 그것 자체 말고는 아무 이유 없이 슬픔을 부추긴다.

폭풍우와 뇌우를 열성적으로 즐겨 그린 서양의 예술가들은, 이 19세기에 허공에 줄을 그어 비를 표현하는 일이 매우 드물었다. 귀스타브 카유보트Gustave Caillebotte의 〈비 오는 날, 파리의 거리〉(1877)는 우산의 물결과 젖은 포석을 통해, 비가 내리는 듯한 기상 상황을 암시하고 있을 뿐이다. 요컨대, 안도 히로시게安藤広重의 판화에서만큼 비의 강렬한 존재감을 부각시키는 작품은 없는 것 같다. 히로시게의 판화 작품은 반 고흐Vincent Van Gogh의 〈비 내리는 다리〉(1887)에 영감을 주었다.

긍정적인 감상을 위해서는 이제 소나기를 대체로 에로틱한 성격

---

* Jules Laforgue(1860~1887). 프랑스의 시인으로, 자유시의 창안자이다. 세계에 대한 염세적 전망에 유머와 구어체의 친근감을 곁들인 것이 특징이다.
** Jules Laforgue, 〈우울Spleen〉(1880), 《애가Les Complaintes》, '시Poésie'(Paris : Gallimard, 1979).

귀스타브 카유보트, 〈비 오는 날, 파리의 거리〉(1877).

을 띤 행복한 사건과 관련지어봐야 하겠다. 빅토르 위고Victor Hugo
는, 뇌우를 피하기 위해 찾아든 나무 밑에서 그의 연인 쥘리에트 드
루에Juliette Drouet와 처음으로 포옹했던 기억을 결코 잊은 적이 없다.
　다음에는, 베를렌의 〈고운 노래Bonne chanson〉를 읽어봐야 하는데,
약혼녀 마틸드 모테Mathilde Mauté를 만나러 파리의 거리를 걸어가는
시인의 발걸음에 행복한 비가 함께한다.

　빗방울이 뚝뚝 떨어지는 지붕, 빗물이 스미는 담장, 미끄러운 포석

왼쪽_안도 히로시게, 〈오하시와 아타케 다리에 갑자기 쏟아지는 소나기〉(1857).
오른쪽_빈센트 반 고흐, 〈비 내리는 다리〉(1887).

보도엔 구덩이가 파이고, 하수구에선 물이 넘쳐도

그 끝에선 지상낙원이 기다리고 있는, 이것이 바로 나의 길이로다.[19]

이 '사랑의 비'라는 주제는 상상력의 흐름을 타고 20세기에 다시 돌아오는데, 자크 프레베르Jacques Prévert의 매우 유명한 시를 통해서였다.

그날 브레스트에는 온종일 비가 내렸지

넌 웃으며 걷고 있었어

밝고 즐겁고 기쁨에 넘쳐 있었지

빗속에서 (…)

넌 웃고 있었어*

또는 조르주 브라상스Georges Brassens의 노래에서는 "작은 우산 속"
이 "작은 천국 속"으로 변하기도 한다.**

아울러 두 세기의 전환기에 프랑스 음악이 불러일으켰던 비에 대
한 행복한 기억을 잊지 않도록 하자. 철학자 미셸 옹프레Michel Onfray
는, 드뷔시Claude Achille Debussy에게 소나기란 "우울감과 섬세함, 감미
로움과 평안"[20]을 가져다주는 것이라고 썼다.

20세기에도 여전히 사람들은 대부분 비를 부정적인 것으로 느끼
고 있다. 앙드레 지드André Gide는 자신의 《일기Journal》에서 비에 대
한 혐오를 드러낸다. 1906년 1월 15일 일기에서 그는 이렇게 썼다.
"또 사흘 연속으로 비가 온다. 머리는 무겁고, 불안하고 우유부단한
상태." 1912년 2월 12일엔 이렇게 쓰기도 했다. "또 비가 오는 날씨
다. 오늘 아침의 두통은 그것 말고 다른 이유가 없다."[21]

한 세기 전, 멘드비랑의 메모와 연결되는 것들은 이만큼 많다. 개

---

* 시집 《파롤Parole》(1946)에 수록된 시 〈바르바라Barbara〉에 나오는 구절이다.
** 프랑스를 대표하는 시인이자 샹송 가수 조르주 브라상스(1921~1981)의 노래 〈우산Le
parapluie〉에 나오는 가사를 인용했다. 비를 맞고 가는 아가씨에게 우산을 받쳐주며 오
래도록 함께하기 위해 대홍수 때처럼 40일 동안 비가 내리면 좋겠다고 생각하는 청년의
달콤한 상상이 유머러스한 노래이다.

인의 비에 대한 감상의 역사는 이것으로 일단락된다.

그런데 또 다른 역사가 있다. 비에 대한 집단적인 반응의 역사가 그것이다. 그것을 잘 이해하기 위해 이 집단적인 반응의 종교적인 측면을 떠올리기 전에, 비가 지닌 정치적 가치의 역사를 살펴보도록 하자. 그것의 출현은, 앞서 살펴본 기상학적 자아의 탄생과 시기를 같이한다. 몇 가지 주요 일화가 비의 정치적인 얼굴을 그려냈다.

1790년 7월 14일, 바스티유 함락 1주년을 기념하기 위해 파리에서 열린 혁명파 시민 연맹 축제는 혁명사에서 중요한 사건이었다. 프랑스 전역에서 수도로 몰려드는 순례와도 같았던 이 행사는 국가의 단합을 눈부시도록 화려하게 보여줘야 했다. 그런데 이 기념비적인 여름날, 단 하나의 기억만이 쥘 미슐레*의 눈에서 눈물이 흐르게 했다. 비가 하염없이 내렸던 것이다. 햇살은 저녁 6시나 되어서야 지평선 너머에서 모습을 드러냈다. 올리비에 리츠**는, 한눈에 보기에도 열악한 이런 기상 상태에 사람들이 어떻게 반응했는지를 섬세하게 분석했다. 물론 혁명의 지지자인지 반대자인지에 따라 그 반응은

---

* Jules Michelet(1798~1874). 프랑스의 역사가로 국립고문서보관소 역사부장, 파리 대학교 교수, 콜레주 드 프랑스 교수를 역임했다. 역사에서 지리적 환경의 영향을 중시하고 민중의 입장에서 혁명의 반동 세력에 저항했다. 저서로《프랑스사(중세)Histoire de France》(6권, 1833~1867),《프랑스 혁명사Histoire de la révolution française》(7권, 1847~1853),《프랑스사(르네상스~프랑스 혁명 전)》(11권, 1856~1867),《19세기사Histoire du XIXe siècle》(3권, 1872~1874) 등이 있다.

** Olivier Ritz. 프랑스의 문학박사로, 현재 고등학교에서 고전문학을 가르치고 있다. 2014년 파리 소르본 대학교에서 박사 논문 〈1789년에서 1815년까지 혁명에 관한 논쟁에서 나타난 자연적 비유들Les métaphores naturelles dans le débat sur la Révolution de 1789 à 1815〉로 학위를 취득했다.

완전히 달랐다.[22]

이날 온종일 반혁명파 귀족들은 비를 즐겼다. '대홍수', '폭풍우'로 불린 이 비는 행복을 위협했다. 진실과 풍요의 상징인, 특히 영광의 상징인 햇빛이 사라졌다는 것은 그들에게 중요한 의미였다. 나쁜 날씨는 하늘이 혁명파에 반대한다는 신호였다. 말하자면 신은 반혁명파들의 편에 있다는 것이었다.

리바롤*은 "비에 젖은 의원들의 딱한 처지"를 비웃었다. 반혁명파 언론들은 무질서와 혼란, 떠밀리는 인파, 회랑 아래로 몸을 피하는 구경꾼들, 젖은 옷이 몸에 달라붙어 '윤곽'이 다 드러나게 된 여인들의 우스꽝스러운 모습을 묘사하는 것을 즐겼다.

처음엔 그저 좀 실망했을 뿐인 시민군과 의원, 민중은, 혁명파 언론의 말을 빌자면, 비 오는 하늘에 충격을 받았다. 그들은 될 수 있는 한, 한눈에 보기에도 열악한 날씨에 대해 침묵하려고 해보았다. 그러나 곧 집단적인 행동이 해석을 뒤집는다. 앞으로 있을 19세기 비의 정치사에 영향을 미칠 결정적인 순간이었다. 소나기가 쏟아지는 가운데 병사들과 시민들이 춤을 추기 시작한 것이다. 대부분 무장을 한 오륙만 명의 사람들이 보여준 이러한 행동은, 비는 해를 끼칠 수 없고, 악천후라 해서 혁명에 대한 열정을 억누를 수는 없다는 것을 증명해 보였다. 왕은 비를 맞으며 제단으로 올라가는 것을 거부했던 반면, 춤은 민중의 인내심을 보여주었다. 이 춤으로부터, 19세기 악

---

* Antoine de Rivarol(1753~1801). 프랑스의 작가, 기자, 수필가로, 프랑스 왕당파 측의 비방문을 집필하기도 했다.

천후의 정치사에 있어 중요한 데이터가 만들어졌다. 공유된 경험이 형성된 것이다. 함께 비에 젖는다는 사실은, 결속을 확인하는 것이다. 고위 관리들도, 병사들도, 구경꾼이었던 민중도, 모두 젖은 채 비를 조롱했다. 비는 감성의 공동체를 만들었다. 사건이 일어난 다음 날, 혁명파 언론들이 논평한 내용이 그러했다. 더구나 이 단합의 날 오후 늦게 모습을 드러낸 햇빛은, 축제의 성공을 의미하는 것이었다.

40여 년 후에는 비의 정치사에 있어 결정적인 일화들이 줄을 잇는다.[23] 세간에 '시민왕'으로 여겨졌던 루이 필리프 1세Louis-Philippe I 에게는 '프랑스의 왕'이 아닌 '프랑스 국민의 왕'이란 이름이 붙여진다. 예술사가인 마이클 메리넌Michael Marrinan이 조심스럽게 지적했듯이, 강력한 '기억의 정치학'에 알맞게 연출된 왕의 행동이 되풀이될 때, 사실 그는 지방 순시를 거의 하지 않았다. 그는 당연히 테러를 당할까 봐 두려웠다. 그래도 재위 초기 2년 동안은 그런 조심성을 드러내지 않았다. 자신의 순박함을 내보이길 원했던 루이 필리프는 평등의 상징체계를 철저하게 연구했다. 그는 자신의 즉위를 상기시키는 파리 시청 발코니에 모습을 즐겨 드러냈다. 같은 연유로 순시 중에는 마차의 덮개를 사용하지 않았다. 방문한 도시의 시청 발코니에서 자신의 모습을 보여주고는 아주 소박한 마차로 돌아오곤 했다.

1831년 6월 12일, 왕이 메츠의 경시청 마당을 떠나려 하는데 비가 내리기 시작했다. 그는 망토를 달라고 했다. 그러나 쉽게 구할 수가 없었다. 국민병이 도열한 가운데 루이 필리프는 열병하기로 결정했다. 잠시 후에 빗줄기는 더욱 거세졌다. 왕은 파리에 있는 왕비 마리

아멜리Marie-Amélie에게 이 같은 편지를 쓴다.

> 조마사가 그 자리에서 망토를 가져다주었소. 그러나 그곳엔 인파
> 가 엄청나서 나는 그것을 다시 가져가라고 말했소.
> 병사들은 망토를 입지 않았기에 나 역시 입고 싶지 않아 그것을 다
> 시 가져가라고 손짓했고, 총명한 국민들이 내 생각을 번개같이 알
> 아채고는 "브라보!", "국왕 만세!"를 외치는 소리가 울려 퍼졌소. 이
> 일화는 순방 여정 내내 각지로 퍼져 나가게 되었소.[24]

왕의 손짓은 모든 프랑스 국민이 비 앞에, 즉 자연의 법칙 앞에 평
등함을 상징했다. 그것은 그 어떤 것보다도 훌륭하게 특권의 종식을
상징했다. 루이 필리프는 얼마 후 브장송에서 "나는, 프랑스 국민들
이 그들의 왕을 위해서 비를 맞고 있을 때 왕은 망토를 내던지고 그
들과 함께 비를 맞아야 한다는 것을 알고 있다"[25]고 연설했다.

1831년 6월 12일부터 비는 정신을 하나로 모으는 수단이 되었다.
날씨만 허락된다면 루이 필리프는 망토를 내던지고 군중과 함께 비
를 맞았다. 이 장면은 바이외, 브장송, 캉, 뮐루즈, 낭시, 퐁토드메, 퐁
타무송, 스트라스부르와 좀 더 나중에는 1837년 루앙에서도 되풀이
되었다.《르 모니퇴르Le Moniteur》지는 1833년 바이외에서 왕의 결정
은 특별히 단호해 보였다고 보도했다. 어떤 여성은 왕에게 자신의
우산을 권했고 또 어떤 남성은 마차에 머무를 것을 권유했다. 이들

모두에게 왕은 답했다. "당신들과 함께하겠소." 이에 "만세와 환호성이 더욱 커졌다"[26]고 기자는 단언했다. 어쩌면 자신도 모르게, 루이 필리프는 1790년 7월 14일의 공유된 경험이라는 주제와 다시 관계를 맺게 되었다.

우리는 왕이 이 순방 중에 마리 아멜리에게 보낸 편지들을 국립문서보관소의 AP열에서 읽을 수 있다. 그는 우산을 거절하는 손짓을 되풀이할 수 있게 해주고, 국민들과 함께할 수 있도록 어김없이 내려준 비에 만족스러워하곤 했다. 날씨가 화창해서 자신을 초대해준 사람들과 함께 비를 맞지 못하는 날이면 그는 불행했다.

우리는, 이 시민왕이 몸소 우산을 든 채 수도의 거리를 활보하는 부르주아왕으로 보이기를 바랐다는 점을 자주 강조했다. 그는 종종 그렇게 희화화되었다. 사실 이제 막 떠올려본 일화들이 더욱 중요해 보이는 것은, 그것들이 또 다른 의미를 띠고 있기 때문이다. 메츠와 그 후 수많은 도시를 거치는 동안, 왕의 문제는 부르주아처럼 보이는 것이 아니라 국민들과의 나눔을 연출하는 것에 있었다. 엘리트들이 인식하는 노동자 계급이란, 악천후에 순응하여 단련이 되어 조금 무뎌진 계급이었다. 왕의 손짓은 그만큼 더 강력하게 진가를 발휘했다. 그것을, 자신의 병사들과 비를 함께 맞고 싶어 했던, 한때 혁명 체제하의 장교였던 왕의 손짓으로 해석할 수도 있다. 여하튼 그것은 혁명 이전 체제인 앙시앵 레짐과, 왕정복고 시대의 왕실 예식과는 단절된 손짓이었다.

니콜라 마리오Nicolas Mariot를 비롯한 몇몇 정치학 전문가들은 프랑스 공화국 대통령들의 지역 순방과 순방 중에 거행된 공식 의전을 연구했다.[27] 그들은 비가 올 때 국가원수가 어떻게 행동했는지 분석한 것이다. 대통령들은 일반적으로 (분명 덜 과시적이긴 했지만) 루이 필리프의 태도를 취했다. 많은 시청자가 그 비 오는 날 대통령들의, 특히 드골Charles de Gaulle 장군의 의연한 태도를 기억하고 있다. 그가 쓰고 있던 군모는 비를 거의 막아주지 못한 게 사실이다.

대통령의 건강이 너무 많은 비를 맞으면 악화될 것이라고 판단될 때는 우산을 쓰는 습관이 조심스럽게 자리를 잡긴 했어도, 근래 몇 년간 11월 11일에 열리는 1차 세계대전 승전 기념식에서 이러한 연출이 계속되고 있음을 확인할 수 있었다.

최근 언론에서는 프랑수아 올랑드François Hollande 대통령의 초기 공식행사가 모두 비가 내리는 가운데 열렸다는 것을 강조한 바 있다. 일부에서는 그 일을 두고 농담을 하기도 했다. 대통령 자신도 적대적인 하늘을 유머러스하게 받아들였다는 후문이다. 어쩌면 그도 그 옛날의 루이 필리프처럼 국민들과 함께 경험하는 악천후를 이용해야 했는지도 모르겠다.

고대 이래로 전쟁 중에 비로 인해 겪는 고통은 분쟁 전문 역사가들의 관심을 끌었다. 크레티앵 드 트루아Chrétien de Troyes 같은 기사도 소설 작가들의 작품을 읽어보면, 중세 시대에 비는 방랑하는 기사에게 통행 불가능한 길을 터준다. 그럼으로써 어떤 상황이 형성되어 기사가 전투를 결심하게 만들고, 때로는 사랑이 지연되는 결과를 초래한다. 우리는 잠시 역사의 한 순간에 멈춰보려 한다. 비로 인한 고통이 특별히 끔찍했던 시기, 즉 1차 세계대전 중에 참호의 용사들이 감내해야 했던 고통의 시기다. 역사가 스테판 오두앵 루조Stéphane Audoin-Rouzeau와 그의 지도하에 함께 연구했던 이들이, 작전 지역을 따라 땅을 파고 참호에 들어가 있던 사람들의 상황을 면밀히 분석했다. 우리는 전선에서 보내온 편지들과 참호 일기들을 통해 이들의 고통을 알게 되었다.[28]

이 고통들은, 비라는 존재가 우리가 앞서 살펴본 모든 것을 초월하는 힘으로서 강한 인상을 남긴다는 점을 보여준다. 《철모La Bourguignotte》[*]에서 전하길, 1916년의 작전 개시일에 비는 "배낭에서 배낭으로 튀며 참호 앞에 쌓아놓은 흉토胸土를 따라 흐르다가 연락 참호의 바닥에 괴었다. 때로는 엄폐호의 입구를 넘어 바닥 밑으로 슬쩍 흘러 병사들의 마지막 은신처인 이부자리까지 적시기도 했다"고 한다.[29]

1918년 7월, 《지평선L'Horizon》[**]에는 다음과 같은 기사가 실렸다. "다시 비가 내린다. 이 비라는 짧은 단어는, 도시인과 문명인에게는 거의 아무런 의미도 없다. (⋯) 이 단어는 출정 중인 병사들에게는 모든 공포를 의미한다. 요컨대 전쟁 중에 나는 비 때문이 아니고서

---

[*] 1차 세계대전 중에 프랑스 디종 227 보병연대에서 발행한 신문. 공식 매체의 기사와는 다르게, 신랄한 풍자와 유머를 선보임으로써 전쟁에 대한 전망을 보여주었다.
[**] 1차 세계대전 중인 1917년 7월부터 1919년 3월까지 프랑스 샬롱쉬르마른 12작전 지역에서 간행된 신문.

는 한 번도 진정으로 불행한 적이 없었다."[30] 기사의 저자는 이렇게 단언했다. 이에 비해, 풍경을 하얗게 뒤덮는 눈은 좀 더 부드러워 보인다. 전선에서 겨울밤의 암흑 속에 내리는 비는 특별히 두렵게 느껴진다. 그 어둠을 더 깊게 만드는 것이다.

그런데 비 하나뿐이 아니다. 병사의 몸과 마음에서 비는 그것이 만들어내는 진창과 분리될 수 없다. 끈끈하게 흐르며, 때로는 깊고 위험한 진창이다. 진흙은 전쟁의 첫해 겨울부터, 특히 진창이 무릎 위까지 차오르던 아르곤 지방의 파손된 도로에서 병사들을 괴롭혔다. "걱정스러울 만큼 깊고 끈적거리는 진흙탕이 우리를 기다렸고, 우리를 끌어당겼다…"《뷜탱 데자르메Bulletin désarmé》 1918년 3월 1일자도 그러한 사실을 전하고 있다.[31] "빗물은 빈 병을 콸콸 채우듯이 신발 속으로 스며들었다", "진흙은, 사람을 나이나 생김새와 상관없이 머리에서 발끝까지 잿빛으로 발라버렸다." 진흙은 계급장도 덮어버린다. 끈질기게 따라다닌다. 도처에, "발아래, 손 밑에, 쓰러진 시신 아래, 옷에 달라붙는다. 그것은 죽어가는 모든 것에 (…) 활기를 잃은 모든 것에 스며든다."[32] 대공세의 날에, 용사들이 참호의 흉벽 위로 몸을 던질 때에는 '더러운 목욕'을 각오해야 했다.

위로 젖고 아래로 젖은 병사들, 때로는 질척이는 구덩이에 몸을 숨긴 병사들에게 진창은 비로 인한 극심한 고통을 배가시켰다. 당시의 증언들을 인용하자면 끝이 없다.《라르고노트L'Argonaute》 1916년 6월 1일자에는 다음과 같은 대목도 나온다. "아침부터 비가 왔다. 하염없이 부슬거리는 차가운 겨울비를 피할 길은 어디에도 없다. 최전선의 참호는 흙탕물이 흐르는 개울이나 진배없다. (…) 물과 진흙. 거기에 처박히고, 저항할 수 없는 미지의 힘에 이끌린 채 서서히 미끄러진다. (…) 흉벽이 덩어리째 무너져 내린다. (…) 흙이 바닥으로 떨어져 물과 뒤섞인다. (…) 모든 것이 이 찐득한 액체 속으로 사라진다."[33] 진흙은 부상자의 피와 뒤섞여 붉게 물든다. 물에 간신히 떠 있던 시신들을 삼켜버린다.

하나의 예일 뿐이지만 2차 세계대전 중이었던 1939~1940년 프랑스 전선에서는 비와 진창이 그와 같은 고통을 반복시켰다. 클로드 시몽*은 여러 편의 소설에서 '가짜 전쟁'** 중에, 그리고 그 전쟁에서 패배했을 당시 기병들이 감내해야 했던 고통을 힘찬 필치로 상세히 묘사했다.

우리는 마지막으로, 매우 진부한 것이 분명하지만 그 무엇보다 수세기에 걸쳐 시골 사람들을 끈질기게 따라다녔던, 가뭄이 들었을 때의 비에 대한 열망과, 끊임없이 내리는 비나 특히 과도하게 쏟아지는 우박에 대한 공포를 살펴보기로 하겠다. 이 집단적인 강박관념은 세계 곳곳에서 나타난다. 그로 인해 인류학자들이 상세하게 즐겨 설

---

* Claude Simon(1913~2005). 프랑스 누보로망을 대표하는 작가로, 1985년 노벨 문학상을 수상했다. 그는 실제로 1939년 '가짜 전쟁' 시기에 아르덴 지방에서 군복무 중이었다. 그의 소설《아카시아 L'Acacia》 등에 당시의 체험이 녹아 있다.

** Drôle de guerre. 2차 세계대전 초기, 프랑스·영국 연합군이 독일에 선전포고를 한 1939년 9월부터 프랑스 공방전이 시작된 1940년 5월까지 독일의 폴란드 침공 후 주요 군사작전이 거의 없던 시기를 뜻한다.

명해주었던 무한히 많은 의식들이 생겨났다.[34]

무엇보다도 가뭄이 든 시기에는 비를 오게 하는 실행법이 필요했다. 고대로부터 이 역사는 종교적 믿음에 따랐다. 이 시기부터, 하늘에서나 바다에서 일어나는 일들, 즉 강수降水를 결정짓는 일들은, 먹구름을 만들고 비를 부르고 폭풍우를 일으키는 신의 손에 달려 있다는 확신이 뿌리를 내렸다. 이런 현상들의 기원과 관련된 믿음을 지금 거론하자면 너무 길어지게 될 것이다. 천둥의 신 주피터, 바다의 신 넵튠이 전부가 아니다. 성경의 하느님은 강수를 좌지우지했다. 그렇게 해서 정의로운 이에게 상을 주고 악한 이에게 벌을 내렸다. 사막에서 길을 잃은 유대인들에게는 만나를 내렸다.[35]

그리스도교인들 중 일부는 20세기 중반까지도 비와 우박과 뇌우가 하느님의 손에 달려 있고 이를 통해 하느님이 신자들에게 상벌을 내린다고 생각했다. 과거의 사람들은 과학이 하늘의 탈종교화를 이행하기 이전인 19세기에 하느님의 분노나 악마의 개입을 알려주는 신호들을 식별해내기 위해 하늘을 탐색했다. 수많은 속담이 이러한 믿음을 증언하고 있으며 그중 몇 가지는 여전히 일상어 속에 남아 있다. 예컨대 20세기 중반 노르망디의 시골에서는 해가 떠 있는데도 보슬비가 내리면 흔히 "악마가 마누라 패고 딸내미 시집보낸다"고 했다.

이러한 믿음은 비를 내리게 하거나 뇌우로부터 자신들을 보호하는 일련의 의식을 수세기에 걸쳐 만들어냈다. 그것은 종교적 위계와 시민 권력층의 참여를 요구하는 것이기에 기도와 행렬이 이어지는 장엄한 의식이었다. 조금 더 소박한 의식들이 농촌의 성당을 중심으로 다양한 양상에 따라 전국에 걸쳐 깊이 뿌리내렸다.

가뭄에 행해지던 기우제 행렬 중에서도 유명한 것 중 하나는, 특히 17세기 파리에서 열렸던 주느비에브Geneviève 성녀의 기우제였다. 이 행사는 평신도들이 가톨릭교회에 요청함으로써 교회가 주관하여 열렸다. 행렬의 여정은 가뭄의 기간에 따라 달라졌다. 가장 장엄했던 행렬은 1694년 왕이 참석한 가운데 진행되었다. 이를 기념하여 니콜라 드 라르질리에르Nicolas de Largillière가 그린 대작이 생테티엔뒤몽 교회에 소장되어 있다.[36] 툴루즈의 라 도라드에서 열린 기우제 행렬 또한 대단한 행사였다. 아르장탕에서는 날씨가 좋지 않을 때, 즉 지나치게 가물거나 비가 많이 내릴 때, 생제르맹 성당에 안치되었던 만수에토Mansuet 성인의 유해가 담긴 성골함을 모시고 시내에서 행진을 했다.

농촌의 성당에서는, 치유자인 '착한 성인들'이 있었던 것처럼 비와 맑은 날씨를 만드는 성인들이 존재했다. 정화와 치유의 샘인 '좋은 샘'*과 연결되는 '눈물 많은' 성인들에게 비를 내리게 하는 능력이 주어졌다. 그중 가장 유명한 성인이 메다르Médard 성인이다. 전설 속의 메다르 성인에게는 우산 장수의 모습이 투영되었다.[37] 농부들은 때때로 그를 가뭄이 들었을 때 '비를 내려주는 성인'으로 기억

---

* bonne fontaine. '기도의 샘', '치유의 샘', '기적의 샘'으로 불리기도 하며 그 기원은 그리스도교 이전으로 거슬러 올라간다. 프랑스 전역에 걸쳐 분포하는 상징성을 띠는 문화유산 중 하나다. 오늘날까지도 일종의 치유 의식을 행하는 장소로 쓰이는 이 샘에서는 주로 사람이나 가축의 치유, 가뭄의 종식, 어린아이들의 보호, 기타 여러 가지 복을 기원한다.

니콜라 드 라르질리에르, 〈봉헌물〉(1695).

했다.

　성직자와 평신도들은 기도 행렬과 순례 중에 이러한 성인들에게 경의를 표했다. 한쪽에서는 샘 근처에서 미사를 올렸고, 다른 쪽에서는 십자고상이나 성인상을 물속에 담갔다. 지역에 따라서는 성인상을 물속에 완전히 빠뜨리거나 사제에게 물을 뿌리기까지 했다. 비가 오게 하기 위해 어떤 성당에서는 샘에 매질을 하기도 했다. 이러한 의식의 실효성과 성인의 이로운 중재에 대한 믿음은 어느 곳에서나 강했다.

메다르 성인과 우산 장수의 이미지가 함께 등장하는 석판화.

이 의식들의 구체적인 사례들을 들어보자. 민속학자인 폴 세비요*는 19세기 중반 팽퐁** 숲 한가운데에 위치한 브로셀리앙드 샘가에 그 지역의 농부들이 모이곤 했다는 사실을 확인했다. 그 시대에는 비가 오기를 빌기 위한 목적의 기도 행렬이 십자가와 깃발을 앞세우고 매우 장엄하게 거행되었다. 때로는 십자가를 샘물 속으로 가라앉히기도 했다. 농부들은 의식이 효력을 가져다준다는 것에 기뻐하곤 했다. 예컨대 1835년 대가뭄이 들었을 때 행렬 직후에 폭우가 억수같이 쏟아진 적이 있었다. 훗날 마르셀 프루스트Marcel Proust를

---

* Paul Sébillot(1843~1918). 프랑스 브르타뉴 태생의 민족학자, 작가, 화가. 주로 자신의 고향 브르타뉴에 관한 연구물과 창작물을 남겼다.
** Paimpont. 프랑스 북서부 브르타뉴 지방의 숲.

기리며 일리에-콩브레로 개명된 일리에에서는 신자들이 행렬을 이루어 생테망의 샘으로 기도를 하러 갔다. '비를 부르는' 샘들은 두 샤랑트 지역*에 아주 많다. 생토마드코냑에서는 '좋은 샘'에 성체를 모셔놓기도 했다. 리무쟁 지방에서도 이러한 행렬이 매우 빈번했다.[38] 이 행렬에 임한 신자들은 "물을 구하러 간다"고 말하곤 했다.

당시 사람들이 왜 '착한 성인들'에게 완전히 의탁했는지 이해하려면, 아직은 국가적 규모로 단일화된 시장이 형성되지 않았던 시기, 즉 1860년 이전의 한 나라에서 결핍과 기아의 원인인 오랜 가뭄에서 비롯된 곤궁함이 얼마나 극심했는지 가늠해봐야 한다. 19세기의 초·중반기까지는 도지사와 군수가 3개월마다 '수확 보고서'를 작성했다. 이 문서가 오늘날까지 지방 문서 보관소에 보관되어 있다. 그것은 요컨대 강수량에 대한 정보로 이루어져 있다. 보고서의 저자들은 예상 수확량에 대한 결과를 표시하곤 했다. 이 문서들은 비에 관한 그들의 지대한 관심을 보여준다.

이와 같은 신앙 체계 속에서 농부들은 악마의 저주스러운 훼방을 꺼렸다. 그들은 가끔 어떤 개인에게, 특히 사제에게 '우박이 쏟아지게 했다'고 원망을 퍼붓기도 했다. 그 예로, 1850년 사진가였던 메시베Meschivet 신부는 뇌우를 네거티브 사진으로 찍었다는 이유로 몽둥이와 쇠스랑으로 무장한 농부들에게 쫓기는 신세가 되었다. 리무

---

* deux Charentes. 프랑스 중서부의 푸아투샤랑트Poitou-Charente 지방에 속한 샤랑트 Charente와 샤랑트마리팀Charente-Maritime을 뜻한다.

쟁 지방에서는 신자들이 '우박이 쏟아지게 할 것 같은 사제'들을 학대하는 경우가 빈번했다. 대체로 신자들의 믿음은 그만큼 강해서 앞에서 언급한 의식儀式들에 어긋나는 모든 것은 폭력으로까지 이어질 수도 있었다.

1874년 리무쟁 지방의 작은 마을 뷔르낙[39]에 새로 부임한 사제는 몇몇 다른 젊은 사제들이 그랬던 것처럼 기후와 관련된 모든 의식은 미신에 속한다고 생각했다. 그래서 맑은 날씨나 풍년을 기원하는 기도 행렬을 금지시켰다. 평신도들의 반대에 부딪친 그는 스스로 이 의식에 참석하지 않는 것으로 만족해야 했다. 이 신참 사제가 담당하는 교구의 신자들은 그가 불참한다면 뇌우가 불어닥치고 우박이 내릴 것이라 확신했다. 그리고 그 예견대로 되었다. 성난 농민들은 그것을 사제의 탓으로 돌렸다. 그들 중 스무 명가량이 사제관으로 들이닥쳤다. 이 불행한 사제를 구하기 위해 헌병이 개입해야 했다. 주동자는 열흘간의 구류를 선고받았다. 담당 검사는 이 사건이 그 지방 전체를 들끓게 했다고 적고 있다.

큰비나 뇌우, 특히 우박으로부터 자신을 보호하기 위한 또 하나의 예방책이 있었는데, 그것은 성당의 종이었다. 그중 많은 종에 비와 폭풍으로부터 보호받기를 기원하는 글씨가 새겨져 있었다. 재앙이 닥칠 때는 종을 울려서 주민들이 이웃한 다른 마을로 피신하도록 인도했다. 여기서부터 마을들 사이에 수많은 갈등과 분쟁이 생겨났고, 나는 이에 대한 목록을 작성해보려고 노력했다.[40]

수많은 농민에게 비가 중요한 문제였음은 당연하다. 예컨대《대지《La Terre》라는 자신의 소설에서 에밀 졸라Emile Zola는 궂은 날씨가 농민들에게 가져다주는 결과를 세밀하게 묘사했다.[41] 19세기 말의 농민문학은 이 주제를 되새김질했다. 졸라는 자신의 소설에서 뚜렷이 구별되는 강수의 다섯 가지 형태를 묘사한다. 소나기, 보슬비, 장대비, 포근한 비, 파괴력을 발휘하는 거센 우박이 그것이다. 등장인물들의 활동은 이 형태들에 따라 정리된다. 소설의 여주인공들 중 한 명은 "아버지, 비가 오니 거위들을 데리고 나가야겠어요"라고 외친다. 졸라는 대홍수 같은 하늘의 벌이 내리는 역사적인 순간이 재연되기라도 한 듯이, 여자들의 고함 소리로 시작되는 우박의 급습을 묘사한다. 성경의 탈출기 9장 22절이 그 함축적인 참고 사례가 된다. "주님께서 모세에게 말씀하셨다. 네 손을 하늘로 뻗어라. 그리하여 우박이 이집트 온 땅에, 이집트 땅에 있는 사람과 짐승과 모든 풀 위에 내리게 하여라."

불길한 강수에 대한 믿음은 비단 비에 국한된 것이 아니었다. 19세기 중기에 페르슈* 지방의 농민들은 "아르핀 할매**가 악령 무리의 선두에서 창공을 가로지르며 날아가다 때때로 시체의 잔해를 떨어뜨렸다"[42]는 경험자들의 이야기를 믿어 의심치 않았다. 이는 성경의 요한묵시록 8장 7절, 첫째 천사가 나팔을 불자 "피가 섞인 우박과 불

---

* Perche. 프랑스 북서쪽의 노르망디 방면 내륙에 위치한 지역. 행정 구역이 아닌 자연적인 지역을 일컫는다.
** mère Harpine. 민간에 전승되는 전설 속의 마녀. 무리를 지어 하늘을 날아다니며 죽은 사람의 시체를 먹으며 산다고 알려져 있다. 이 마녀에 대해서는 지역에 따라 서로 다른 형태의 이야기가 전해 내려온다.

이 생겨나더니"라는 구절을 어렴풋이 무의식적으로 차용한 듯하다.

믿음의 관성을 생각하면, 앞에 기술한 비의 현상학이 지방에서 언제 소멸했는지 그 시점을 추정하기란 어려운 일이다. 기상학은 19세기를 지나며 이론의 여지 없이 신이나 악마가 개입하는 모든 것에 대한 신용을 서서히 떨어뜨렸으며, 반복하건대 이는 하늘의 탈종교화를 받아들이게 했다. 그럼에도 1940년대에 바스노르망디 지방의 작은 본당에서 한 사제가 일요일에도 일하는 농민들에게, 뇌우가 불어닥쳐 수확을 망칠 것이고 그것은 신의 분노를 표시하는 것이라며 강단에서 위협조로 얘기한 기억이 난다.

오늘날 비에 관한 믿음과 행동 양식에는 어떤 것이 있을까? 이것은 인류학자들의 몫으로, 특히 본서의 마지막 장을 쓴 마르탱 드 라 수디에르Martin de La Soudière와 니콜 펠루자Nicole Phelouzat의 몫이 될 것이다. 역사의 지평에서는, 이미 여러 번 강조했듯이 신의 개입에 대한 믿음의 배척은 물론, 그 밖의 몇 가지 중요한 데이터를 다시금 짚어볼 뿐이다.

- 침수가 될 것인가 비는 그칠 것인가를 예측하는 일기예보의 정확성은 기다림의 방식을 심층적으로 변화시켰다. 이 새로운 데이터로 예측할 수 없는 놀라운 일들은 소멸되었다. 특히 전에는 습기나 바람을 촉각이나 시각 또는 다른 감각을 통해 느낌으로써 침수가 될 것인가 침수되지 않을 것인가를 예측하던 옛사람들의 지식에 대한 신용이 떨어졌다.

- 방수의 역사는, 특히 식물 소재의 보호 장비를 구식으로 만들어 버린 인공 신소재의 발견으로 대폭 수정되었다. 이를 통해 모든 문화권의 사람들이 비로부터 자신을 보호하게 되었다.
- 예측에 대한 강박과, 현상에 대한 지나친 과민이 확대되었다.[43] 이는 니콜 펠루자의 생각대로 병리학과 정신의학의 영역에 속하는 문제다. 한마디로, 비 혹은 그것의 부재로 인한 불안과 고통은 대폭 변화되었다.
- 마르탱 드 라 수디에르는 비와 그 비에 대한 과도한 집착이, 성급한 욕망으로 좀먹은 이 세상에서 어떻게 물의를 일으키는지 보여주었다. 오늘날 나날이 증가하고 있는, 또한 인류학자들이 부단히 뒤를 쫓으며 관찰 중인 '일기예보 마니아'들은 비의 효과에 대한 급격한 심리 변화를 보여주고 있다. 요컨대 이러한 관찰의 결과, 보기 드물게 엄청난 강수 현상을 목격한 사람의 자아에 대한 과대평가가 확인된다.

산성비의 존재와 그것이 상상력에 미치는 영향에 관해서는, 그 결과를 가늠하기엔 아직 시기상조인 것이 분명하다.

2

햇빛, 또는
평온한 날씨의 맛

—

크리스토프 그랑제

크리스토프 그랑제|Christophe Granger

역사학자. 저서로《여름의 신체*Les Corps d'été*》(2009),《수아송의 화병은 존재하지 않는다.
프랑스 역사에 대한 그 밖의 잔혹한 진실들*Le Vase de Soissons n'existe pas et autres vérités
cruelles sur l'histoire de France*》(2013)이 있으며 오트르망Autrement 출판사의 '사물의
교훈Leçons de choses' 총서를 기획하고 있다.

1915년 2월 25일. "구름이 거의 없는 하늘은 매우 쾌청했고, 아침저녁으로 연무 혹은 옅은 안개가 낀 것으로 기록되었다. 11시경 약간의 진눈깨비와 싸락눈이 관찰되었다."

1921년 9월 21일. "오전에 짙은 구름, 오후와 저녁에는 갬. 일조 시간 3시간 45분. 오전에 가벼운 안개. 이슬. 북서쪽에서 북쪽으로 부는 약한 바람."

1928년 4월 19일. "구름 낀 하늘, 저녁에 쾌청. 일조 시간 10시간 45분. 서리. 시내와 교외 몇 군데에서 우박과 눈송이가 뒤섞인 매우 약한 소나기. 바람은 약풍 또는 강풍."[1]

파리의 기상일지에서 무작위로 추출한 이 세밀한 관찰 내용은 이미 우리가 계획을 세우기가 얼마나 어려운지 말해주고 있다. 햇빛에 관한 감수성, 더 정확히 하자면 맑은 날씨에 대한 감수성의 역사는 우선 수없이 많은 미묘한 차이들로 엮어진다. 물론 거의 대부분의 날씨, 즉 비, 싸락눈, 바람 등에 대해서도 그렇게 말할 수 있을 것이다.[2] 햇빛과 관련하여 더욱 어려운 점은 그것이 날마다 있고 계절마다 있다는 점이다. 비가 온 뒤에 구름 사이로 잠깐 모습을 드러내는 한 줄기 빛도 있고, 여름날의 청명한 날씨도 있으며, 야외에서 식사하고 싶은 마음을 불러일으키는 초여름 더위도 있다. 또 대책 없이 무작정 맑아 사람의 마음을 온통 사로잡는 날씨는, 한 계절이 주춤하는 사이에 또 다른 계절이 찾아온 것은 아닐까 생각하게 한다.

이들 사이의 공통점은 무엇일까? 별로 없다. 이것은 저것이 아닐 뿐이다. 햇빛은 대기 현상의 침묵 속에 완전히 감추어져 있다. 굳은 땅인 육지에서 일어나는 일에 관심이 많은 역사학자에게 이처럼 흩어지며 빛나는 것은 뭔가 우유부단해 보인다. 그 역사학자에게는 난제가 아직 남아 있다. 이 모든 것에 한 가지 장애물이 추가되기 때문이다. 우리에게 필수불가결한 것이긴 하지만, 오륙십 년 전부터 북반구에서 기상 선호도의 최정상에 올라 있는 햇빛은, 세상 만물들의 단순한 배경이라는 뒷자리로 물러나 권위가 실추된 채, 페렉*처럼 말해보자면, 원래부터 그랬듯이 생각 없이 무심코 빛나고 있다. 사람들은 파티를 망치는 비에 대해 불평하고, 한파를 저주하고, 폭풍과 그 무시무시한 소용돌이에 열광하지만 평온한 날씨에는 거의 개의치 않는다. 달리 말해, 날씨의 세계에서는 고통 효율론**이 왕이다. 그리고 이 고통 효율론이 청명한 날씨에 대해 이야기하고, 그 여파를 체험하는 과거의 방식에는 부담을 준다는 것을 잊지 말아야 한다.

---

* Georges Perec(1936~1982). 프랑스의 작가, 소설가. 르노도상을 수상한 처녀작《사물들 Les Choses》에서부터 메디치상을 수상한 대표작《인생사용법La Vie mode d'emploi》에 이르기까지, 사소한 일상에 대한 치밀한 묘사와 첨예한 실험 정신으로 그때까지 경시해왔던 일상성에 중요성을 부여했다.
** 고통의 정신적 가치와 효용을 주장하는 이론.

바로 여기에 함정이 있다. 그런데 중요한 것은 해에 대한 평가가 1750년에서 1960년 사이에 말 그대로 완전히 뒤집혔다는 사실이다. 적의에 가득 찬 혐오로부터 최고로 찬양을 받는 희열로 뒤바뀐 것이다. 이 모든 일이 겨우 두 세기 만에 일어났다. 그리고 그 역사에 되돌려주어야 할 것도 이런 변화다. 이 까다로운 역사는, 햇빛이 생물들의 가장 깊은 곳에서 불러일으키는 섬세한 감각들, 그에 대한 해석을 좌우하는 학문적 확신, 오랫동안 하늘의 낌새를 읽어내는 데 영향을 미쳐온 신앙과 미신뿐만 아니라, 맑아진 하늘을 찬미하며 이를 바라볼 만한 풍경의 반열로 끌어올린 미학적 체계 등을 동시에 추구함을 전제로 한다. 하나의 어엿한 역사를 만들기 위해서 무엇을 고려해야 할지 신중하게 가늠해보려면, 이 계획에는 햇빛을 지표로 여기는 행동의 변화상, 대피 전략들, 열기에 따라 활동을 조정하는 습관, 혹은 따가운 햇살 아래에서 하는 열렬한 일광욕을 덧붙이는 것으로 충분하다.

그러나 이 역사가 도전하는 문제들은, 추구하는 바가 미미하다는 이유로 기억에서 점점 사라질 염려는 없다는 점에서 서로 마음이 통하기를 바란다. 맑은 날씨는, 사람들이 거기서 수천 가지 내면의 울림을 발견하려고 애썼으므로 현대적인 개인을 구축하는 데 한몫을 했다. 하지만 해를 '좋은 날씨'의 화신으로 만든 사람들로부터 시작된 해에 대한 평가는, 취향에 따른 판정에 단련이 되었고, 자연계에 대한 합당한 인지 방법을 강요하기 위해 2세기 동안 이어진 중요한 격전들을 치러냈다. "날씨만큼 이데올로기적인 것은 없다"고 롤랑 바르트Roland Barthes는 말했다.[3] 그리고 모든 것에는 서로 연관성이 있다.

히포크라테스의 거울,
혹은 근본적 불신의 뿌리

인간과 맑은 날씨와의 관계는, 무엇보다도 경계와 면역으로 짜여 있다. 중세 물리학과 앙시앵 레짐 의학 일부에서 요동치던, 신체에는 우주적 질서가 있다는 오래된 개념은 햇빛에 노출하는 것을 저지했다. 우주의 상태와 육신의 상태 사이에는 은밀한 유사성이 존재한다는, 이제 막 재조명되고 있는 이 오래된 확신은 추위와 더위, 건조함과 습기의 섬세한 연금술에 육신이 지배될 것이며, 결국엔 외부의 더위를 경계할 것을 요구한다. 물론 1628년에 바이*가 쓴 것처럼 "해의 존재는 빛뿐만 아니라 온기를 위해서 적당한 거리에 있을 때" 생명에 필수불가결하다. "그것 없이는 세상 모든 것이 죽어버릴 것이기 때문이다. 그것은 생명의 근원이다. 신 또한 만물에 생기를 주고 빛을 비추어주기 위해 세계의 한가운데에, 하늘의 한가운데에 해를 두었다. 이처럼 온기의 원천인 심장도, 활기를 돋우는 온기를 주기 위해 신체의 한가운데에 놓았다."[4] 다만, 지나치게 과도하고 지

---

* Pierre Bailly. 17세기 프랑스 의사.

나치게 오래 지속되는 태양의 열기는 대기의 속성을 변질시키고 대기 자체를 희박하게 하여 위험한 것으로 간주된다. 포르숑*은 자신의 유명한 저작《건강 규칙Règles de la santé》(1684)에서 설명하기를, 태양의 열기는 "기력을 불태우고, 체액을 덥히고 녹이고 고갈시키며, 담즙은 증대시키고, 신체를 탈진케 하고, 모공을 열어 땀이 나게 하고, 힘을 빠지게 하고, 소화력을 약화시킨다. 태양의 열기는 또한 자연스러운 열기를 흩뜨림으로써 생명을 빼앗는다"[5]고 했다. 재미있는 관점이다.

수준 있는 사람이라면 무릇 연중 내내 어떤 계절에든 그를 둘러싼 공기의 질에 신경을 써야 하고, 입자가 섬세하고 사방이 탁 트인 공기, 기분을 암울하게 하는 구름으로 어두워지지는 않은 공기를 고르는 데 가능한 한 신경을 써야 하며, 특히 너무 직접적이거나 너무 강렬한 햇빛은 절대로 쐬지 않도록 조심해야 한다고 포르숑은 이 개론에서 주장한다. 이런 점들은 좀 더 설득력이 있다고 할 만하다. 그렇기 때문에 드 세비녜 부인은 자신의 딸에게 프로방스 지방의 숨 막히는 햇빛이나 "목이 타들어가게 하는" 아비뇽의 더운 공기를 조심하라고 단호하게 말하지는 않았다. 우리는 또한, 사람들 입에 끊임없이 오르내리는, 햇빛에 반대하는 수많은 충고를 이해할 수 있다. 항상 햇빛으로부터 자신을 보호해야 한다는 것이다. 여름휴가를 보낼 시골집으로는 북향집을 골라야 한다. "레몬이 약간 들어간 새콤

＊   Antoine Porchon. 17세기 프랑스 의사.

한 음료"를 마셔야 한다. 수프와 허브, "부패를 막는, 과일과 향이 나는 씨앗들"을 먹어야 한다. 그리고 "들에 나가는" 사람들은 몸이 더워졌을 때 "오줌을 누고 물을 타지 않은 포도주를 마신다".[6] 부인들의 경우, 타는 듯한 열기에서 비롯된 "햇볕에 탄 얼굴"과 "심하게 그을린 피부를 치료하기 위해서" 저녁마다 소의 담즙, 잘 저은 계란 흰자위나, 약간의 조제를 거친 액체, 즉 "비둘기의 똥을 태워 가루를 낸 다음 아몬드 기름과 섞은 액체"로 얼굴이나 해당 부위를 마사지할 것을 권유한다.[7]

여기에는 고대 그리스의 의학자 히포크라테스와 그 제자들(기원전 5~4세기)의 영향이 크다. 그 영향은 18세기의 의식意識에 상당한 힘을 행사했는데, 18세기의 의식은 예컨대 인간의 육체 안에서 햇빛은, 빗물을 연화시키는 방법에서처럼 "체액 중 농도가 가장 낮고 연한 부분을 끌어당긴다"[8]는 것을 히포크라테스와 그 제자들에게서 배웠다. 1750년경 신체의 소섬유 분석의 향상에 관여하게 된 화학의 발전[9]은 새로운 확신을 갖고 햇빛에 대한 불신을 둔화시켰다. 그리하여 대기에 관한 연구가 활기를 띠게 되었다. 신의 능력으로부터 세계의 질서를 빼앗아 오는 일에 관심을 갖고 있던 계몽주의 시대의 과학은, 그 비밀을 발견하는 데 열정을 드러내 보였다. 학자들은 태양의 열기에 많은 관심을 기울였고, 뜨거운 햇빛 아래서 사지를 허공으로 벌리고 있거나 개집 속에서 숨이 막혀 하는 개들은 더 이상 관심거리가 될 수 없었다.[10] 개들은 이 분야의 진보에 공헌한 바가 크다. 1770년에서 1840년 사이에 급물살을 탔던 이 연구들은 그 이후 태양의 발현에 관해 더욱 명민한 해석을 끌어냈다. 아버스넛*은 그가 아리스토텔레스의 《기상학》을 읽은 것으로 짐작하게 하는 영향력 있는 연구에서, 태양은 그 자체로는 대기의 열기에 책임이 없다고 설명한다. 태양은 '식물의 증산작용'을 유발하며 이는 수많은 발산물이 응집된 대기의 온도를 높여 살아 있는 모든 유기체에 영향을 미친다. 아버스넛은 이 덕분에 "더운 날 밀밭에 내리쬐는 태양의 열기는 매우 섬세하다. 식물들이 햇빛에 아주 조금씩 마모되면서 생겨나는 기름기, 소금기, 씨앗들이 공중에 떠다닌다"[11]라고 결론짓는다. 1787년에 매듭을 지은, 광합성 메커니즘의 발견은 햇빛에 전대미문의 영예를 안겨주었다. 식물의 산화력은 햇빛의 작용에 의한 것이고 그것을 통해 생명의 섭리가 조절된다는 원리를 확인한 것이다.[12] 따라서 아직은 아무도 생물 조직체 내부에서 햇빛이 일으키는 부패의 연금술에 의문을 품는 기발한 생각은 하지 못했을지언정, 적어도 대기를 숨 쉴 수 있게 해주고 생물들이 잘 살아 있게 해주는 것은 어둠에 묻혀 있는 신비가 아니라 바로 태양이라는 사실을 확신했다.

이러한 확신은 맑은 날씨에 대한 감상에 영향을 미쳤고, 오래된 공포감을 손쉽게 반감시켰다. 이 확신을 굳히는 이론들에 경도되어, 대기가 인체의 세포 조직과 섬유의 회복에 작용한다고 믿었던 개혁

---

* John Arbuthnot(1667~1735). 스코틀랜드의 의사, 수학자, 작가. 1705년 앤 여왕의 주치의로 일했고, 조너선 스위프트Jonathan Swift, 알렉산더 포프Alexander Pope와 함께 스크리블레루스Scriblerus 문학 동인의 일원이었다.

파들 다수는 거기서 햇빛에 대한 고결한 해석을 키워냈다. 여기에 장 자크 루소Jean-Jacques Rousseau가 있었다. 아이들을 위한 야외 교육, 즉 신체를 추위와 피로, 비와 태양에 내맡길 것을 저서 《에밀Émile》에서 주장한 그는, 아이들에게 옷을 지나치게 많이 입힘으로써 자연의 영향으로부터 몸을 미리 보호하는 해로운 습관을 개탄했다. 아이들이 햇볕을 좀 쬐어서 "아직 너무 연하고 약한 피부가 극한의 더위를 통해 왕성히 땀을 흘리며, 이에 당연히 뒤따르는 피로를 느낄 수 있게" 하지 못하는 것을 안타까워한 것이다. 또한 루소는 "햇빛이 여느 달보다 8월에 더욱 강하다"는 것에 주목했다. 그의 관점에서 해결책은 간단했다. 다음처럼 햇빛과의 관계에 변화를 약속하면 되는 것이었다. "아이가 자라남에 따라 섬유 조직이 강해지므로 점차 햇빛에 용감히 맞서게 하는 습관을 들이십시오. 조금씩 단계를 높여나가면 열대 지방의 타는 듯한 열기에도 아이를 무사히 단련시킬 수 있을 겁니다."[13] 또 어떤 사람들은, 태양의 열기가 "가장 쾌적한 느낌"을 일으킬 수 있을 뿐만 아니라, 트렛골드*가 설명했듯이, 그늘지고 밀폐된 장소에서 배양되는 유해한 위협으로부터 정화되었다고 느낄 수 있게 하려면, 보다 적합한 건축을 통해 열기가 집, 공장, 공공건물 내부로 들어올 수 있도록 하는 것만으로도 충분하다는 설을 지지했다.[14]

---

* Thomas Tredgold(1788~1829). 영국의 작가이자 기술자. 철도 건설에 관한 연구 결과를 담은 초기 저작으로 잘 알려져 있다.

태양의 발현과
세계라는 암호의 해독

그렇다고는 해도, 햇빛에 살갗을 노출하는 것을 진정으로 찬양하는 목소리는 거의 없었다. 기쁨을 주는 행위의 목록에 올리는 정도였다. 물론 1793년, 1803년, 1811년 여름의 불볕더위는 보통 사람들의 마음속 깊이 햇빛에 대한 혐오를 뿌리내리게 했다. 의사인 퓌스테Joseph Fuster는 1793년의 더위에 대해, "햇빛에 노출된 사물들은 만지면 몹시 뜨거울 정도로 달구어졌다. 사람과 짐승은 질식사했고 야채와 과일은 햇빛에 시들거나 벌레가 먹었다. 가구와 목제품은 부서지고 문과 창문은 모두 뒤틀렸다. 막 도축된 고기도 얼마 가지 않아 상해버렸다. 땀이 비 오듯 쏟아져서 몸은 땀으로 줄곧 목욕을 하는 것처럼 무척 불쾌했다"[15]고 전한다.

바로 그런 이유로 공포가 만연했다. 게다가 오래되고 친숙한 만큼 막대한 권위를 지녔던, 히포크라테스나 호메로스, 헤시오도스 등이 주장한 기후 이론은 햇빛과의 잦은 접촉이 내포하는 위협을 공고히 했다. 그 원리는 잘 알려져 있다. 즉, 인간들의 건강, 그들의 열정과 기질, 민족성조차, 그것들을 결정짓는 것은 기후와 장소, 대기와 물의 특성이라는 것이다. 고대 그리스의 역사가 헤로도토스는 "덥고 습한 고장에서는 늘 사람도 무르다"[16]라며 이 원리를 한마디로 요약했다. 그런데 날씨, 특히 햇빛에의 노출은 여기서 윗자리를 차지한다. 사람들이 햇빛에 많이 노출될수록 다혈질이고 잔인하며 열정적이고 풍습이 거칠다. 사람들이 햇빛에 덜 노출될수록 침울하고 자신들의 열정을 제어할 줄 안다. 1770년에서 1850년 사이에 대대적으로 유행한 의학 지형도는 이러한 확신을 지속적으로 강화시켰다.

> **아비뇽** : 작열하는 태양, 중간키, 갈색 피부, 가녀린 팔다리, "성을 잘 내는 다혈질".
> **캉브레** : 약한 일조, 날씬한 체구의 중간키, "생기 부족", "느리고 둔한 기질이 우세함".
> **샹베리** : 거의 늘 맑은 날씨, 건조하고 온화한 공기, 강하고 원기 왕성한 체질, "매우 친절한 기질".[17]

이 수십 년간 끈질기게 지속된 이러한 습관은 태양의 움직임에 따른 질병들을 색인 분류하게 되었다. 일조량이 많은 지역에서는 선병질 증상, 폐병과 이질, 티푸스 발열 등의 발작이 보였다.[18]

여기서 햇빛에 대한 관심의 역사상 중요한 변화가 나타난다. 감추어진 메커니즘을 발견하기 위한, 자연현상의 단순한 관찰의 장場이었던 햇빛은 설명의 원동력이 되거나, (좀 더 애정을 쏟는다면) 사람들에게 자신들의 세계를 이해할 수 있게 하는 하나의 방식, 세계를 분할하고 확실한 지표를 세움으로써 생동감을 불어넣는 하나의 수단이 되었다. 그리고 각 분야의 학자들은 학문적 성취의 기쁨을 만끽했다. '정신병의 아버지' 필리프 피넬Philippe Pinel에 따르면, 햇볕은 신경증과 "이성의 작용을 방해하는" 모든 증세의 촉발로 이어진다.

그는 "인도, 이집트 내륙의 매우 더운 기후, 북아프리카 바르바리아 해안, 팔레스타인, 그리스 도서 지방, 남프랑스 지방들은 일반적으로, 심기증心氣症(건강염려증)이나 우울증, 혹은 조광증에 걸리게 하는 데 가장 적절하다. 이런 증세들은 극도로 흥분 상태에 놓인 상상이나, 극심한 더위의 즉각적인 영향을 받아 일어난다. 오베르뉴 지방의 의학 지형도에서, 스페인이나 남프랑스로 일자리를 찾아 떠났던 이 고장의 주민들이 위와 같은 기후에서 장기 체류한 후에 심기증, 우울증, 조광증에 걸리게 된 사실이 관찰되기도 했다"[19]라고 적고 있다.

몇 년 후에 카바니스*는 "초창기 교회에서 동방 수도승들의 어리석은 잔혹성"을 불러일으킨 것은 햇볕을 과도하게 쬔 탓이며, "고대 이집트 테바이드**의 수도승들이 보여준, 인간의 이해력을 초월하는 광기는, 작열하는 태양이 그들의 뇌에 불을 지폈기 때문"[20]이라고 설명했다.

사람들이 학문적인 지식 너머에 있다고 생각하는 태양은 개인의 품행을 조용히 좌지우지했다. 여름에 성관계를 하는 것을 금지하던 옛 이론들과는 반대로,[21] 봄과 여름의 충만한 태양을 신체의 흥분,

---

* Pierre Jean-Georges Cabanis(1757~1808). 프랑스의 의사, 생리학자, 철학자. 계몽주의 사상의 영향을 받은 그는 프랑스 의학 교육 혁신에 주도적인 역할을 했다.
** 나일 강 상류에 위치한 고대 이집트 남부의 한 지방. 이 지방은 3세기부터 그리스도교 수도 생활의 요람이 되었다. 성 예로니모에 따르면 이 지방의 첫 고행 수도자는 테베의 성 바오로(230?~341)라고 한다. 여기서 처음에는 고행 수도자들이 독거 생활을 하면서 고행을 하다가 후에 차차 공동체를 이루었다.

장 자크 르쾨, 〈5월의 효과〉(1785년경).

끓어오르는 연정과 연결 짓는 견해가 우세했다. 1785년경 르쾨*가
그린 여성의 선정적인 수음 장면이 그 예다. 1837년 푸아삭Pierre Fois-
sac 박사의 확언에 따르면, 태양은 "창조력에 신호를 보내 자극을 주
며 (…) 그것은 모든 생물의 세계에서 사랑과 생식이라는 만유의 과

---

* Jean-Jacques Lequeu(1757~1826). 프랑스의 건축가, 삽화가. 이어서 설명하는 그림은
〈5월의 효과〉라는 제목의 삽화를 뜻한다.

업을 지배한다. 형사재판 문서는, 임신율이 최대치일 때 성폭행이나 기타 성범죄율도 최대치에 이른다는 사실을 알려준다".[22] 게다가 학자들은 태양이 모든 감각을 자극한다고 설명한다. 태양은 햇빛과는 멀리 떨어진 채 살아가는 도시인들의 근시안 속으로 들어와 시각적 기쁨의 원천이 되는 데 그치지 않고, "특히 아침나절에" 후각을 자극하며, 코점막을 간지럽히는 부드러운 향기의 입자를 공기 중에 가득 채우고, 종종 이상한 재채기를 유발하기도 한다. 프랑스로 가기 위해 고향을 떠나, 앤틸리스 제도에서 태어난 프랑스인들은 이러한 취기를 포기할 수 없었다고 푸아삭 박사는 덧붙인다. 그들은 이런 소소한 기쁨을 가져다주는 햇살의 향기에 둘러싸여 살았던 것이다.[23]

좀 더 나아가, 햇빛은 민족의 분류에도 개입했다. 영국인이나 프랑스인처럼 섬세하게 변하는 햇빛 아래 사는 이들은 자신들의 풍속을 문명화하고 천성을 길들이며 창조 정신을 한껏 발휘할 수 있었다. 이와 반대로, 계속적으로 짓누르는 더위 속에 사는 이들은 당시의 시대적 배경에서 받을 수 있었던 "육체적·정신적 피폐"로 인한 모든 상흔을 드러냈다. 1840년 르샵투아Désiré Lechaptois 박사는 "태양의 불꽃으로 고통받아, 뇌가 보다 안락한 상태에 놓일 때 주어지는 지성을 빼앗긴 흑인종들은 무지, 미신, 노예제도 안에서 시들어 갔다"[24]고 요약했다. 비판이 무슨 소용이겠는가. 이것이 19세기를 부단히 지배했던, 세계에 대한 감각적인 해석의 권위에 짓눌린 태양의 모습이다.

햇빛,

그리고 자연의 조화

그렇다 해도 이 정도에서 그친다는 것은 생각할 수 없는 일이
다. 1750년에서 1850년 사이엔, 이 자칭 학자들에게 하늘의 풍경에
대한 감성적 사고가 눈에 띄게 증대되는데, 그사이에 태양은 새로
운 풍미로 장식된다. 《백과사전Encyclopédie》을 펼쳐보자. 〈태양Soleil〉
항목을 보면 드 조쿠르 기사*는 이 주제를 두고 열렬한 예찬을 펼치
고 있다. "핀다로스, 호메로스, 베르길리우스, 오비디우스 등은 그들
의 글에서 사계절의 아버지이자 조정자, 세계의 눈이자 주인, 인류
의 기쁨, 생명의 빛을 어떻게 예찬하지 않을 수 있었겠는가. 바로 이
런 호칭들은 그리스인들과 로마인들이 태양에 붙인 수많은 별명이
기 때문이다. 그럼에도 나는 우리의 현대 시인들과 그 밖의 여러 사
람들이 태양에 대해 묘사한 장면을 더 선호한다."[25] 실제로 1750년
경 태양과, 그것이 세상에 선명히 드러낸 빛의 흔적은 가장 인기 있
는 시적 체험으로 꼽혔다. 그 어디서도 생랑베르**의 그 유명한 시집

---

* Louis de Jaucourt(1704~1779). 프랑스의 의사, 철학자로, 백과사전파에 속한다. 기사는
  남작 밑의 귀족 서열이다. 대단한 학식의 소유자로 베를린, 스톡홀름, 보르도 학술원의
  회원이었으며 디드로Denis Diderot와 달랑베르Jean Le Rond d'Alembert가 주도하여
  편찬한 《백과사전》의 의학, 과학 분야의 주요 저자였다.
** Jean-François de Saint-Lambert(1716~1803). 프랑스의 군인, 철학자, 시인. 그의 대표
  작 《사계절. 시Les Saisons. Poème》는, 볼테르Voltaire에게선 동시대 최고의 천재적인 작
  품이라는 호평을, 그림Friedrich Melchior von Grimm이나 디드로 같은 이들에게선 혹
  평을 받았다.

《사계절Saisons》보다 더 강렬하고도 더 섬세하게 태양을 이야기한 적은 없었다. 베르길리우스와 특히 제임스 톰슨James Thompson(〈브리타니아여, 통치하라Rule, Britannia!〉를 쓴 스코틀랜드의 시인)의 시에서 영감을 받아, 자연의 사계절을 당시 유행하던 문학 주제에 빗대어 쓴 그의 시는 잠시 멈춰 음미해볼 만하다.

> 태양에서 퍼져 나오는 한 다발의 빛줄기,
> 진홍빛 지평선 위로 쏜살같이 흐르네
> 빛나는 별, 산골짜기에서 솟아나
> 푸른 들판에 금빛 그물을 던지네
> 나는 보았네, 옅은 구름들이 피어올라
> 작은 골짜기를 뒤덮으며 지나가는 물결이
> 햇빛에 살며시 수증기로 변하는 것을
> 그리고 순수하고 평화로운 하늘이 빛으로 가득해지는 것을
> 꽃들의 다채로운 색과 빛나는 광채
> 새벽, 이슬은 그 색에 생기를 더하고
> 밤이, 젖은 풀밭 위에 불러 모은
> 진주 방울 속에서 빛줄기들이 노니네.[26]

생랑베르는 태양이 자연의 위대한 주관자라고 주장한다. 태양은 개자리속屬과 떡갈나무의 수액에 생기를 불어넣고, 수많은 생물을 깨어나게 하며, 동물들에게 더 많은 생동감과 에너지를 준다. 요컨

대 가장 생명력 넘치고 가장 완벽한 자연을 꿈꾼다. "모든 것이 움직이고, 조직화되고, 태양의 존재를 느낀다." 이와 같은 방식으로 태양은 인간에게 영향을 미쳐, "막연한 걱정, 왕성한 호기심, 목적 없는 활동"을 일소한다. 인간에게서 "기쁨, 희망, 자애, 그리고 아름다움에 대한 사랑과, 기쁨의 형태가 되는 모든 감정이 생겨나게 한다". 그것은 "인간에게 자신의 존재에 대한 생생한 감정을 느낄 수 있게 한다". "그러므로 이렇게 말할 수 있을 것이다. 나는 나이기 때문에 좋은 것이다. 나무 그늘 아래서나 싱싱한 풀밭 위에서, 더위를 느끼면서도 그 더위를 식힐 수 있는 물가에서, 생각은 몽상에 잠기고, 마음은 만족스러워 모든 감각이 평온할 때, 가장 큰 기쁨을 느낀 후에 따라오는 달콤한 휴식을 만끽하는 것이다."[27] 생랑베르는 여기서 태양에 대한 감각의 전례 없는 체계적 구조를 개략적으로 그려낸다. 그러나 또 한편으로는 그보다 더 앞으로 나아간다. 인간과 자연 사이에서 태양이 만들어낸 조화로부터 바로 인류 행복의 원동력을 만들어낸 것이다. 고요와, 기쁨에 넘치는 아름다움이 만들어낸, 그의 말을 빌자면 "고귀하고 순수한 기쁨"[28]이 만들어낸 섬세하고 멋진 행복이다.

사실상 이처럼 혁신적인 해석은, 보다 광범위한 격변의 단계로 진입한다. 계몽주의 시대부터 낭만주의 시대에 이르기까지 수도 없이 분석되었던 이 격변은, 조금씩 체계화된 명상이라는 새로운 즐거움을 탄생시키며 인간과 자연의 관계를 뒤흔든다. 1681년 버넷*은 다음 세기에 대한 선언을 하는 것처럼, "나는 자연의 가장 위대한 사물은, 명상하기에 가장 좋은 것이라고 생각한다"고 요약했다.[29] 자연은 이제 묵상이나 시선의 대상으로 대두되었다. 자연은 사람들에게, 자신들이 하찮은 존재임을 깨닫게 하는 그 광대함과, 뭐라 형언하기 힘든 강렬한 감정을 맛보게 해주었다. 태양은, 특히 형태도 순서도 없이 재빨리 흩어지며 우리의 시선을 무한으로 이끌어 한계에 가까워지게 하는 그 빛으로, 전대미문의 맛을 끌어냈다. 그래도 아직은 신중해야 한다. 그것이 같은 활동에서 비롯된다 해도, 태양의 발현에 대해 명상하는 것은, 18세기 내내 성했던 숭고미의 감각에는 낯설기만 하다. 사실 숭고미의 감각은 격렬한 경험이다. 칸트Immanuel Kant가 요약한 바에 따르면 그것은 혼란스럽고 고뇌에 찬 느낌이다. 그것은 악천후, 곡식, 폭풍, "하늘에 쌓인 큰 비구름"에 매우 애착을 갖는다. 이로부터는 짙은 멜랑콜리만 떠오를 뿐이다. 간단히 말해서, 숭고미의 감각은 생랑베르가 태양에 이끌려 찬양한 고요함, 보기 좋은 조화미를 몰아내 버렸다.

그러므로 태양의 환희가 자라난 비옥한 토양은 다른 곳에 있다. 18세기 중반 이후 발전하여 신이 의도한 세상의 모든 아름다움을 묘사했던 자연신학 쪽이다. 플뤼슈 신부**의 그 유명한 저서《자연의

---

* Thomas Burnet(1635~1715). 영국의 과학자, 신학자, 성직자, 작가. 데카르트의 지구에 대한 이론과 성경을 연결 짓고, 우주 창조설을 이성적으로 설명하려고 시도했다.
** Antoine Pluche(1688~1761). 프랑스의 가톨릭 사제, 저술가. 청소년 교육용으로 집필하여 1732년에 처음 출간한《자연의 장관》은 곧 반향을 일으켜 유럽 각국의 언어로 번역되었고 베스트셀러의 반열에 올랐다. 이 책은 과학 전문서라기보다는 교양서로, 심오한 주제를 쉽게 설명하여 인기를 끌었다.

장관*Le Spectacle de la nature*》이 여기에서 훌륭한 안내서가 될 수 있을 것이다. 이 책은 숲, 강, 산, 초원, 바다를 비롯한 모든 것을 묘사하고 있다. 물론 "모든 것에 생명과 활동을 부여하는 만큼 대자연의 영혼과도 같은" 태양이 빠질 수 없다. 그렇듯 화가는 바다를 그리기 위해 일몰의 순간을 포착한다. "바다가 불처럼 타올라 이 아름다운 별, 태양의 빛이 수평선을 따라 수백 가지 모양으로 파도 위에 반사되며 넘실대면서, 가장 아름다운 빛과 가장 풍성한 색채들을 발산하기 때문"이다. 결론적으로, "모든 것을 아름답게 감싸는 그 빛은 우리를 미의 근원에까지 끌어올린다". 그리고 더욱 훌륭한 것은 바로 이것이다. 낮의 파장 안에서 여러 미묘한 변화로 가득한 태양의 궤적은, 일출에서 일몰까지, 처음에는 은은하게 그다음에는 "영광으로 빛나며" 바로 여기서 "우리의 허약함을 배려하기 위해 조심하면서" 우리의 눈을 서서히 강화시키며 대자연의 장엄함을 인지하게 만든다는 것이다. "빛이 없는 태양이란 우리에게 아무 쓸모도 없었을 것이므로, 신은 빛나는 태양을 지으셨다."[30]

그리고 모든 문제는, 자연신학이 인간과 우주 사이에 개입한 지점, 자연신학이 슬그머니 밀어 넣은 시선의 무한한 가능성 안에 있다. 자연의 세계는 구경거리가 되었다. 그 세계에 생동감을 불어넣는 여러 현상이 풍경을 이루는 것이다. 여전히 멀리 떨어져 있는, 소리 없는 존재이기는 해도, 바로 여기에 태양의 재발견, 다시 말해서 그곳을 환희의 장으로 만들 가능성이 있었다. 양식 있는 귀족들을 사로잡은 이러한 해석은 그 후 수십 년간 유효했다. 이 해석이 갖는 생명력은 코트 신부*가 그 법칙들을 상세히 설명한 기상 지식의 덕을 얼마간 분명히 보았으며, 특히 태양의 빛이 "출발점에서부터 7분 안에 우리의 눈에 도달한다"는 사실을 밝히면서 태양이 보여주는 스펙터클한 아름다움과, 명상의 경험이 주는 강렬함을 심오하고 세련된 차원으로 끌어올린 천체물리학의 발전에 더 많은 빛을 졌다.[31] 이러한 해석은 18세기 말 베르나르댕 드 생피에르의 글에서도 여전히 귀족 작위 증명서와도 같은 특권을 확보한 듯이 보이며, 이어지는 다음 세기의 낭만주의 시대 동안에도 줄곧 마찬가지였다.

베르나르댕은 신이 "인생이라는 그림의 배경"을 이루는 풍경들로 자연을 지어냈다고 썼다. 또한 그는 열대 지방의 뭉게구름이 햇빛을 받아 연분홍빛, 은빛, 주홍빛과 금술 장식으로 요동치며 자연 속에서 멋진 자리를 차지하고 있는 모습을 발견했다.[32] 오랫동안 이러한 어조는 변하지 않았다. 샤토브리앙François Auguste René de Chateaubriand, 라마르틴Alphonse de Lamartine, 고티에Théophile Gautier와 다른 수많은 작가가 저마다 '태양의 찬가'를 노래했다. 돌바크 남작**의 것도 그다지 나쁘지는 않다. "오! 태양! 빛의 아버지여, 그대에게 경배하네! 행복

---

* Louis Cotte(1740~1815). 프랑스 오라토리오 수도회의 성직자로, 계몽주의 시대에 과학자로서 활약했다. 특히 기상학, 천문학, 물리학 분야의 연구에 몰두하여 관련 논문과 저서를 다수 남겼다.
** Paul-Henri Dietrich d'Holbach(1723~1789). 독일계 프랑스인 유물주의 철학자. 그의 목적은 윤리를 종교적 원리에서 분리시켜 자연의 원리로부터 추론하는 것이었다. 프리메이슨 단원이기도 했으며 정기적으로 살롱을 열어 그곳에서 디드로와 달랑베르의 주도로 편찬된《백과사전》을 집필했다.

의 계곡에서 누리는 청춘과 기쁨을 다시 돌려다오." 태양에서 느끼는 환희는 중요한 도덕적 해석을 담고 있다. 그것은 호사와 '거친 야망'에 사로잡힌 인간을 거부한다. 그것은 '은둔의 고요함'을 맛볼 줄 아는 현명한 사람과 순수한 사람의 '활기찬 생동감'을 요구한다. 태양은 이렇게 행복에 이르는 길을 가리킨다. 돌바크 남작은 또 이렇게 말한다. "오! 태양이여! 자신을 둘러싼 모든 것에 행복을 널리 베풀 줄 알고, 그대가 여명의 눈물을 닦아주듯이 불행한 이의 눈물을 기꺼이 닦아주며, 그대처럼, 내려다보이는 모든 존재에게 풍요와 행복, 생명을 나눌 줄 아는, 그대와 같이 고결한 이의 영혼에서 행복을 찾아야 하리라."[33]

세상과 어우러지는 관계를 맺는 자리이자, 예민한 영혼을 매료시키기에 알맞은, 만족시키기에 까다로운 환희의 장으로 인지된 태양은 19세기 문학과 시가 지치지 않고 편애하는 하나의 테마를 형성시키지 않을 수 없었다. 그 내용의 목록을 나열하자면 끝이 없을 것이다. 그것은 태양의 효과에 열광한 한 세기를 펼쳐내며, 보들레르부터 로스탕*에 이르기까지 면면히 이어진다. 특히 일출과 일몰에, 그리고 한낮의 작열하는 햇빛보다는 희미하고 불그스름한 빛에 매료되었다.[34] 세상이 암흑으로 덮여 있던 시대에는 그다지 크게 놀랄 일은 아니다. 세상은 그늘과 밤에 익숙해지는 것에 만족했고, 낮에는

---

* Edmond Eugène Alexis Rostand(1868~1918). 프랑스의 극작가, 시인. 자연주의의 전성기에 낭만주의적인 희비극을 창작하여 당시 관객들을 열광시켰으며, 대표작으로 《시라노 드 베르주라크Cyrano de Bergerac》(1897)가 있다.

여전히 태양이 남기는 위험한 상처를 조심했다. 1750년에서 1850년 사이에는 혐오라는 거대한 건조물의 아주 작은 틈새에서, 앞으로 다가올 기쁨의 전조처럼 무엇인가가 자라나게 된다. 희미한 빛이 조심스럽게 새어 나오고 있었다.

태양이 주는 양식
그리고 환희의 요람기

사실 태양에 관계된 두려움은 오래 지속되었다. 그러나 제2제정(1852~1870)과 세계대전(1914~1918) 사이, 새로운 확신을 갖고 태양을 인지하는 방법에 변화를 주는 무엇인가가 은밀히 생겨났다. 잊지 말아야 할 것은, 이 수십 년 동안 날씨와의 상관관계가 신앙으로 가득 차 있었다는 사실이다. 마을에 폭풍우를 끌어들이는, 우박이 올 것처럼 찌푸린 하늘을 두려워한 시골에서는 사제가 중요한 기상 중재인이었다.[35] 신자들은 맑은 날씨와 풍성한 수확을 청하는 사제의 기도와 강복을 원했다. 1854년 프로방스 지방에서는 이를 정Gens 성인*에게 의탁했고, 수많은 성당에서 청명한 날씨를 기원하기 위해

---

* Gens du Beaucet(1104~1127). 프랑스의 가톨릭교회의 성인. 청소년기에 가족을 떠나 보세Beaucet 지역에서 금욕, 기도, 노동, 고행으로 은둔 생활을 했다고 전해져 '보세의 성인 정'으로 불린다. 가뭄이 끝나기를 청하는 기도 행렬을 마치기도 전에 비가 내리는 등, 그가 날씨와 관련된 기적들을 일으켰다는 것을 교회가 인정했다.

사제를 샘에 빠뜨리거나 구두에 물을 담아 그에게 뿌리는 일이 관습처럼 행해졌다. 1880년 시농 성 부근의 마을 사람들은 창의력을 좀더 발휘했다. 그들은 보좌신부에게 불의 시련을 겪게 했는데, 잘못해서 사제의 옷을 불에 그을리거나 그의 몸에 화상을 입힐 뻔하기도 했다. 성직자가 이런 놀음에 응한 것이다. 1891년 루앙에서는 대주교가 교구 사제들에게 공적인 기도를 더욱 많이 할 것을 권장했는데, 대주교는 이것이 "주님께서 우리의 들판을 당신의 미소와도 같은 아름다운 햇빛으로 새롭게 밝혀주시기를" 위한 것이었다고 기록했다. 그래서 사흘간 성체 성사 예식과 성체 거동이 이어졌고 의식 내내 성인호칭기도를 노래했다.

이러한 관례들은 제3공화국(1870~1940) 당시 성행했고 일부는 1950년대까지도 이어졌다. 이 역사적 사실들은, 태양에 대한 견해가 얼마나 오랫동안 자연 세계와의 불안한 현실적 관계 안에서 구속되어 있었는지를 말해준다. 자연 세계에서는 맑은 날씨가 추수의 성패를 좌우했으며, 신과 전설이 하늘의 신비를 공유하고 있었다. 1882년 폴 세비요가 기록한 브르타뉴 지방에서 전해지던 여러 징조들, 즉 "붉은 태양은 바람을 의미하고, 하얀 태양은 눈을 의미하며, 길쭉한 부분을 지닌 태양은 물을 의미한다"라는 말에서 나타나는 여러 징조들은, 일상생활에서 그 징조들이 미치는 영향력을 대변한다.[36]

그럼에도 인식이 변하지 않았다는 결론을 내릴 수는 없다. 네오히포크라티즘* 이론이 한풀 꺾이는 동안 부활한 1840년대 위생학은 새로운 의학적 확신을 갖고 햇빛을 다룬다. 홈볼트**의 해석이 거기에 자리를 잡는다. 페루나 카리브 사람들이 모든 사람들 중에서도 육체미가 빼어나며, 햇빛 아래의 노출이 전례 없는 생리학적 효과를 가져왔다는 사실을 여행길에서 깨달은 것이다. 십여 마리의 짐승에게 햇빛과의 접촉을 차단시키는 실험을 한 프랑스 학자들이 그러한 확신을 뒷받침해주었다. "그들의 장기와 사지는 많은 양의 체액으로 충실해졌고 몸집도 커졌다. 그러나 햇빛만이 그들에게 줄 수 있는 원기와 에너지는 내지 못했다." 즉, 태양은 인간에게 자양분이 되고 인간의 세포 조직을 키우며 장기에 활력을 불어넣는다. 위생학 개론에서는 햇볕을 자주 쬘 것을 권장하기 시작했다. 특히 부모들에게는, 자녀들에게 햇볕을 쬐게 할 것을 권유했다. "어둡고 습하며 환기가 되지 않는 방이나, 대도시의 어둡고 좁은 골목에서 자녀들을 키우면 그들은 머지않아 쇠약해져서 우리 문명권의 끔찍한 골칫거리인 연주창連珠瘡에 걸리게 될 것이다. 그런 아이의 고통에 찬 탄식은, 햇빛을 보게 해달라고 우리에게 청하는 기도와도 같은 것이다. 아이는 결국 허약해져서 누렇게 시들고 만다. 이런 경우에는 서둘러 아이

---

* néohippocratisme. 18세기 말에 탄생하여 양차대전 사이에 발전한 의학의 일종. 과학적인 유사요법(호메오파티)과 공식 의학의 지류 사이에서 떠오르며 점점 각광을 받고 있다. 이 두 가지 의학에 공통된 세 가지 일반 원리인, 임상의학의 우월성, 질병의 역동적이고 개별화된 개념, 질병에 대항하는 신체의 고유한 반응을 돕는 자연 치유법을 기초로 한다.

** Alexander von Humboldt(1769~1859). 독일의 박물학자, 지리학자, 탐험가. 중남미와 중앙아시아 각지를 직접 답사하여 기후와 지질을 연구한 그는 학술 탐험의 선구자이자 근대 지리학의 창시자로 평가받는다.

를 시골로 보내 맑은 공기를 마시게 하고 부족했던 햇빛을 받아들이게 해야 한다. 그 어떤 것도 햇빛의 활동을 대신할 수 없다."[37]

그리고 이 말은 세상으로 퍼져 나갔다. 상류 사회에는 열성적인 사자使者들이 있기 마련이다. 쥘 미슐레가 그런 사람에 속했다. 그는 40년 동안 모든 보건 협회에 자신이 지은 격문을 제공했다. 그는 1859년 작품《여자*La Femme*》에서 "모든 꽃들 중에 인간 꽃은 태양을 가장 필요로 하는 꽃이다"라고 썼다. 또한 인간 꽃에게는 태양이 "인생 최초이자 최고의 선도자"라며 상기된 어조로 논지를 이어가고 있다. "그 빛은 머리에 가득 쏟아져 들어와 깊고도 외진 곳에 있는 신경에까지, 이쪽에서 저쪽으로 통과하는데, 거기서부터 모든 신경 조직, 모든 감각과 운동 기관의 척수가 흘러나온다."[38]

공기, 빛, 태양을 이용한 요법들이 의학 분야에서 인기를 얻기 시작했다. 그러나 태양이 위생학자들의 세계에서 보다 굳건히 자리를 잡게 된 것은 물론 세기말 파스퇴르Louis Pasteur의 작업 덕분이었다. 학교, 빈민굴, 중산층의 아파트를 비롯한 도처의 공기, 물, 먼지 속에서 화학자들이 그 존재를 발견한, 공포를 불러일으키는 액상의 세균은, 태양의 정화력과 치유력에 대한 예찬론에 활기를 부여했으며, 프랑스 공화국은 일찌감치 초창기부터 이를 공공 위생의 중추로 삼았다. 태양은 혈액순환, 호흡, 소화, 성장에 영향을 미치기 때문인데, 보나르Adolphe Bonnard 박사는 "의사들에게는 태양이 조수보다 더 나은 것이, 치료사와도 같기 때문"이라고 요약했다. 야외 활동을 통한 보건 예찬론자들은 이 새로운 진리를 하나의 의식儀式으로 받들었다.[39] 결핵에는 햇빛, 집 안을 오염시키는 병균에도 햇빛이었다. 도시의 가난한 어린이들을 질병에서 구하려면 그것도 햇빛이었다. 1900년경 온 나라를 들썩이게 했던, 학교 및 방학 캠프의 산책 열풍이 이를 증명해주었다. 1905년, 의학 아카데미가 대대적으로 펼친 벽보 캠페인은 상황을 집약적으로 보여준다. 이 캠페인은 전국의 어머니들에게 두 가지 보건 규칙을 반복해서 알렸다. 집 안을 환기하고 매일 아이들이 조금이라도 햇볕을 쬐게 하라는 것이었다.[40]

이 '해를 보게 하려는' 배려는 사람들이 여태껏 한 번도 맛본 적 없었던 기쁨을 보장해주었다. 1860년 렌바흐Franz Von Lenbach가 그린, 햇빛 아래에서 낮잠을 자는 젊은 목동, 1890년대에 중류 계층이 처음으로 그 정취를 알게 된 풀밭 위에서 즐겁게 뛰노는 것, 햇빛을 만끽하는 여인들을 꿈꾸게 한, 세기말에 성행했던 이국정취의 상상력은 이제 햇빛에 매혹되기 시작한 사람들을 자극했다. 이 여인들의 욕망은, 모파상Guy de Maupassant이 알제리에 대해서 그렇게 이야기했듯이,[41] "빛이 내뿜는 광포한 눈부심"과도 같았다. 한편으로 졸라는 《사랑의 한 페이지Une page d'amour》(1878)에서 "아주 쾌적하고, 아주 감미로운" 햇빛으로, 죽어가는 쥘리에트의 몸속에서 "정답게 간지럽히며 어루만지는 듯한" 느낌의 온기가 살아나는 지극히 행복한 감정을 연출한다.[42] 또 한편 프루스트는 충만하고 둥근 태양을 감상하며 존재의 진실에 관한 생생한 은유를 만들어냈고,[43] 의사들은 기꺼이 유쾌한 말씨로 "빛나는 태양의 기분 좋은 감미로움"을 찬양하면서, 환자들에게 팔이나 뺨이 따가워질 정도로 햇볕을 쬘 것을 장려했다.

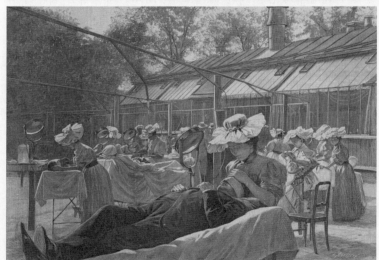

위_프란츠 폰 렌바흐, 〈어린 목동〉(1860).

아래_〈치유하는 빛, 일광요법 시간〉(《일뤼스트라시옹 *L'illustration*》에 수록, 1901). ©BIU santé

그러나 이런 회복의 기미에도, 1914년까지는 태양이 얼마나 유쾌하지 못한 사건들의 원인으로 남아 있었는지를 잊을 수는 없을 것이다. 1876년, "감전으로 급사하듯이" 펜실베이니아에서 300명, 1882년 파리에서 27명의 사망자를 낸 일사병은, 일광욕에 대한 강박적인 두려움을 더욱 부추겼다.[44] 학자들이 그 생리학적 메커니즘을 깊이 조사한 이 '일사병'은 불안을 심화시켰다. 1877년의 한 위생학 개론에서는 그것이 단지 "화상과 같은 것일 뿐"이라 알리고 있다. "그리고 이 화상은 종종 순식간에 죽음으로 이어질 수도 있다"는 것이다. 이 개론에는 또한, 일사병 증세가 나타나면 곧장 "파슬리를 듬뿍 빻은 것을 곱게 간 식용 소금과 섞고 습포를 만들어 통증 부위의 살갗에 붙여야 한다. 머리에 열이 있을 경우엔 발을 찬물로 씻고 물기를 완전히 제거한 다음, 따가운 쐐기풀로 마사지를 하고 양모로 짠 양말을 신은 채 침대에 누워 겨잣가루를 조금 뿌려야 한다"[45]고 나와 있다. 특히 우리가 짐작하듯이 학교에서까지, 언제나 햇빛을 조심해야 한다고 가르치고 있었다. 시골의 노동자들과 근로자들은 낮잠을 잘 때 그늘에서 잘 것을 권유받았다. "일에 매여 해를 그리워하는" 사무직 종사자들은 머리 위에 "귀퉁이를 돌돌 만 흰 손수건"을 올려놓으면 되었다. 그리고 보통, 가볍고 챙이 넓으며 속을 포도 잎사귀 한 줌으로 채운 모자가 꼭 필요했다.[46] 여자들에게는 오랫동안, 모자와 긴 팔 블라우스, 헐렁한 치마와 양산이 해가 나는 날에 꼭 필요했다. 백화점의 광고들이, 이처럼 온몸을 감싸는 것에 대한 오랜 집착을 증거하고 있다. 1877년 여름, 르 봉 마르셰Le Bon Marché 백화점은,

질 세레(Jules Chéret, 〈르 봉 마르셰 백화점 광고 포스터〉(1877). ⓒ BnF
"태양의 작열하는 빛과 맞서려면 생마르탱가의 교차 지점 튀르비고가 36번지 르 봉 마르셰 백화점
에서 멋진 알파카를 장만하세요. 9프랑."

"태양의 작열하는 빛과 맞서려면 멋진 알파카를 장만하세요"라는
광고를 자신 있게 선보였다.

아울러, 당시 몇십 년간은 날씨와의 관계가 심층적으로 변화한 기
간이기도 했다.[47] 1860년부터 관측자들의 모임이 전국적으로 조직
되어 교사들과 몇몇 저명인사들이 대기 측정에 뛰어들었다. 특히 하

늘을 관측하여 그 상태를 기술하고 예견하는 것이 대중적인 재밋거리가 되었다. 날씨는 이제 "친구, 가족 사이에서나 사회에서, 형식적이거나 일상적인 인간관계에서 아주 중요한 자리를 차지하게 되었다"고 1874년 로랑생Paul Laurencin은 성공을 거둔 자신의 저서《비와 청명한 날씨La Pluie et le beau temps》에서 설명한다. 날씨에 관한 일을 공들여 체계화시켜야 한다는 것이다. 하늘의 색깔, 밝기, 청명하거나 '궂은 날씨'들은 정밀한 합리화의 장場이다. 예컨대 우리는 '청명한 날씨'로부터, "하늘의 색조가 가장 순수한 하늘색이고 해가 아주 밝게 빛나며 우리에게 알맞은 온기를 느끼게 해줄 때의 대기 상태"[48]를 기술하기 위한 공식을 마련해놓아야 한다는 것을 깨닫는다. 수십 년 동안 하늘과 관련된 문제들이 매혹적인 무대의 모습을 띠게 되었고 그중에서도 해는 수많은 인상을 탄생시켰다. 이 새로운 감수성을 전파하는 데 열중했던 카미유 플라마리옹*의 저작들 중에서, 특히 "열기구의 곤돌라에서 바라본 일출"**에 관한 그의 유명한 글은 하늘을 그간 아무도 몰랐던 매력으로 가득 채웠다. 1887년에 플라마리옹은 이렇게 썼다. "모든 하늘이 일출에 경의를 표하기 위해 축제에 돌입했다. 멀리서 붉게 물드는 구름은 석양에 빛나는 알프스와 흡사했는데, 아주 가벼운 수증기들이 연분홍빛을 띠고 주홍빛으로 빛나

는 태양은 사방으로 빛줄기들을 뿜어내며 그 위로 지나가는 구름 떼는 수를 놓은 듯 눈부신 장식으로 테를 두른다. 우리는 이제 한 지방의 주민이 아니라 무한 세계의 시민임을 느끼게 되는 것이다."[49]

구시대의 자연신학에서는 분리된, 태양의 인상에 대한 취향은 문학으로 밀려들었고 거기서 가장 눈부신 표현들을 통해 묘사되었으며, 그다음으로는 인상주의가 자신의 상표로 삼은 "태양이 가득한 풍경의 유행" 안에서 회화론이 뒤따라온다.[50] 틀림없는 탐미주의자의 감수성이다. 그러나 이 정도에 그치는 것은 생각할 수 없는 일이다. 공화국의 교사들도 그들 나름대로 이를 새로운 학습의 장으로 만들었다. 아이들을 책을 통해서만 얻은 지식에서 해방시켜 "감각의 교육"을 추구하던 그들은, 하늘을 해독하는 기초 교육으로 구름의 흐름을 따라가고 태양의 변화를 기술하는 법을 가르쳤다. 학생들에게 상을 줘가면서, 시골에 자주 찾아가서 태양이 소나무, 너도밤나무, 떡갈나무에 각기 다르게 드리우는 미묘한 색조를 느껴보라고 권유했다. 독서는 학교 안에서 그러한 취향을 살리는 임무를 맡았다. 두 세대에 걸쳐 발행되었던 유명한 교과서 《프랑시네*Francinet*》에서 "즐거운 햇님"은 자연을 사랑하는 법을 가르쳤으며, 또한 그 빛 덕분에 "좀 더 돋보이는" 아름다움도 가르쳤다. 그리하여 결국 그것은 우리 마음에 하나의 교훈을 새겨주었는데, 태양은 "거만한 자도 겸손한 자도 공평하게 비추며 모든 사람을 위해 헌신하는 선의"[51]의 상징이라는 점이었다. 또한 작문의 주제를 택하는 경우에도, 학생들로 하여금 겨울보다는 여름을 좋아한다고 글을 짓게 하는 쪽으로 유도

했는데, "여름에는 날씨가 좋고 해가 빛나기 때문"이며 "늘 추운 것보다는 그때가 더 기분 좋기 때문"이고, 이는 맑은 날씨에 대한 새로운 인식이 깨어났음을 확인해주었다.[52]

　　조용히 진행되었던 이 변화는 대단한 것이었다. 햇빛과의 특별한 관계, 요컨대 사심 없이 거리를 두는 '부르주아적인' 관계가 요구되었다. 총체적 인상들의 집합체로 변하여, 해석이 필요한 정경으로 취급되면서 달리 말하자면 순전히 취향과 감수성에 관한 주제로 여겨진 태양은 이렇게, 그때까지 서로 결합되어 있었던 실용적이고 생산적인 관점 또는 농부의 관점으로부터 조금씩 멀어지게 되었다.

"그 옆도, 다른 어떤 곳도 아닌 바로 태양 아래"*

　　그다음에 이어진 반세기 동안에는 이러한 인식 구조가 크게 변화했다. 1925년에서 1965년 사이에 햇빛 기피 전략들은 시대착오로 취급되었고, 육체는 햇빛에 노출되었으며, 기상학적 상상의 세계가 밑에서부터 꼭대기까지 쇄신되면서 햇빛과 접촉하는 것에서 새

---

* 1960년대에 유행했던, 프랑스 가수 세르주 갱스부르Serge Gainsbourg(1928~1991)의 노래 〈바로 태양 아래Sous le soleil exactement〉의 가사에서 따온 구절이다. 뜨거운 추억을 남긴 여인을 회상하며, 그녀를 만났던 곳이 어딘지 잘 생각나지는 않지만 분명한 것은 어떤 바닷가에서였고, 바로 태양 아래에서였다는 내용을 담고 있다.

로운 즐거움이 생겨났다. 1928년에 출판된 〈태양Sun〉이라는 단편에서, 위험한 작가 로런스David Herbert Lawrence(《채털리 부인의 연인Lady Chatterley's Lover》의 저자)는 우리가 종종 잊고 있었던 이런 아찔한 은유를 가장 훌륭하게 되살려냈다. 겨울이 끝나갈 무렵 의사들의 권고로 "햇빛으로" 보내진 젊은 여주인공은 어깨부터 발끝까지 거의 벌거벗은 몸을 햇빛에 내맡긴다. 온기가 "그녀의 골수까지", "더 나아가 감정과 사고까지" 파고드는 동안 그녀는 대담해져서 강하고 열정적이고 야생적으로 변해가는 자신을, 여태껏 알지 못했던 생명력을 느끼게 된다. 이 모호하고 따뜻하며 묵직한 행복감 속에서 그녀는 "자신의 깊은 곳에 지니고 있던 뭔가가 열리며 긴장이 풀리는 것을 느낀다". 자신의 의식보다, 그리고 의지보다 더 깊은 곳에 숨어 있던 신비한 능력이 그녀를 태양과 하나로 만들었다.[53]

1920년대부터는 젊은 모더니스트 부르주아 계층에서 새로운 햇빛 감상법의 탄생을 알리는 텍스트가 넘쳐났다. 당시 포드 자동차 홍보 잡지 《포드지La Revue Ford》에는 "7월 초부터 우리는 모두 파시교* 신자, 또는 자라투스트라의 제자가 되어 태양을 경배한다"[54]라는 글이 실렸다. 여름이 휴가, 해변, 정신적 휴식과 하나가 되기 시작하는 동안 태양은 이제껏 존재하지 않았던 풍미와 욕망으로 장식되었다. 이 주제는 콜레트**에서 에메***에 이르기까지 거의 모든

---

* 파시교(Parsis 혹은 Parsees)는 남아시아(특히 인도와 파키스탄)에 있는 두 조로아스터교 공동체 중 규모가 큰 공동체를 뜻한다.
** Sidonie Gabrielle Colette(1873~1954). 프랑스의 소설가, 배우, 언론인. 주로 남녀 간의

당대 작가들의 관심을 끌었다. 태양은 "부드럽게 지각을 마비시키고", "달콤한 무력감"을 느끼게 해준다. 이러한 영향을 받아 1934년의 어떤 책에는 "머릿속에는 더 이상 아무 생각도 떠오르지 않고, 충만함과 엄청난 행복감이 가득히 밀려온다. 태양은 살과 피를 태우며 파고든다. 마치 새로운 생명이 스며드는 것 같다"[55]라고 쓰여 있다. 1935년에 모랑*이 말한 이 "신비한 힘", "태양이 주는 양식"은 매우 유쾌한 감각으로, 피부에 머무는 것에 그치지 않고, 본능의 원인을 변호하며 육체를 "원초적 생명력"으로 생동케 하고, 그것이 지닌 자연적 기능을 발휘하여 신체를 성숙하게 완성시키고 젊음을 되돌려준다.[56]

봄철에 구름 틈새로 내리쬐는 빛들 또한 도시를 온통 하늘하늘한 원피스, 드러낸 팔, 따스하게 덥혀지는 기분 좋은 느낌들로 뒤덮으며 맑은 날씨에 대한 애정을 만족시킬 수 있다고 파르그**는 말한다. 이 "수선스럽고 귀찮은 동물"[57] 같은, 태양의 특권을 가로채는 것은 그야말로 여름이다. 그리고 이와 함께 부인들의 베일과 장갑이 현대

연애를 소재로 삼은 감각적인 심리소설로 유명하며, 레지옹도뇌르 훈장을 수여받는 등 살아생전에 영예를 누렸다.

∗∗∗ Marcel Aymé(1902~1967). 프랑스의 소설가, 수필가, 극작가, 언론인. 기상천외한 상상력을 바탕으로 한 단편소설의 대가로, 그의 작품은 지금도 인기리에 연극과 뮤지컬로 상연되고 있다.

∗ Paul Morand(1888~1976). 프랑스의 소설가, 외교관. 현대 문명을 감각적인 필치로 묘사한 단편소설을 다수 발표했으며 1968년 아카데미 프랑세즈의 회원이 되었다.

∗∗ Léon-Paul Fargue(1876~1947). 프랑스의 작가, 시인. 초기에는 상징주의의 영향을 받았으나 이후 특정 유파에 속하지 않고 작품 창작과 평론 활동을 했으며 드뷔시, 라벨Maurice Ravel, 사티Eric Satie 등의 음악가들과 교류하고 관련된 글도 남겼다.

1934년 센 강변 들리니 수영장에서 일광욕하는 사람들. ©BnF

적인 아가씨들의 옷차림에서 자취를 감출 때, 하루 중 가장 더운 시간에 시원하게 지내던 관습이 조금씩 사라져갈 때, 그때까지는 생각하지도 못했던 태양의 새로운 사용법이 활기를 띠기 시작한 것이다. 선탠이 이에 속했는데, 그것은 피부와 태양의 새로운 결합을 구현했다. 1932년에 콜레트는 열광하며 이렇게 말한다. "단 한 가지 욕망으로 활기를 찾은 육체들이 나란히 뒹굴고 있다. 그것은 몸을 태우겠다는 욕망이다. 그들은 가능한 한 벌거벗은 채, 아무 말도 하지 않기 위해서 햇빛의 애무에 몸을 맡긴다."[58] 여성 잡지들과 그 존재가 독보적이었던《일광욕의 기술. 구릿빛 피부를 만드는 법Art de brunir. Méthode pour se dorer au soleil》(1936) 같은 실용서들이 지속적으로 그 양식을 정착시켰다. 그것은 보건 용어와 미용 용어, 상류 계층의 언어를 뒤섞어 잘 엮어낸 장광설들로, 무엇보다 여름 햇빛 아래 모든 사람이 야생으로 돌아가는 것을 찬양했다. 이는 알제에서 카뮈Albert Camus를 그토록 매혹시켰던 것, 잠시 원초적인 삶으로 돌아간 이 흑인들, "니그로", "검둥이 아이"가 느끼는 육체의 희열과도 흡사했다.[59]

피부에 새겨진 이와 같은 희열은 단순히 감각의 문제에 국한되지는 않았다. 그 희열은 전쟁으로 핍진해진 한 나라의 절대적인 생물학적 필요성에 의지했다. 그 결과, 의학이 여기서 지배적인 역할을 유지하고 있다는 사실은 전혀 놀랍지 않다. 식민지 의학의 영향을 받아 바람과 비의 유기적 영향을 연구하는 생물기상학은, 이 태양에 대한 열정에 학문적인 근거를 제시한다. 인상적인 연구 작업을 계속해온 의사들은 적외선의 "진통 효과"와, 적외선이 세포 조직에 작용하는 이점이나, 그것이 "말초, 교감, 지각 신경 조직망에" 가져오는 "내면적 행복감"을 느끼는 듯한 인상에 대해 언급한다.[60] 이로써 우리는 1927년 일광욕을 권장하는 전국적인 캠페인을 시작한 의사들의 열의를 좀 더 수긍할 수 있다.[61] 그들은 몇 년 후 "사교계 인사들"의 과도한 반응에 당황하여 가던 길을 돌이키려 해도 소용이 없었을 것이다.[62] 신체와 햇빛의 새로운 조화는 의학적 신념과 뒤섞여 생활 습관으로 자리를 잡았다.

건강, 웰빙, 그리고 행동 양식의 현대성이라는 복잡해진 평가 기준들이 햇빛에 대한 취향을 현대적인 즐거움의 목록에 등재시켰다. 이 취향은 장소와 계절과 맺는 관계에 심대한 변화를 가져왔다. 햇빛은 단숨에 전국의 감성 지도를 다시 그리며 그 시대를 사로잡고 있던, 지역의 정체성을 구축하는 데 합류했다. "코트다쥐르에서 여름을 보내세요, 거긴 비가 오지 않습니다!" 1938년 학술원 회원이었던 모리스 메테를링크Maurice Maeterlinck는 그렇게 외쳤다. 그는 또 "햇빛이 전하는 산들바람의, 건조하고 가벼우며 통풍이 잘되는 열기는 견딜 수 없는 것이 아니라, 인체에 이상적인 온도이며, 모든 감각과 평온하고 단순한 삶의 기쁨이 꽃피울 수 있는 온도, 한마디로 말하자면 행복의 온도다. 이를 잊지 말자, 무엇보다도 사람은 따뜻한 고장에서 온 동물이기 때문이다"[63]라고도 했다.

그러나 맑은 날씨에 대한 욕구가 최고점에 달한 때는 말할 것도 없이 2차 세계대전 이후다. 햇빛은 명실상부한 현대성의 분위기를 띠게 되었다. 웰빙의 형상을 부여하기 위해 각종 소스, 세탁기, 세제,

트랜지스터 광고에 햇빛의 이미지를 끌어들였다. 햇빛은 성공적인 휴가에 필수불가결한 요소가 되었고, 그것 자체로 국가 발전과 개인 자아실현의 상징이 되었다. 1969년의 어떤 글에서는, 햇빛은 휴가의 진리이며 "휴가가 진정 휴가이게 해주는 생명력, 즉 재발견되고 소진되어, 모든 면에서 완전히 시련을 견뎌낸 생명력이 되게 해주는 요소다. 햇빛은 당연히 쾌락주의와 연결된다. 더위 속의 노출, 선탠이라는 관능적인 즐거움을 약속하고 허용하며 그것을 통해서 아주 가까이에 있는 에로티시즘을 알린다"[64]고 했다. 더위에 지친 분위기가 깔려 있는 사강François Sagan의《슬픔이여 안녕Bonjour tristesse》(1954) 또는 뒤라스Marguerite Duras가 확실히 가장 위대한 태양의 소설로 만든, 페이지마다 강렬하고 숨 막히게 하는 태양의 존재감이 각인된《타르퀴니아의 망아지Les Petits Chevaux de Tarquinia》(1953) 같은 문학이나, 더 나아가서 훗날 전성기를 구가한 수많은 대중가요, 예컨대 프랑수아 드겔트François Deguelt의 〈하늘, 태양, 바다Le Ciel, le Soleil et la Mer〉(1965), 또는 세르주 갱스부르의 〈벗겨진 피부La Peau qui pèle〉(1964), 〈바로 태양 아래〉(1967) 등은 태양을 평온의 상징이자 현대성의 기상 풍경으로 만들었다. 대중문화를 연구하는 사회학자들은 이러한 특징을 놓치지 않았다. 그들은 모랭* 의 방식으로 재빨리, "부

---

*   Edgar Morin(1921~). 프랑스의 철학자이자 사회학자. 그는 대중문화 특히 스타 시스템에 관하여 다음과 같이 분석했다. 20세기 서민들은 유급 휴가의 증가와 노동 시간의 감소로 여가를 획득했으며 이 여가는 자기 꿈을 실현하려는 이들의 욕망을 더욱 절실하게 만들었다. 이 욕망의 모델은 이미 존재하는 것에서 찾을 수밖에 없는데, 그것은 부르주아적 삶과 감정이 된다. 커뮤니케이션 수단은 스타를 대중과 꿈의 매개자로 삼았다.

모리스 로로Maurice Lauro, 〈브르타뉴 지방의 라 볼, 태양의 해변〉.

르주아 문명"의 이면에 세워진 새로운 "개인의 종교"라는 표시를 끌어냈다.

　한 가지 명백한 사실이 있다. 이 수십 년간 날씨에 대한 감수성이 획일화된 것이다. 불안정한 날씨를 선호하던 옛날 취향은 약화되었다. 완전히 맑은 날씨에 대한 집착이 커지는 동안 이와 함께, 완전히 획일적인 "계절에 맞는 날씨"에 대한 강박은, 비에 대한 혐오감이 전례 없이 강렬해지도록 만들었다. 한마디로 태양은 여름의 화신이었고 태양이 없는 여름은 생각할 수 없었다. 생물기상학의 전문가들은 이 현상을 해명해보려고 애썼다. 인식의 시초를 탐색하고, 이러한 암묵적 동의와 "무거운 날씨"에 대한 과도한 불쾌감은 어디서 시작되었는지 가늠해보려 했다. 1955년에 이들은 비와 태양의 감상 방식은 서로 다르다는 점을 보여주었다. "한 시간 동안의 비는 확실히 다섯 시간 동안의 햇빛을 지워버린다"[65]는 것이다.

기상 예보를 둘러싼 걱정 어린 관심은 여기서 그 뿌리들 중의 하나를 발견한다. 알베르 시몽*을 비롯한 일기예보 해설자들에게 쏟아지는 비난은 온 나라를 괴롭히는, 맑은 날씨에 대한 절대적인 욕구를 대변하기에 충분하다. 1964년 프랑스 여론조사기구 이폽Ifop에 따르면 "프랑스인의 89퍼센트"가 성공적인 휴가를 위해서는 햇빛이 "반드시 필요하다"고 생각했다.[66] 보험회사들은 지체 없이 기상에 대한 불안이 형성시킨 이 시장을 검토해보았다. 1961년에 그들은 '우천 보험'을 내놓는다. 이는 안내책자에서도 분명히 밝히듯이 "악천후의 재해"에 대비하는 진정한 보험증권이라는 것이다. "하루 평균 1,50프랑만 내면 비 오는 날 20프랑을 돌려드립니다." 계약서는 한계치를 명시했다. 밤중에 오는 "유익한" 소나기는 셈하지 않

---

* Albert Simon(1920~2013). 프랑스 라디오 방송 '유럽 1'에서 70~80년대를 풍미한 일기예보 해설자. 때로는 개구리를 이용해 날씨를 예보하기도 해서 유명해졌다.

고, 7시에서 17시 사이에 1밀리미터 이상의 비가 오는 경우만 셈한다는 조건이었다. 그리고 비 오는 날이 하루뿐이면 안 되고, 피보험자는 보험금을 이틀째부터 받을 수 있었다.[67] 이 보험이 몇 년밖에는 지속되지 못하고 사회적으로 논외 취급을 당했다는 사실은 그다지 중요하지 않다. 이 계약서의 서식은 그즈음 수십 년 동안 맹위를 떨치던 햇빛에 대한 강박적 취향을 훌륭하게 표현했다. 그리고 지나온 변화의 관점에서 보았을 때, 날씨에 대한 실용적 관계의 승리를 말해주었다. 태양은 결국 온 하늘에 퍼지는 번쩍이는 광채 때문에 중요한 것이 아니라, 자연의 흐름에 묘미를 더하고 몹시 행복한 분위기, 이를테면 여름 분위기를 조성하며 인간이 쾌적한 느낌이라고 배운, 피부를 통해 스며드는 느낌을 주는 그 영향력 때문에 중요한 것이 되었다.

이 이야기는 여기서 끝을 맺어야 한다. 정확히 환희의 정점에 다다랐기 때문이다. 2세기 전인 1750년경 우세했던 취향과는 완전한 대척점이다. 당시 사람들은 태양이 그들의 몸과 마음에 남기는 병과 피로의 흔적을 두려워했다. 물론 1960년대의 일화와 기발한 우천보험은 오늘날까지 지속되지는 않았다. 그렇기 때문에 여기에 덧붙여야 할 것이 있다. 자연보호에 대한 꿈이 확대되어 강박적으로 따라다니던 1970년대는 소나기의 기쁨을 재발견했다. 1973년의 어떤 글에서는, "소나기가 지나갈 때 얼굴, 목, 팔에 미지근한 비를 맞는 것을 두려워하지 마세요. 빗물은 대기의 오염층을 지나지 않기 때문에

(거의) 깨끗합니다. 빗물은 피부를 부드럽게 하고 긴장을 풀어주는 놀라운 효과를 발휘합니다. 진정한 미용 샤워를 무료로 즐기세요"[68]라고 했다. 이 기간에 시작된 이후 활발하게 확대된 햇빛의 위험성에 대한 고발은, 햇빛을 향한 전례 없는 불신을 암시했다는 점 또한 덧붙여야 할 것이다. 마지막으로, 2003년의 살인적인 폭염은 일기예보에 매우 새로운 '주의보'를 등장시키며 날씨 평가에서 과도한 햇빛에 대한 집단적인 불안을 불러일으켰다. 간단히 말해 기상과 관련된 문화는 이삼십 년 전부터 섬세한 변화들로 풍성해졌다는 사실도 덧붙여야 하겠다.

여하튼 1750년부터 1960년까지 2세기 동안 지나온 여정이 엄청났던 것은 사실이다. 그 여정은 언제나 같은 소재로 이어져 온 만큼 사람들은, 시대에 따라 이리저리 변화했던 이 역사가 더욱 미묘한 감수성들을 설명하는 데는 실패했다고 반박할지도 모른다. 이 역사는 소나기가 내린 뒤 구름 사이로 새어 나오는 빛을 좋아하는 섬세한 취향에는 침묵했으며, 빛의 성질에 대한 기호나, 이 모든 것을 가까스로 좋아한다고 마지못해 인정하는 무관심에도 침묵했다고 반박할 수도 있을 것이다. 그러한 반박이 옳을 수도 있다. 그러나 태양이 가져다준 기쁨이 얼마나 엄청난 사회 발전 과정의 결실인지를 보여주면서, 이 역사는 적어도 맑은 날씨를 예고하는 햇빛이 마련해주는, 겉으로 보기엔 지나치게 개인적인 작은 기쁨을 지키기 위해 농사일과 신의 제국으로부터 하늘을 분리해내야만 했다는 점, 감정적이고 섬세하고 사심 없는 날씨와의 관계에 진보가 필요했었다는 점을 상기시켜준다. 덕분에 이런 장면이 가능해지기도 했다. 라 크뢰즈 지방*의 농부이며 여전히 정정하신 우리 할아버지가 식사를 마친 후 일어나시며 모자를 집어 들고, 들판의 빛을 받으며 산보를 가자는 뜻으로, 한결같은 사투리로 한마디 하신다. "뱉 좀 씨고 오장께!"

---

* La Creuse. 프랑스 중부 내륙에 위치한 리무쟁 지방의 한 도.

3

이야기 따라
바람 따라

—

마르틴 타보
콩스탕스 부르투아르
니콜라 쇠넨발트

마르틴 타보Martine Tabeaud

파리1대학교 지리학 교수. 프랑스 국립과학연구센터(CNRS) 공간·자연·문화 연구소장.

콩스탕스 부르투아르Constance Bourtoire

파리 고등사범학교(ENS) 졸업생. 문학 교수.

니콜라 쇠넨발트Nicolas Schoenenwald

지리학 박사, 교수. 그랑제콜 준비반 교수.

어른 아이 할 것 없이, 우리 모두의 상상이 빚어낸 세계는 시간과 공간을 여행하게 해주는 전설적인 이야기들을 품고 있다. 1870년경 호기심 가득한 사람들이 수집하여 다시 쓰고 주석을 붙인 설화들은 옛 구전 및 기록 유산이며, 기상의 변수에 지배될 수밖에 없었던 농촌이었으나 산업화되고 도시화되기 시작한 프랑스 일부 지역의 자산에 속한다. 21세기 초반의 극히 도시적인 후기산업사회에서 지역 대중문화에 대한 관심이 회복됨으로써 '밀랑Milan' 같은 출판사들이 이런 이야기들을 출판하도록 이끌었다. 그리하여 17권으로 구성된, '천년 설화Mille ans de contes'라는 제목의 총서가 꾸려졌다. 폭넓은 대중을 대상으로 한 이야기와 대중 설화들은 '자연적·역사적 구분으로서의 지방province', 특산물로 구분되는 지역terroir, '행정 단위로 구분되는 지역région'별로 수집되었다. 거기엔 인물들뿐 아니라 풍경과 기후까지 등장하고 있었다.

이 자료들을 통해 바람과 폭풍우를 연구하려는 이유는 무엇인가? 우리를 이 여정에 오르게 한 것은 거의 누구나 아는, '바람을 보면 날씨를 알 수 있다'는 속담이다. 모든 기상 요소가 그렇듯이 바람, 그 보이지 않는 공기의 움직임은 상반되는 두 얼굴을 지니고 있다. 그리스 신화의 거인족 티탄처럼 괴력의 화신인 듯, 폭풍우로 돌변할 땐 파괴적인 재해가 되지만, 그와 반대로, 시대의 흐름에 따라 완성된 기술을 통해 사용된 바람의 동력은 우리에게 혜택을 가져다 주었다. 우리는 이렇게 가정된 양면성을 분석의 대상으로 삼았다.

바람 부는 대로

기후를 묘사하기 위해 모든 설화가 매우 다양한 어휘를 사용했다. 이는 지역적이면서도 보편적인 지식의 습득을 요구한다.

바람의 냄새를 맡다

바람과 폭풍은 설화와 전설에 매우 자주 등장한다. 밀랑에서 출판된 총서에서는 바람과 관련된 서로 다른 표현이 백여 개를 웃돌며, 폭풍에 관한 것은 그 4분의 1 정도다.[1] 바람에 대한 표현이 숫자상으로 우세한 것은 특히 전국적인 그리고 지역적인 표현의 다양성으로 설명된다. 바람이 가장 세고 빈번한 프로방스, 랑그도크, 브르타뉴 지방에서 그런 경우가 가장 많았다. 하지만 바람에 대해 이야기하는 다른 방법들도 있다. '바람'이나 '폭풍' 이외에 '뇌우',[2] '회오리바람tornade', '질풍bourrasque' 등은 강한 바람을 의미하고, '비즈',* '세르',** '미스트랄',*** '퐁티아스',**** '트라몽탄',***** '리방트,***** '쉬루아',****** '보데르',******* '오탕'******** 등은 바람의 진원지를, '대홍수', '높은 파도', '파도의 물보라' 등은 바람이 초래하는 결과를 강조하는 어휘들이다. 그중 몇 구절을 뽑아본다면, "세르가 불 때 기왓장이 떨어지듯 억수같이 쏟아지는 동전들",[3] "세르도 불기 전인 안개 낀 새벽에,"[4] "그들은 올리브나무 숲 성벽을 조심스럽게 열어 미스트랄을 풀어주었다. 미스트랄은 단번에 밖으로 뛰쳐나가 지나는 길 위에 있는 모든 것을 휩쓸어버렸다",[5] "횡단은 폭풍우 때문에 고통스러웠다. (…) 그가 물보라를 머금은 바람 소리에만 귀를 기울이며, 구름이 올라오는 수평선을 멍하니 바라보고 있을 때",[6] "거세게 부는 트라몽탄 때문에 수정水晶으로 된 나뭇잎들이 떨어져 산산조각이 났다",[7] "대홍수는 아침에야 끝이 났다. 북풍이 불어, 하늘의 물기가 걷히고 땅이 말랐다…"[8] 등이 있다.

'대홍수'라는 단어의 사용이 흥미로운데, 폭풍우가 맹위를 떨치며 과거를 백지화시킬 때 그것은 귀환 불능 지점을 표시하고 있기 때문

---

* bise. 스위스 고원, 레만 호수 지역 및 프랑스 중동부 지역에 부는 북풍 혹은 북동풍.
** cers. 남프랑스의 바랑그도크 지방에서 거칠게 부는 서풍, 혹은 남서풍.
*** mistral. 프랑스 지중해안, 특히 세트와 툴롱 사이의 지역에서 부는 차갑고 거센 북풍.
**** Pontias. 남프랑스 프로방스 지방에 있는 니옹의 계곡에서 부는 바람. 더운 여름날 오전에 대기를 정화하고 원기를 회복시켜주는 신비한 힘이 있다는 믿음이 그 지역에 전해 내려온다.
***** tramontane. 바랑그도크 지방에 부는 북서풍으로 미스트랄과 같은 성질을 띤다.
****** livante. 부드럽고 매우 습한 지중해의 동풍.
******* suroît. 프랑스 북부 노르망디와 브르타뉴 지방에서 부는 남서풍.
******** vaudaire. 론 강 유역에서 스위스 레만 호수 쪽으로 부는 거센 동풍.
********* autan. 남프랑스에서 부는 남서풍.

조르조네Giorgione, 〈폭풍우〉(1505년경).

이다. 그저 바람이 걷잡을 수 없이 거세게 불고 비가 세차게 쏟아질 뿐 아니라, 무無로부터 새로운 시대를 여는, 이 극적이고 격렬한 광경 앞에서 인간들은 완전히 당황하게 되는 것이다.

어떤 지역이 되었든, 바람은 설화의 도입부에서 일종의 공간적 표

테오도르 제리코Théodore Géricault, 〈대홍수〉(1818년경).

지로 나타난다. 행동의 배경을 설정하는 데 쓰이는 셈이다. 이처럼 브르타뉴 설화에서는, 허리춤에 매단 뿔나팔을 부는 꼬마 악마 뤼탱lutin들이 모여 사는 바람 부는 벌판이, 아르모르 지역*에 다음과 같은 이야기의 뿌리를 내리게 했다. "벌판 위로 바람이 불어왔다. 그 어떤 것도 바람을 멈추게 할 수 없었다. 밭일을 마치고 귀가가 너무 늦어지면 난쟁이 악령 코리강Korrigan 패거리 때문에 소스라치게 놀랄 각오를 해야 했다."⁹ 또는 "그때 마르크Marc'h 왕은 세상 끝에 있

---

* Armor. 프랑스 북서부 브르타뉴 지방의 해안 지역.

는 바다와 바람의 나라, 코르누아이유의 왕이었다"[10]라는 이야기도 전해진다.

다른 경우에는, 바람이 계절에 따른 시간성을 끌어들이기도 한다. 겨울에 빈번하고 때로는 가을에도 그러하다. "차가운 바람이 불기 시작했다. 그는 어둡고 깊은 숲에서 울부짖고, 바위를 긁어대고 수풀을 뜯었다. 겨울이 온 것이다. 불과 몇 시간이면 눈이 모든 것을 파묻어버릴 것이다."[11] "그는 특히 바람이 그 위로 노니는 포도밭을 좋아했다. 9월이 되면 파란 염주비둘기 떼가 그 위를 지나갔다."[12] "가을 한사리였다. 바깥에선 폭풍이 몰아치고 있었다."[13]

알자스 지방에서는 성탄절과 주현절 사이 12일 동안Raunächte 밤에 바람이 분다. 이렇게 식물 같은 침체기가 시작되고 짧은 낮 시간 때문에 생기는 불안이 증폭된다. "이 열두 밤은 폭풍이 몰아치는 밤이기도 하다. 바람이 산 위에서 잉잉대며 하늘의 구름 떼를 몰아냈다."[14]

초자연적인 설화들은 '옛날 옛적에'라는 말로 시작되고, 지역에서 전해 내려오는 설화는 기후를 통해 그 지역성을 드러내는 데 전념한다. 또한 이야기에서 축소 표현된 날씨 안에 이 짧은 이야기가 전개되는 시점을 설정한다. "바람 소리를 빼면 시골은 조용했다. 바람이 뒤흔드는 드넓은 하늘이 지평선 위로 낮게 드리웠다. 갈라진 구름들 사이로 보름달이 보였다."[15] "3월의 미풍에 한껏 부풀어 오른 돛들이, 햇살과 물결이 반짝이는 가운데 멀리서 보면 마치 갈매기처럼 보였다."[16] "폭풍우가 몰아치는 날이면 갈매기들은 끼룩거리며 파도 위로 닿을 듯이 선회했고 강물은 소용돌이치며 부풀어 올랐다가 하안의 모래들을 휩쓸어갔다."[17]

　기후 조건은 이야기의 도입부에 재빨리 삽입되어 독자나 청중의 시각적·청각적 감각을 자극한다. 그 결과, 정지되어 있는 풍경에 바람이나 폭풍이 불어닥쳐 온갖 사물과 생물을 "요란스럽게 날려 보내고, 쓸어버리고, 부풀린다".

변덕을 부리다*

　더구나 바람은 그 명칭에 따라, 특정 지역에 속하는 공통성을 통해 식별되는데, 미스트랄, 트라몽탄, 세르, 비즈, 오탕, 르방처럼 지역적 차원에 속하는 경우나, 퐁티아스, 쉬루아, 보데르처럼 국지적 차원에 속하는 경우가 있다. "이번에는 오탕이 더욱 거세게 불기 시작하여 급기야 머리가 어지러울 지경이 되었다."[18] "어느 겨울밤, 얼음장 같은 바람이 레만 호수의 북쪽 기슭으로 불어왔다. (…) 배는 보데르로 물결치는 파도를 타고 미끄러지듯이 나아갔다."[19] "미스트랄의 소리는 하나만이 아니었다. 그것은 거대한 오페라의 합창처럼 구슬픈 소리, 울리는 소리, 으르렁거리는 소리, 천둥이 치는 듯한 소리 등 백여 개의 소리를 지니고 있었다."[20]

　미스트랄은 단연 가장 많이 인용되어서 열두 편의 프로방스 지방 설화와 두 편의 코르시카 설화에 등장했다. 그것은 동풍과 남풍으로

---

*　원문 'tourner à tout vent'을 직역하면 '바람 부는 대로 이리저리 돌아간다'는 뜻으로, 변덕을 부리는 것을 의미한다.

위 _ 클로드 모네Claude Monet, 〈곶에서 바라본 앙티브, 미스트랄 바람〉(1888).

아래 _ 귀스타브 쿠르베Gustave Courbet, 〈팔라바스 해변〉(1854).

비를 몰아내고 큰 구름들을 걷어내며 땅을 말리고 나무를 휘어지게 한다. 또한 프랑스 남동부의 4분의 1에 해당하는 영토에서 사는 주민 생활 전반을 이루는 요소이기도 하다.

그러므로 바람은 도처에서 자주 사용되는 기후 요소인데, 특히 폭풍은 브르타뉴, 오니스, 생통주, 우에상이나 코르시카 등, 해안에 면한 지방의 설화에 더욱 자주 등장한다. 그 색깔과 표면이 바람에 따라 변화하는 바다는 기상 조건들을 간접적으로 표시하기도 한다. 바다는 또한 도처에 존재한다. 어부, 항구의 수공업자, 상인 들의 일상적인 영역이기도 한 것이 사실이다. 이러한 연안 지대 공동체의 주인공이 이들 가운데 있다. 예컨대 자신의 공동체에 받아들여지기 위해 시험을 거쳐야 하는 견습 어부가 있다. 그는 이따금 바다 혹은 대양에서 시련과 대항해를 견뎌낸 후 고향으로 돌아오는 통과의례와도 같은 여행을 한다. "다음 날, 장 드 라레는 다시 한 번 수문 안으로 고기를 잡으러 갔다. 하늘은 어두웠고 밀물은 요동치는 듯했으며 바람 소리를 타고 세이렌들이 그가 자신들의 자매를 죽였다고 원망하는 소리가 들리는 것 같았다."[21]

바다는, 현실적이면서도 이루 말할 수 없는 공포의 대상이다. '사나운 물살'은 신의 분노를 나타내는 대표적인 도식이며 난파나 해난을 다룬 설화 또한 매우 많다. 파랑波浪[22]은 인생의 어려움을 상징하며, 배는 산 자 혹은 죽은 자가 그것을 타고 모종의 횡단을 완수한다는 의미를 지닌다. 이렇듯 폭풍 장면은 전능한 존재의 분노 표출, 신의 섭리의 표현, 경고, 보통은 징벌을 나타낸다. 폭풍 이야기는 사건의 흐름을 바꾸는 데 쓰이는 진부한 문학적 기법이다. 언제든 쓸어 버리고 삼켜버릴 준비가 되어 있는, 불확실하고 유동적이며 괴물과 미스터리로 가득하고 대기의 갑작스러운 변화에 좌우되는 바다는, 주인공에게는 얼굴 없는 원수이자 자신의 운명을 감당하려면 겨루어 승리해야만 하는 전설적인 적수다. "배는 파도에 튀어 올라 흔들리며, 강한 서풍을 타고 해안 쪽으로 밀리며 앞으로 나아갔다." "그때, 바람이 몰아쳐 배가 흔들리고 하늘이 시커메졌다. 놀란 어부가 고개를 들어 보니 수평선 끝에서부터 거대한 파도가 밀려오는 것이었다. 절벽처럼 보이는 파도가 희미한 빛을 받아 번쩍였다."[23]

바다의 위험한 성질은 브르타뉴 지방 섬사람들의 이야기에서 바람을 통해 나타나는데, 꼭 브르타뉴 지방 설화에서만 나타나는 것은 아니다. 섬은 전쟁에 단련된 선원들도 접근하기 어려운 난공불락의 보루다. 섬은 모든 위험이 결집된 곳이며 악천후에 대한 두려움이 구체화되는 곳이다. "저 멀리 바다에서 우에상 섬은 바람과 폭풍우에 맞서 싸웠다. 선원들은 그 근해를 두려워했다. '우에상 섬을 본 사람은 피를 본다'는 말이 있었기 때문이다." 바람과 폭풍은 섬 주민들의 정체성과 풍습의 일부를 이루었다. 폭풍이 불어닥치는 밤에 섬 사람들은 질풍과 사고를 피해 집에 들어앉았다. 이는 분명 바람에, 폭풍의 부름에 자석처럼 빨려 들어가지 않기 위해서가 아니었을까? 대지와 바다 사이의 공간에서, 사람은 침입자처럼 끼어들어 자연 자체에서 비롯되는 고유의 힘과 거의 신비주의적인 관계를 유지하고 있으니 말이다.

클로드 조제프 베르네Claude-Joseph Vernet, 〈난파를 일으킨 폭풍〉(1754년경).

밤이 되어, 작은 침대에 누운 그녀는 바람결에 신음 소리를 들었다. (…) 폭풍이 부는 밤에 모나Mona는 바람을 타고 전해오는 긴 흐느낌에 잠에서 깨어났다. 파도의 물보라가 창문을 두드리고, 바다가 맹위를 떨치며, 해안의 바위 위로 맹렬히 몰아치면서 노호하는 소리가 들렸다. (…) 바야흐로 폭풍이 그녀를 밖으로 잡아끄는 것 같았다. 그녀는 밖으로 나갔다. 문 앞에서 비와 바람이 엄습했고 파도의 거품은 그녀의 가냘픈 몸을 채찍질하는 것 같았다. 벌판을 휩쓴 비바람 속 어디선가 사랑으로 신음하는 달뜬 소리가 들렸다.[24]

일반적으로 섬사람들과, 연안 지역 가까이 사는 모든 사람의 생활양식은 바다의 상태와 밀접하게 관련되어 있다. 그래서 폭풍우의 전조를 식별하는 법을 배운 이들이 경계경보를 내릴 수 있다.[25] 게다가 강풍에 대한 고문서를 보존해온 유구한 역사는 폭풍에 중요성을 부여하는 증거가 된다. 1851년 아일랜드에서 실시한 인구 조사에는 이미 폭풍의 연대기 기록이 동반되었다. 이는 폭풍에 관한 판화를 제작하여 보급한 것으로도 표현된다. 강풍에 대한 묘사는 정기적으로 반복 재현되었다. 1839년 수백 명의 목숨을 앗아간 아일랜드의 '빅 윈드Big Wind'에 대해서는 1991년에 출판된 책에서 피터 칼Peter Carr이 언급했고, 이 책은 그 뒤로 네 차례 재판되었다.*

이 끝도 없는 '바람과의 전쟁'은 프로방스 지방과 랑그도크 지방에서도 일어난다. 지중해 해안은 사실상 사방에서 불어오는 강풍들의 활동 무대다. 육지에서 부는 미스트랄, 세르, 트라몽탄, 그리고 바다에서 불어오는 마랭,** 오탕, 그렉*** 등이 그것이다. 그중 가장 유명한 미스트랄은 몸과 마음을 자극한다. 그것은 파괴하기도, 소생시키기도 하며, 사람에게 취기를 일으키고 신경을 흥분시킨다. 프로방스에 산다는 것은 이 '군주' 같은 바람, '위엄이 넘치는' 주인님, 메스트랄****과 함께 사는 것을 의미한다. 그 바람은 이렇게 협박했다. "내가 나가기만 하면 당신들 올리브나무를 다 뽑아버리고, 지붕 위의 풍향계도 뽑아버리고, 다리의 아치도 뒤흔들어놓을 줄 알아! 먼지를 일으켜

---

* Peter Carr 글, Geoffrey Fulton 그림,《큰 바람이 몰아치던 밤*The Night of the Big Wind*》 (Belfast : White Row Press Ltd, 1991).
** marin. 비를 동반하고 지중해에서 랑그도크 지방 쪽으로 불어오는 해풍.
*** grec. 지중해에서 부는 북동풍.
**** maestral. 미스트랄의 다른 이름.

프랑스 바람 지도

노루아

노루아

브레스트

비즈

파리

낭시

스트라스부르

비즈

쉬루아

오를레앙

디종

트라베르스

낭트

투르

갈레른

트라베르스

리옹

생테티엔

그르노블

롬바르드

쉬루아

르방

뷔를

미스트랄

보르도

니스

오탕

툴루즈

엑상프로방스

몽펠리에

마르세유

미스트랄

트라몽탄

마랭

아비

그렉

미스트랄

길도 다 지워버리고 분수대의 조각상들도 박살을 내고 말 거야!"[26]

론 강 유역에서 미스트랄은 다른 바람들을 압도한다. 다른 바람들이란, 특히 봄에 불어 서리를 예고하는 서풍 '나르보네narbonnais', 남서쪽에서 산들산들 불어와 '부인'과 '아가씨' 또는 '잠자리'에게 생기를 주고, 더 세게 불어 '라르가르드largarde'(먼 바다에서 부는 바람)라는 이름으로 비를 몰고 오는 '해풍', 북동쪽에서 부는 '르방Levant', 트라몽탄 등이다.

미스트랄은 자신을 완전히 길들이도록 허락하는 바람이 아니었다. 그래서 백작령의 경계에 다다랐을 때 더 이상 약속 따위는 상관없다고 생각하여 꾀를 좀 부리기로 마음먹었다. 그리하여 이내 야생마처럼 다른 산등성이를 향해 내달렸다. 올리브나무를 짓밟고, 풍향계를 얼빠지게 만들고, 다리들을 뒤흔들며, 길에 먼지를 일으키고 분수대 계단의 조각상들을 부숴버리고 말았다…[27]

세상은 말하고 물이 흐르며, 바람은 불고 인생도 흐른다

바람과 폭풍은 독특한 인간적 속성을 지닌 진정한 대화 상대로 보인다. 대중적인 인기를 끄는 신성神性과 기괴한 익살 사이를 오가며, 주민들이 살고 받아들이고 꿈꾸는 공간에 적극적으로 개입하게 된다. 바람과 폭풍은 저마다 해당 지역에서 통용되는 이름을 지닌다. 그 움직임과 열정은 사람의 그것과 흡사하다. 리에주의 고장

라로슈에서는 바람을 '장 다 뱅Dj'hân d'â Vin'(바람의 장)이라 부르고 솜므뢰즈*에서는 '장 디 비Dj'han di Bih'(비즈의 장)라 부르며, 코레즈**에서는 북풍이 '장 도베르뉴', '장 도베르나', '장 도베르뇨'이고, 포레즈***에서 '잔나 파우'는 겨울에 굴뚝에서 우는 소리를 내는 삭풍을 지칭한다. 코트뒤노르****의 연안 지대에서 서풍은, 비를 뜻하는 '바나르 어머니'와 결혼한 '바나르 아버지'다. 겨울에 거센 바람이 불 때면 푸아투 지방*****에서는 '밖에 달뤼가 왔다'고들 했다. 그리고 푸아투와 이웃한 베리 지방의 달뤼는, 손끝이 꽁꽁 어는 것을 의인화한 존재가 되어, 아이들은 '자, 달뤼가 왔다'고 말했다.

노르망디 지방의 '아르디 영감'처럼 가스코뉴 지방******의 거센 바람은 대개 인간 남성의 속성을 지녔다. "불어라 브리즈, 오탕 바람, 우리가 들어가게 문을 열어라!" 브르타뉴 지방에서는 바람을 거인에 비유했다. 바람은 섬에서 살지 않고 저 멀리 숲과 산 속에서 살았다. 대중 설화에는 '바람의 동굴'이 나오는데, 트레기에*******의 선원들에 따르면, 그것은 브르타뉴 말로 '브로 앙 앙테 노즈Bro an hanter Noz', 즉

---

* Somme-Leuze. 벨기에 중부 프랑스어권 지역의 도시.
** Corrèze. 프랑스 남서부 아키텐-리무쟁-푸아투-샤랑트 지방 내륙의 주.
*** Forez. 행정 구역이 아닌 자생적인 자연적 명칭으로, 행정 구역상으로는 론알프 지방의 루아르 주(프랑스 중동부 내륙에 위치) 일부에 속한다.
**** Côtes-du-Nord. 1991년부터 코트다르모르Côtes-d'Armor로 명칭이 변경되었다. 프랑스 북서쪽에 위치한 브르타뉴 지방에서 영불 해협에 면해 있는 한 주.
***** Poitou. 프랑스 중서부의 방데, 되 세브르, 비엔의 세 주를 아우르는 옛 명칭.
****** Gascogne. 스페인과 인접한 프랑스 남서부에 위치한 현재의 랑드, 제르, 오트피레네 주를 아우르는 옛 명칭.
******* Tréguier. 브르타뉴 지방 코트다르모르 주의 도시.

북쪽 나라에 있다고 한다.

그래도 바람들의 주거 환경은 일반적으로 검소하다. 라 망슈 지역의 선원들과 가스코뉴 지방의 농민들은 그 바람들에게 일거리를 주었고 사람이 누리는 것과 같은 즐거움도 주었다. 바람들은 게걸스럽게 먹고, 술에 취하고, 심심풀이로 카드놀이를 하고, 산 위에서 보초를 선다. 그들의 대장은 '북쪽 나라'인데 그들에게 육지나 바다로 가라고 기분 내키는 대로 명령을 한다. 가스코뉴 지방 설화에서는 바람들이 망토를 걸치고 긴 장화를 신은 모습으로 등장한다. 그들은 일을 마치면 보통 해가 진 뒤 숙소로 돌아와 음식을 먹고 휴식을 취한다.

그들은 대개 미혼이다. 그러나 이미 말한 바와 같이, 오트브르타뉴에서는 서풍이 비와 결혼을 했다. 다른 대기 현상들처럼 그들에게는 어머니가 있는데, 어머니는 일곱 바람을 자식으로 두었고 집을 소유하고 있으며 아이들이 저녁에 귀가했을 때 먹을 식사를 준비한다. 어머니는 나이가 많고 수염과 큰 치아를 갖고 있다.

바람에 대한 이 정령 숭배적 개념은 엄밀한 의미에서, 민간신앙의 영역보다는 신화학의 영역에 속한다. 바람들은 스스로 행동하는 개체로 묘사되지는 않고 악마, 요정, 뤼탱 같은 초자연적인 존재들 혹은 그들을 자기 멋대로 굴복시키거나 흥분시켰다가 진정시키면서 몰고 다니는 마술사의 권한 아래 놓인 자연의 힘으로 그려진다. 거센 회오리바람이 일어날 때 코트뒤노르 지방에서는 악마가 누군가를 데려간다고 하고, 푸아투 지방에서도 들판의 건초들을 휩쓸어가는 회오리바람의 중심에 사탄이 있다고 한다. 바스브르타뉴 지방에서는 사제가, 추방된 자들을 폭풍으로 둔갑시킬 수 있다. 말하자면 은총 가운데 죽지 못한 자들의 영혼들과 그 고장에서 내쫓아야 하는 영혼들을 의미한다. 사제는 창문을 열고 그들에게 나가라고 명령한다. 그들이 폭풍처럼 밖으로 뛰쳐나가자마자 천둥이 내리치면 사람들은 그 소리를 영혼들의 목소리라고 생각한다. 그 밖에 여러 다른 천성을 가진 등장인물들이 갑작스러운 돌풍의 주역들이 된다. 보스* 지방에서는 장난꾸러기 요정들이 수확물을 뒤엎는 회오리바람의 모습을 종종 띤다. 바람이 거세질 때에는 태풍을 뱀과 동일시하기도 하며, 바스브르타뉴 사람들은 바람을 흔히 용에 비유하기도 한다.

바람의 의미

멋진 이야기들은 시간이 흘러도 변치 않는다… 기상학자나 과학자가 말하는 것보다 더 섬세하게 표현할 수 있는 설화들은, 생생하고 매력적이며 인상적인 화법을 사용한다. 사회집단과의 관계라는 중요한 문제를 직접적으로 제기하는 일기예보는 이와는 다르게 표현된다.

---

* Beauce. 행정 구역이 아닌, 비옥한 농지의 특성으로 구분된 자생적 명칭. 파리 근교인 에손, 이블린 등 다섯 개의 주를 아우르는 지역에 걸쳐 있다.

바람과 함께 사라지다

기후와 관련된 사건이 설화가 지니는 초시간성 가운데 계절적 성격을 끌어들이며, 이야기의 배경에 관심이 많은 독자들과 은밀히 공모하는 데 쓰인다면, 이러한 기능을 넘어서, 광풍이나 폭풍의 시작은 어떤 행위의 단절을 강조한다. 그것은 개인적이거나 집단적인 징벌의 상징인 것이다. 이야기의 시작 부분에서 경고의 형식을 통해서나, 저질러진 잘못을 명백하게 밝히는 것으로 개입하는 자연 요소들의 분노는 자연과 인간 사이의 세력 관계를 뒤집어놓는다.

프로방스 지방의 설화에서는 바람이 론 강을 건너기 위해 아비뇽 다리의 건설을 힘껏 지휘한다. 그의 소원은 마침내 성취되었다.

> 베네제는 더 알고 싶었지만 바람이 몹시 성을 내는 바람에 그의 말에 순순히 따라야 했다. 하늘엔 구름 떼가 몰려왔고 천둥, 번개가 무섭게 내리쳤다. (…) 하지만 베네제는, 평온을 되찾고는 자기 귓가에다 아비뇽에 가서 론 강 위에 다리를 놓으라고 계속 속삭이는 바람의 소리를 거스르고 싶지는 않았다.[28]

집단적인 징벌이건 개인적인 체벌이건 자연의 요소들은 잘못을 저지른 사람에게 분노를 터뜨린다.

> 어느 날, 마르스(삼월)는 건방지고 배은망덕한 목동을 벌하기 위해 대기를 지배하는 폭군들을 모두 불러들였다. 그중 넷이 돕겠다

고 나서서 무시무시한 폭풍을 일으켰다. 그들은 트라문타나(트라몽탄), 메스트랄(미스트랄), 리방트(동풍)와 리베시우(쉬루아)였다. (…) 그리하여 사흘 동안 폭풍이 기승을 부렸다. 큼직한 유리구슬만 한 우박이 앙투안의 가축 떼 위에 떨어져 많은 수가 죽었다. 암양 몇 마리가 살고 있던, 돌을 맞물리게 쌓아 지은 가축우리에 벼락이 떨어져 한 마리도 살아남지 못했다. (…) 그는 추위로 거의 죽을 뻔했고 일 년 중 그 어떤 달에게도 다시는 도전하지 않겠다고 맹세했다.[29]

이 신화적인 설화에서, 일 년 중 한 달(삼월)의 이름이자 전쟁과 무기의 신인 마르스는 암양 떼의 이동을 어수선하게 만드는 봄철의 궂은 날씨에 화를 낸 인간을 비난한다. 그러나 가끔은 이와 반대로 바람이 일종의 보상이 될 때도 있어서, 사람들을 심각한 상황에서 벗어나게 해준다. 바다를 항해할 때 목적지까지 도착하려면 선원들에게는 바람이 필요하다. 그들은 바람에게 호의를 베풀어달라고 청하기 위해 의식을 거행한다. 브르타뉴 지방의 설화에는, 고기가 많이 잡히면 생자퀴의 주민들이 왕에게 진상하기로 결정하고 직접 전달하러 갔다는 이야기가 나온다. "바람으로 돛이 부풀어 오르자 파리로 가는 길에 올랐다. (…) 꽃들이 바람에 물결쳤다. (…) 미풍이 불어오는 날의 바다처럼 잔잔히 흔들렸다."[30]
또한 연안 지대에서는 풍력 에너지가 풍차의 날개를 돌려 밀가루를 생산하게 했고 인간이 정착하여 생존할 수 있게 해주었다. 이렇게 바람은 몸의 양식인 일용할 빵을 보장해주었다. 방앗간 주인, 시장의 곡물상, 빵 가격을 결정하는 이들은 농촌 공동체에서 중추적인 역할을 맡았다.

그의 풍차에 달린 날개는 순풍으로 쉴 새 없이 돌아갔다. 드넓은 들판과 늪지가 바다까지 펼쳐져 있는 이 고장에서, 순풍은 대개 풍차가 서 있는 언덕 위로 불었다.[31]

내륙으로 더 들어간 비바레 지방에서는, 병과 죽음의 위험을 무릅쓰지 않고는 바람 없이는 살 수 없다. 설화가 입증하듯이 바람이 한 점도 없다면 생활 여건의 수준은 떨어진다. 부패된 공기 중에는 세균이 증식하므로 보건상의 재앙을 가져온다. 프로방스 지방 설화에서는 바람이 포로가 된다. 성경 속에서 이집트에 닥쳤던 일곱 가지 재앙처럼 마을 사람들에게 질병이 엄습했다가 결국 바람이 풀려나면서 질병은 사라진다.

힘차고 시원한 그의 바람이, 지금 노인들에게 해악을 끼치고 아이들을 죽이고 가축 떼를 위협하는 늪지의 악령들을 흩어버렸다.
"그를 풀어줍시다! 교활한 복수보다는 차라리 그의 분노와 외침이 나을 것이오!" (…)
그의 시원한 입김으로 늪지의 악취가 사라졌다. 젖먹이들 이마의 열이 내렸다. 노인들의 앙상한 다리에 원기가 다시 돌았다. 새끼 양

들은 들판에서 다시 뛰놀기 시작했다… 건강과 평화가 비바레 전역으로 퍼져 나갔다.[32]

바람은 때로 주인공이 추구하는 바를 완수할 수 있도록 돕는다. 돌의 언어를 이해하는 브르타뉴 사람 장 데 피에르Jean des Pierres에게, 튼튼한 건축물을 짓기 위해 기초공사의 "방향, 높이, 두께, 적절한 자리"를 정확히 측정하는 데는 공기의 움직임을 느끼는 감각이 매우 중요했다.

사람들이 그에게 담장을 하나 쌓아달라고 부탁하자, 그는 들판에 가만히 앉아 바람의 소리를 듣는 것으로 일을 시작했다. 며칠이고 다시 그 자리로 와서 바람이 바뀌기를 기다렸다. 드디어 준비가 되었다고 느꼈을 때 그는 담이 어떤 방향으로 자리를 잡아야 하는지, 높이며 두께가 얼마나 되어야 하는지, 어떤 지점에 담을 쌓아야 하는지 말했다.[33]

주인공이 미녀를 구하기 위해 바람들에게 물어보는 일도 있다. 대개는 각 방위에서 불어오는 네 개의 바람, 즉 북풍·동풍·서풍·남풍이다. 그들의 충고는 인간 세계의 시간적·공간적 한계를 물리치게 하고 주인공의 꿈을 실현시킨다. 무한대의 거리를 잠깐 사이에 주파하는 일도 가능해진다. 바람은 초자연적인 사건의 귀중한 보조 역할을 한다. 다음의 랑그도크 지방 설화에 나오는 경우가 바로 그러하다.

그는 북풍에게 공주가 사는 웅장한 성이 어디에 있는지 물어보러 갈 것이다. (…) 북풍, 동풍, 서풍도 거기가 어딘지 알지 못했다. 남풍만이 알고 있었다. (…) 그래서 꽃은 바람의 장화 속에 숨었다. 남풍이 세차게, 아주 세차게 불었다. (…) 남풍은 다시 한 번 한바탕 불어, 공주가 사는 곳에 도착했다.[34]

사실 하늘은 꿈을 끌어들이기에 완벽한 배경이다.[35] 여러 종교에서도 그렇듯이 수많은 설화에서도 하늘은 하나의 화폭으로, 그 위에 불가사의한 힘과, 신들과 신비한 인물들이 부각된다. 기상 요소는, 초자연적이고 신비한 사건들이 일어난 가운데 분위기가 고조된 배경 속에 등장한다. 전례 없이 성난 바다, 이상한 바람이 사는 왕국의 국경에 자리한 숲, 보이지 않는 바람이 휩쓸고 지나가자 뜻밖의 일들이 일어나는 유령의 성… 그것은 특히 〈제보당의 야수La bête du Gévaudan〉 또는 다음과 같은 가스코뉴 지방 설화에 나오는 이야기다.

그러자 무시무시한 폭풍이 몰아쳤다. 모든 것이 울부짖으며 찢겨져 나가기 시작했다. 숲은 완전히 박살이 나 부러진 나뭇가지들이 하늘로 회오리쳐 올라갔다. 겁에 질린 짐승들은 죽을 것처럼 신음했다. 마을들은 쑥대밭이 되었고 지붕들은 모두 날아갔다. 가을 수확물들은 밭고랑 안에서 죄다 낟알이 떨어져 나갔다.[36]

중세에는 소용돌이 바람과 더 나아가 우박으로 인한 재해가, 날씨를 조절하는 마법사들의 짓이라고 여겨졌다. 이들은, 자신들에게 유리하도록 하늘을 마음대로 지휘하는 초자연적인 힘을 갖고 있었다. 지롱드 지방의 농촌에서는 다양한 사람들이 원수들을 물리치기 위해 비를 내리게 하는 능력을 갖고 있었다. 포레즈 지방에서는 많은 사람이 구름과 안개 속으로 들어가 폭풍우와 바람을 일으킨 혐의로 고발당하기도 했다. 생통주 지방에서도 사제들이 바람의 방향을 바꾸는 밧줄의 비밀을 알고 있었고 그 덕에 폭풍우를 몰고 왔으며, 구름 위로 기어올라 마음대로 휘저어 이런저런 농작물 위에 우박을 쏟아지게 했다.[37]

설화들은 이러한 날씨 마법사들의 악행을 미연에 방지하는 주술과 기도에 관한 이야기를 전하고 있다. 여러 가지 주술과 규칙은 주로 뇌우와 관련된 것이었다. 피니스테르 지방에서는 떡갈나무 궤에 간직한 부적을 이용해 폭풍을 몰아냈다. 루아레 지방에서는 강풍이 불 때 아이들이 이런 시구를 읊었다.

스타바트 마테르*
바람이 불 때
베드로 성인 뒤에

---

* Stabat mater. '성모는 서 계시다'라는 의미의 라틴어. 십자가에 못 박히는 예수를 바라보는 성모의 고통을 노래한 시를 일컫기도 한다.

클로드 모네, 〈잔담의 풍차〉(1871).

이가 하나뿐인

한 여인이 있네.

인생은 바람 앞에 촛불일 뿐

폭풍이 선호하는 공간은 강한 바람의 효과가 가장 잘 나타나는 바다와 대양이다. 설화들에서 폭풍은 매우 흔한 소재다. 폭풍이 빠진 항해는 독자들을 얼마나 실망시킬 것인가!

호메로스와 베르길리우스의 이야기에서건, 중세 그리스도교의 원전에서건, 또는 그 이후의 소설 문학에서건, 폭풍은 모험담의 원형을 이룬다.《오디세이아》에서 폭풍은 현실에 있음직한 기상 현상으로 보일 뿐이지만 바다의 동요는, 용기나 자기 초월이 관건이 되는 개인적이거나 집단적인 시련을 가져다준다. 헤시오도스의《신통기神統記》*는 모든 주요 해양 신화의 근원으로 삼을 수도 있다.

그러므로 끊임없이 밀려드는 높이 수 미터에 달하는 파도들은 명백히 입문적 기능을 지니고 있었고, 그것의 상징적 원인인 폭풍은 신들이 인간들에게, 특히 영웅들에게 부과하는 시련의 구성 요소다. 폭풍은 징벌이고, 속죄하라는 무시무시한 경고이며, 특히 목적지가 가까워질 때 개입하는 운명의 장난이다. 영웅은 자신의 능력보다는 신의 가호로 목숨을 건진다.

의식은 그 규율이 완벽하게 정해져 있다. 폭풍은 언제나 갑작스럽게 닥치고, 배 위에 드리운 검거나 푸르스름한 구름으로 예고된다. 동굴이나 가죽 부대 따위에서 풀려나온 바람들은 바다로 몰려들어 항해할 여지를 남기지 않은 채 배를 둘러싼다. 파도는 맹위를 떨치고 물결은 배들을 하늘 꼭대기로 데려갔다가 심연 속으로 곤두박질치게 한다. 흔들리던 돛대는 부서지고 선체는 유사 해안이나 암초에 걸려 분해된다. 갑판 위에서는, 공포에 질린 인간들의 통곡과 탄식이 결국 하늘의 주인들에게 경보를 울리거나 동정심에 젖은 또 다른 신의 개입을 유도하여, 이 휘몰아치는 폭풍을 멈추게 해준다. 그렇게 다시 고요해진 바다는 진정되고 뱃머리 앞에서 육지가 모습을 드

---

* 기원전 8세기경 그리스에서 활동한 시인으로 알려진 헤시오도스가 천지창조, 신들의 탄생 및 계보, 인간의 탄생 등을 계통적으로 서술한 작품. 그리스 신화의 기초적 역할을 한 것으로 알려져 있다.

러낸다. 폭풍은 통과의례적 순환(지상에서의 죽음/부활)의 모든 속성을 지닌다. 어둠 다음에 빛이 따라오고, 혼란 다음에 평온이 뒤따른다. 인간들의 무력함, 즉 관찰이나 지식, 경험으로 악천후를 제어하지 못하는 그들의 무능은, 그가 어떤 사회 계층에 속하는지와는 상관없이 모험가를 유일한 인생의 목표로 삼게 한다.

바람 속에 존재하기

바람은 한 번도 무관심하게 방치된 적이 없다. 그것은 자연과 인간 사이, 또 인간들 사이에서 이루어지는 모든 교류의 중심에 있다. 농부에게는 바람이 타협해야 하는 파트너이자, 그에 맞서 자신의 활동을 조직화해야 하는 적수이다. 소방관에게 바람은, 더욱 영웅적으로 맞서 싸워야만 하는 적이다. 바람은 현실적인 문제에 미치는 그 영향을 넘어서 자기 정체감을 강화시키는 듯이 보인다.

견뎌내야 할 바람이 없다는 것은 하나의 영토에는 형벌과도 같다. 퐁티아스의 기원에 관한 전설과 함께 니옹˚의 설화가 바로 그러한 사실을 말해주고 있다.

세제르, (⋯) 이 건실한 사내는, (⋯) 시원한 바람을 찾아 큰길과 오솔길을 따라갔다. (⋯) 산들바람이 나무둥치 사이로 불어와, 무슨

˚ Nyons. 오베르뉴론알프 지방의 드롬 주에 위치한 도시. 일조량이 많아 '알프스의 니스'라 불린다.

악기의 현처럼 나뭇가지들을 떨게 했다. (…) 자기 주변에서 맴돌다 퍼져 나가는 섬세한 멜로디를 들으며 그는 혼잣말로 중얼댔다.

"이 산들바람의 노래는 정말로 감미롭구나! 마치 키타라*의 소리 같아!"(…)

바람이 가죽 상자 안으로 들어가자 세제르는 재빨리 입구를 막아 가죽 줄로 묶어버렸다… (이러한 장면은 세 번 반복된다.)

이윽고 그가 니옹에 도착했을 때 도시는 이루 말할 수 없는 비탄에 잠겨 있었다. 폭염에서 살아남은 얼마 되지 않는 주민들이 그에게 와서 물었다.

"그래서 바람은 가져왔나요?"(…)

"아주 좋아."

세제르는 작열하는 태양에 뜨겁게 달궈진 바위 위로 장갑을 던지며 대답했다.

그가 동작을 채 마치기도 전에 바위는 엄청난 소리를 내며 갈라졌다. 땅 깊은 곳에서 좋은 냄새를 풍기며 시원한 바람이 올라오고, 땅은 지하수로 젖었다. 이 신선한 바람은 소용돌이치며 골짜기를 휩쓸고 강을 스치듯 지나가며 강의 선율을 회복시켰고, 도시의 성벽을 따라가며 그 돌들을 식혀주었으며, 골목길에서는 개들과 젖먹이들에게, 초원에서는 당나귀들에게 생기를 주었고, 시냇물이 다시금 노래하고 우물물이 찰랑거리게 해주었으며 (…)

---

* 고대 그리스의 발현악기. 리라와 비슷하지만 보다 진보한 형태이다.

세제르는 떠나기에 앞서 이 바람에 '퐁티아스'라는 이름을 붙여주었다. 이 바람은 항상 이 골짜기에서 그치지 않고 불었다. 겨울에는 춥지 않게 여름에는 덥지 않게 언제나 거기서 불어와 마치 바다가 바로 옆에 있는 것만 같았다.[38]

이 시원한 아침 바람은 12~13세기의 우화로부터, 이후 18, 19, 20세기의 과학적 해석을 거쳐, 종국에는 이 전설의 수많은 개작을 통해서 일종의 소속감을 전승시키기에 이르렀다. 이 전설의 유래가 영국 출신의 성직자 제르베 드 틸뷔리Gervais de Tilbury가 쓴, 프랑스 왕국의 지방 곳곳에서 전해지는 신기한 이야기들을 모은 일종의 백과사전《황제를 위한 오락Otia imperialia ou Divertissement pour un empereur》에서 처음 소개되었다. 오늘날 니옹의 거리를 걷다 보면 '퐁티아스'니 '생세제르'니 하는 거리의 이름에서, '퐁티아스 도기 공방', '퐁티아스 화랑' 같은 상점 이름에서 그 흔적을 확인할 수 있을 뿐이다.《르 퐁티아스Le Pontias》라는 지방 주간지가 1862년부터 1944년까지 니옹에서 간행되기도 했다. 시의 웹사이트에 따르면, "퐁티아스는 호흡기 관리 전문 아트리르Atrir 클리닉을 열게 해준, 지역 기후의 특징적 요소이며, 도시에 활력을 불어넣어 여행객이나 새로 이주하는 시민들을 끌어들이고 있다"[39]고 한다.

이따금 고약한 바람이 등장하기는 해도 설화의 세계는, 어린 시절의 냄새, 불가에 마주 앉아 밤을 새우는 화기애애한 시골 마을의 분위기나, 공동체 속의 떠들썩함, 대중적인 익살극 같은 분위기로 마음을 편안하게 해준다. 문명 파괴적 서사시 뒤에는 항상 유년 시절의 부활이 따르기 때문이다. 이러한 이야기들은 증거의 필요성이나 논리적 추론을 거부함으로써 황당무계함을 문제 삼지 않는다. 기후나 주변 세계와의 관계보다는 인간에 대한 '보편적인' 메시지를 전달하고 있는 것이다. 그리고 어느 누구도 거기에 나오는 등장인물이나 이미지 전체를 완전히 알 수는 없다… 이 '옛날 옛적에'로 시작하는 이야기들을 다시금 읽어보는 것은, 현재 이상기후와 지구온난화에 대해 우리가 느끼는 두려움을 조망하게 해준다. 이 이야기들 속에서 인간 사회는 늘 대기 현상의 변화를 염려하여, 그것에 감탄하기도 하고 그것을 제어하기도 하며, 그로부터 자신을 보호하는 것으로 보인다. 거센 폭풍, 천둥과 뇌우, 모든 것을 휩쓸어가는 비바람이 사람들의 머릿속을 떠나지 않았고 대홍수에 대한 공포는 수세기 동안 이어져 왔다. 그러므로 설화는 현재 우리의 삶을 말해주며, 과거에 기록되긴 했지만 미래를 이야기해준다.

4

눈을 맛보다,
보다, 만지다
—

알렉시 메츠제

알렉시 메츠제|Alexis Metzger

파리1대학교 지리학 박사과정. 저서로는 《얼음이 주는 기쁨. 황금기 네덜란드의 겨울 회화에 대한 시론*Plaisirs de glace. Essai sur la peinture hollandaise hivernale du Siècle d'or*》(2012)이 있다.

★ 저자 알렉시 메츠제는 값진 조언을 해준데다 세심하게 원고를 검토해준 마르탱 드 라 수디에르에게 감사를 표한다.

수많은 작가, 사회학자, 역사가, 지리학자, 기상학자, 빙하학자가 저마다 눈으로 향하는 길을 냈다. 지리기후학자 샤를 피에르 페기[*]에 따르면 "눈은 고체 상태 강수의 주요 형태를 구성한다. 그것은 섭씨 0도에 가까운 대기가 머금고 있는 수증기의 느리고 점진적인 응결의 결과다. 이 응결 과정을 거쳐 보통 여섯 개의 가지를 지닌 별 모양의 결정체가 만들어진다. 매우 추운 날씨(섭씨 영하 20도 이하)에 응결되면 아주 가느다란 각기둥 모양을 한 긴 침의 형태가 될 수도 있다. 이와 반대로 결정체가 부분적으로 융해되면 낙하하는 동안 응결되어 눈송이를 만든다".[1]

하지만 이 기상 현상을 이해하기 위해서 이러한 기상학적 정의로 만족해야 할 것인가? 그것은 분명 아니다. 눈은, 필리프 바드로[**] 교

---

[*] Charles-Pierre Péguy(1915~2005). 프랑스의 기후학자. 대학교수. 특히 확률 달력, 프랑스 상세 기후 지도 등을 고안하고, 시스템 공학의 형태로 지리학에서 기후(자연)와 사회의 관계에 가치를 부여함으로써 '프랑스 기후학의 선구자'로 불린다. 지리학과 기후학에 관련된 수많은 콘퍼런스를 주재했다.

[**] Philippe Vadrot. 프랑스의 클레르몽2대학교 교수. 신체 및 스포츠 활동 기술과학 STAPS 박사. 신체 활동에 관한 인류학적 연구를 시도했다.

수가 그것에 대해 "언제나 맛볼 수는 없는 계절적 요소, 물리적·감각적 취약성, 색깔, 신비한 점도와 온도, 녹는 성질, 크리스마스 시즌의 비유, 그리고 특히, 허락되거나 금지되는 놀이"[2]라고 표현했듯이, "찰흙 놀이용 점토"처럼 체험되는 물질이기도 하기 때문이다. 눈은 위도와 고도에 따라 많이 오거나 적게 오고, 땅 위에 오래 쌓여 있거나 잠깐만 쌓인다. 그것은 언어와 지역에 따라 극히 다양한 용어로 특징이 규정될 수 있다. 액체 상태의, 고밀도의, 표면이 딱딱해진, 단단해진, 일시적인, 녹은, 신선한, 지속되는, 쌓인, 다져진, 누적된, 녹기 시작했다가 다시 언,[3] 기타 등등의 눈을 이해하려면 사회학자이자 겨울에 정통한 전문가 마르탱 드 라 수디에르의 연구를 찾아보기만 해도 된다.

우리의 감각에 많은 몫을 부여해보자. 눈은 어쩌면 감각의 도움 없이는 가장 정의하기 어려운 기상 요소일지도 모르기 때문이다. 결국, "발로 눈을 건드려보고, 그 냄새를 맡고, 바라보고, 그 안에서 뒹굴어보고, 그 고요에 귀 기울여보는 것은, 사실 눈의 정체를 이해하는 것"[4]이다. 그러나 첫눈에 보기에는, 눈을 느끼는 감각(감수성)의 역사에 관해 질문한다는 것은 엉뚱해 보인다. 눈은 모든 시대에 걸쳐 언제나 순백색을 띠었고, 같은 소리로 내렸으며, 언제나 같은 흥취를 돋웠던 것이 확실해 보이기 때문이다. 이 감각들까지 역사의 흐름에 따라 변화했었다면 눈의 냄새나 감촉을 언급한 원전들이 도처에서 발견되어 연구해야 할 일이 산더미 같았을 것이다. 역사 속에서 눈에 대한 통찰력이 변화했는지 변화하지 않았는지 어떻게 알 것인가? 눈 내리는 소리가 시대에 따라 달라졌는지는? 이것은 눈을 좋아하는 지리역사학자에게 주어진 진정한 도전이다.

그럼에도 모든 기상 현상은 여러 개인과 한 사회를 통해 인지된다는 사실을 고려할 때, 하나의 실마리가 보이기 시작한다.[5]

오늘날, 눈은 양면성을 지닌 기상 현상이다. 어떤 지역의 어떤 사람들에게는 사랑을 받고(동계 스포츠를 위한 설비를 갖춘 산간 지방의 눈), 또 다른 지역의 다른 사람들에게는 미움을 받는다(교통 체증을 일으키는, 도로 위에 쌓인 눈). 그러므로 지리적 인지의 차이들에 역사적 인지의 차이들이 어우러진다. 풍경들이 시대에 따라 다르게 인지된다면[6] 풍경에 속하는 눈은 왜 그렇지 않겠는가? 윌리 로니스Willy Ronis(20세기의 위대한 휴머니스트 사진작가)의 산 사진 몇 장과 현재의 경관들을 비교해보면, 개발을 이끌었던 인식에서 이루어진 그 변모를 엿보기에 충분하다.

눈은 또한 역사 실록에도 한자리를 차지하고 있으며, 그에 관한 상당수의 출처가 있음을 추측하게 한다. 한니발의 알프스 횡단, 나폴레옹 보나파르트 군대의 그랑생베르나르* 통과, 1812년 11월에 일어난 베레지나 전투, 또는 1942년 러시아의 반격**에 이르기까지, 이러한 사건들을 기억해내는 것은 역사 연구의 장을 활짝 열어젖

---

* Grand Saint-Bernard. 해발 2469미터에 위치한 스위스 알프스 산의 고개.
** 2차 세계대전 중이었던 1942년 동부전선에서 소련이 독일에 승리한 독소전쟁을 가리킨다. 전쟁 당시에는 140년 만의 혹한이 기승을 부려 기온이 영하 40도에 육박할 정도였다.

혀 눈 덮인 산이나 평야의 이미지를 불러내기에 충분하다. 눈은 그 것 자체만으로 대단한 역사를 만들지는 못하지만, 나름의 중요성을 지닌다. 볼테르는《캉디드Candide》에서 "이 두 나라(프랑스와 영국)는 캐나다 쪽의 얼마 되지도 않는 눈 쌓인 땅덩어리 때문에 전쟁 중이 다"라고 쓰지 않았던가? 하지만 이러한 연구가 흥미로운 점은 바로, 앞서 언급한 전투들의 역사와는 구별이 된다는 점이다. 우리의 여 정을 이끄는 것은 그야말로 완전히, 눈에 대한 감각(감수성)이 될 것 이다.

우리는 지중해 지역의 유럽을 제외한, 온대 지방인 서유럽 여러 나라에 내린 눈[7]에 관심을 두고, 그것을 미각과 시각과 촉각의 프리 즘에 비추어 접근해볼 것이다. 파악하기 어려운 감각과 관련된, 눈 의 소리나 냄새에 관한 연구는 간행된 것이 아주 적다. 눈에 대한 어 떤 감각이 살아나, 말하자면 가능태에서 현실태*로 전환되는 순간 의 날짜와 연대를 추정할 수 있을까? 우리는 다양한 분야의 연구자 들이 출판한 연구 논문에 근거하여, "여러 감각의 사용(여기서는 눈 에 대한 감각의 사용)과 그 경험된 감각들 간의 위계질서가 역사를 이 루는"[8] 과정을 보게 될 것이다. 우리는 이러한 문제를 제기함으로써 역사지리적 행로 위에서 위와 같은 각성을 가능케 한 장본인들을 만 나게 될 것이다.

---

* 아리스토텔레스는 사물이 가능적 존재에서 현실적 존재로 발전한다고 생각했다. 이를 테면, 나무의 씨앗은 나무의 가능적 존재에 불과하지만, 나무의 씨앗(가능태)은 마침내 현실화하여 나무(현실태)가 된다. 이 개념은 질료와 형상의 대개념과도 대응한다.

눈의 맛

목이 마르다고 눈을 씹어 먹는 것은, 생존의 문제가 걸려 있지 않은 한 건강에 좋지 않다. 눈은 미네랄 성분이 빠져나간 아주 적은 양의 물을 낼 뿐이며 위胃로 들어가면 차가운 눈이 녹느라 칼로리 소모가 높아진다. 그러니 눈은 용기에 담아 미리 녹이는 것이 낫다. 그럼에도 과거의 역사 속에서 사람들은 설수雪水를 음미할 줄 알았다.

> 어느 여행자가 말했다. "한여름까지 남아 있어 '눈眼을 시원하게 해주는' 이 눈을 과연 누가 알 것인가?"
>
> 페르낭 브로델*

고대 로마 시대부터 몇 개의 문헌에서 눈의 여러 가지 사용법을 언급하고 있다. 눈은 포도주와 우유, 또는 온천 냉탕실의 물을 냉각하는 데 사용되었다.[9] 네로 황제는 자신의 포도주를 끓여서 눈으로 식힌 후 계피 향, 시리아 감송 향, 시나몬 혹은 두형속 향이 나는 포도주에 부었다.[10] 이것을 마시는 대신, 페트로니우스**의《사티리콘

---

* Fernand Braudel(1902~1985). 프랑스의 역사학자. 아날학파의 대표자로서 경제학, 인류학, 지리학과 같은 다른 분야의 연구 성과를 아울러 지구의 역사에 관한 20세기의 연구에 혁명을 일으켰다. 대표작으로는《물질문명과 자본주의Civilisation matérielle, économie et capitalisme》등이 있다.

** Gaius Petronius Arbiter(20?~66). 고대 로마의 정치가, 소설가. 네로 황제의 총애를 받

Satiricon》을 인용해보자. 트리말키오의 연회에서 화자는 "우리가 식탁에 앉자, 알렉산드리아의 노예들이 설수를 손 위에 부어주었다"고 말한다. 이 눈의 맛은 몇몇 미식가와 의사의 연구에서 다루어진다. 아피키우스*는 눈을 뿌려서 먹기에 적당한 음식을 언급했다. 아스클레피아데스**가 시원한 음료를 적극 알린 결과, 2세기의 로마는 설수에 심취해 있었다. 하지만 이런 열광에도 비방하는 자들이 있었다. 히포크라테스 의학은 시원한 음료의 효력에 대해 반박했다. 아리스토텔레스는 "공기가 압축된 물과 다름없는 눈은 응축되면서 가벼운 성질을 잃었다. 그러므로 눈을 녹여 얻어낼 수 있는 물은, 장 속에 여러 가지 병을 일으키는 균을 퍼뜨릴 수 있다"고 말했다. 세네카는 그 병은 "고열을 일으켜 맥박이 뛰고 몸이 뜨거워진다"고 말했다.

시원한 음료에 대한 열광은 중세에 이르러 햇빛 아래 눈처럼 녹아버렸다가 16세기에 새롭게 도약한다. 르네상스 시대는 로마인들의 냉음료를 재발견한 것일까? 16세기의 지중해에 관한 박사학위 논문에서 페르낭 브로델은 음료를 시원하게 해주는 눈을 재발견한 것에

아 그의 취향을 판단해주는 '우아한 판관' 노릇을 했으나 모함을 받아 자결 명령을 받았다. 네로 황제 치하의 로마 시대상과 인간의 욕망을 해학적으로 풍자한 그의 대표작《사티리콘》은 현존하는 가장 오래된 소설로 알려져 있으며 16세기 이후에 유행한 풍자적 악한소설의 선구적 존재라는 견해도 있다.

* Marcus Gavius Apicius. 고대 로마 시대의 미식가로 사치스러운 생활을 했다고 전해진다. 최초의 요리책《아피키우스》의 여러 공동 집필자 중 한 사람으로도 알려져 있다.

** Asclēpiadēs(기원전 124?~40?). 로마에서 활동한 그리스 의사. 히포크라테스의 체액설에 반대하고 의학에 원자론의 사상을 도입했다. 병은 육체를 구성하는 원자의 운동이 불안정하여 생기고 건강은 원자의 정상적인 운동이 회복됨으로써 얻어진다고 생각했다.

대해 몇 단락을 할애했다. 그는, "무어인들은 우리가 설탕을 뿌리듯이 음식에 눈을 뿌렸다"[11]며 놀라워했던, 1553년 어떤 베네치아 사람이 한 말을 인용한다. 몽테뉴Michel Eyquem de Montaigne도 1580년 이탈리아를 방문했을 때 "여기서는 포도주 잔 속에 눈을 넣는 습관이 있다. 나는 건강이 썩 좋지 않았기 때문에 조금만 넣었다"[12]며 이 같은 놀라움을 공유한다. 그러므로 냉음료를 즐기는 취향은 몇몇 지역, 특히 지중해 주변 지역에 한정되었던 셈이다.

지리학자인 자비에 드 플라놀*의 매우 다채로운 저서 덕택에, 유럽에서 냉음료가 전파된 주요 단계들을 되짚어볼 수 있다.[13] 저자는 우선, 얼음으로 음료를 차게 하는 지역과는 대조적으로, 지중해 지역(스페인에서 이탈리아와 터키를 지나 시리아까지)에서 음료의 시원한 맛을 얼음이 아닌 눈으로 내는 이유를 설명한다. 그 이유에 대해서는, 한편으로는 기후와 관련된 설명이 가능하다. 지중해 지역에서는 일반적으로 인공 제빙이라는 예외적인 상황을 빼고는, 결빙이 되는 날씨가 도움이 될 만큼 충분치 않다. 하지만 동절기에 온대 저기압의 영향으로 강수량이 많아지면 그 강수는 종종 눈의 형태가 된다. 그래서 산 위에, 드물게는 낮은 해발고도에서도 눈이 쌓인다. 다른 한편으로는, 이 산들이 종종 평야나 해안의 대도시에 인접하고

---

* Xavier de Planhol(1926~). 프랑스의 문학박사, 파리4대학교 명예교수. 파리, 낭시의 대학과 국립동양언어문화연구소INALCO에서 이슬람권의 지리학을 강의했다. 인간과 환경의 관계, 목농주의, 역사·문화 지리학, 도시 지리학, 특히 터키와 이란의 정치 지리학이 주요 연구 주제이다.

있다. 소비 장소인 도심 한가운데까지 눈을 옮기려면 몇 시간 혹은 멀다 해도 며칠로 충분하다. 자비에 드 플라놀은 또한, 북쪽으로 난 골짜기에다가 눈을 모아 저장하는 몇 가지 방법도 언급했다. 예컨대 스페인 발렌시아 지방의 북부에서는 '벤티스케로'*가 질풍으로 냉기를 유지하고, 눈을 공급하는 데 기여하고 있다.[14] 그러나 음료를 눈으로 냉각하는 지역과 얼음으로 냉각하는 지역을 대립시키는 기후 결정론은 없다. 인접 지역이 얼음으로 덮여 있기는 해도, 눈이 얼음보다는 운반하기가 용이하므로 상인들의 인기를 끌었다.

어떤 지역에선 눈의 운송과 판매가 매우 조직적으로 이루어졌다. 눈의 거래가 본격적으로 이루어져 일자리를 창출하고 때로는 엄격한 관리를 필요로 했다. 발라돌리드**에서는 1589년부터 행정 부처가 대중 축제 기간에 눈의 소비를 관리했다.[15] 바스티아***에는 눈 저장고가 많아서 때로는 그 공급망이 남부의 카스타니시아에까지 이르렀다. 앙시앵 레짐 전반에 걸쳐, 그리고 그 후 19세기 말까지 남 프랑스의 방투 산악지대에서 눈 거래를 리드했던 이들은 베두인족이었다. 눈은 카르팡트라, 보캐르, 게다가 몽펠리에와 툴루즈까지도 운송되었다. 그러나 때로는 운송 도중에 손실된 양이 엄청났다. 1772년에는 방투 산 기슭에서 실은 400파운드의 눈 중에 겨우 20파운드가 몽펠리에에 도착했다.[16] 알베르토 그란디Alberto Grandi의 연구

---

*   ventisquero. 스페인어로 '눈보라 치는 산의 높은 곳'이라는 뜻.
**   Valladolid. 스페인 북서부에 위치한 도시.
*** Bastia. 지중해에 위치한, 프랑스의 코르시카 섬 동북부의 도시.

덕분에 이탈리아에서 정확한 구역을 정해 눈을 독점하던 몇 개 도시의 영향 범위를 자세히 알 수 있다.[17] "로마에서는 16세기 말에, 전술한 '60마일 구역'이 정해져 눈의 집하가 그 도시의 공급 시장을 쟁취하는 자의 독점 관리 아래 놓였다"고 한다.[18] 제노바에서는 독점 체제가 도시 근교인 리구리아 지방 내륙 골짜기에서부터 스투라 계곡에까지 이르렀다.[19]

유럽 북서부에서 설수는 크게 두 가지 경로로 전파되었다. 우선 이탈리아에서 일어난 전쟁들의 영향으로 냉음료가 프랑스의 퐁텐블로까지 올라와, 최상류층이 좋아하기 시작했다. 그 음용이 사회 최상류층에 퍼지기 시작한 것 또한 카트린 드 메디치Catherine de Médicis 덕분이다. 프랑스 북부에서는, 스페인 사람들이 16세기에 플랑드르 지방에 거주하면서 냉음료 취향을 들여온 듯하다. 자비에 드 플라놀은 또한, 이탈리아나 스페인과는 독립적으로, 눈을 이용해 음료를 냉각했던 장소 몇 군데를 정확히 찾아냈다. 그것은 보주 산맥의 경우로, 거기서는 16세기부터 르미르몽*의 수녀들이 산에서 눈을 가져와 썼다. 이러한 역사에서 중요한 역할을 맡았던 인물도 몇 사람 있었는데, 프란체스코 프로코피오 쿠토Francesco Procopio Cuto는 1703년 아르메니아인에게서 '카페 앙시엔 코메디'를 매입하여 거기서 셔벗을 판매하여 큰 인기를 누렸다. '프로코프Procope'라는 이름으로 프랑스화한 그의 카페는 파리 사교계의 명소가 되었다. 그 유명한 아

---

* Remiremont. 프랑스 동부 로렌 지방 보주 주의 도시. 보주 산맥에 인접해 있다.

이스크림이 만들어진 것도 에트나 부근에서 거래된 눈 덕분이었을 것이다.[20]

18세기와 19세기에는 냉음료를 즐기는 취향이 서민층에까지 확대되었다. 그 가격은 매우 불안정했지만 원가는 새로운 저장 방법이 개발됨에 따라 조금씩 인하되었으며, 이는 물론 모든 사회 계층에 걸쳐 냉음료가 광범위하게 보급되는 원인이 되었다. 이 새로운 관습을 접한 의사들은 처음에는 조심스러운 태도를 보였지만 노골적으로 적대감을 드러냈다. 그 후 "설수는 의학 이론에서 점진적인 승리"[21]를 거두었다. 그 무절제는 비난받아 마땅할지라도, 기쁨을 느끼려는 욕망, 쾌락주의는 꼭 필요하다. 또한 냉음료의 역사에서 얼음이 점차 눈을 대신하게 되었다. 수산물 저장고, 유제품 상점, 병원 등 여러 장소에서 필요해진 얼음은 얼음 창고 안에 더 손쉽게 보관되었다.[22]

초창기의 냉장고는 1920년대 미국에서 출현하여 2차 세계대전 이후 유럽으로 건너오게 되었다. 그 전까지는 눈과 얼음 덕분에 냉음료 취향이 대단히 풍성한 역사를 경험하게 된다. 그리고 어쩌면 이러한 취향은 눈에 대한 가장 오래된 감수성에 속할 것이다… 고대 로마인, 이탈리아인, 스페인인 들이 눈을 보고 그것을 음료와 연결 짓기는 했어도, 눈이 본격적으로 주목을 받은 것은 16세기 말, 특히 17세기나 되어서였기 때문이다.

프랑스 르 바르Le Var 지방 콩쉬르아르튀비Comps-sur-Artuby의 얼음 창고.

눈 덮인 하얀 들판

눈을 보는 것은, 많은 사람이 즐거워하는 일이다. 에피날Épinal 이미지 미술관의 수석 학예사 마르틴 사디옹Martine Sadion은, "첫 눈 송이가 바람에 흩날릴 때 (…) 이 형언할 수 없는 기쁨은, 우리 자신에게 표현 능력이 없다는 생각이 들게 한다"[23]고 했다. 중세와 르네상스 시대 사이에 시인들은 이 겨울의 소재를 독점했다. 14~15세기 프랑스 시에 나타난 계절에 관한 박사학위 논문의 저자 플뢰르 비뉴롱Fleur Vigneron에 따르면, 이 시기에는 "시인들이 (…) 이러한 기후적 접근에, 각자의 영감에 따라 다양한 방면으로 개발한 풍성한 입체감을 부여했다".[24] 그들은 추위, 바람, 눈, 한기, 비, 싸락눈, 서리, 얼음, 북풍 등 겨울의 기상 용어들을 사용했다.[25] 그런데 눈이란 단어는 보기 드물었다. 그것은 노년의 이미지와 연결될 수 있었다. 샤를 도를레앙Charles d'Orléans은 민요시 102편에서 "겨울이 들판과 나무를 늙게 하여/ 그 수염이 눈으로 희어지네"라고 읊조린다. 한 세기가 지나고 두 분야의 사람들이 눈에 관심을 보였다. 과학자들과 예술가들이었다. 16세기 말, 그리고 특히 17세기에 이들은 이 대기 현상에 대한 색다르고 보완적인 시각을 보여주었다. 한쪽에서는 그것을 아주 가까이에서 관찰하여 그 구조를 이해하려는 시도를 했고, 다른 한쪽에서는 풍경 안에 눈을 등장시켰다. 그러므로 눈에 대한 새로운 감수성의 두 가지 양상이 거의 동시에 나타난 것이다.

  "이 거의 아무것도 아닌 작은 눈 입자 하나로부터, 나는, 모든 것을 담고 있는 우주 전체의 재현에 근접해 있었다!"

                                                요하네스 케플러*

   16세기 말, 과학자들은 눈송이에 관심을 두었다.[26] 17세기 초엽에 요하네스 케플러는 1591년부터 눈송이의 형태를 관찰해온 토머

---

*   Johannes Kepler(1571~1630). 독일의 수학자, 천문학자, 점성술사. 화성과 혹성의 운동을 관찰하고 그 법칙을 발견하여 17세기 천문학 혁명의 핵심 인물이 되었다. 우주에서의 수학적 조화를 추구하고 코페르니쿠스의 지동설을 수정·발전시켰다.

스 해리엇*과 서신을 주고받은 것으로 보인다. 케플러는 눈 내리는 모습에 감탄하면서 이 "보잘것없는" 눈송이를 관찰하기 시작했다고 전해진다. 그리고 기하학적 형태의 가지 여섯 개를 발견하고 강한 인상을 받은 것이다. 케플러는 자신이 거주하는 프라하에 전염병과 전쟁이 몰아치고 있을 때인 1612년《새해 선물, 또는 육각형의 눈Strena sive de Nive sexangula》을 출판하여, "눈은 왜, 더 굵은 송이로 땅에 쌓이기 전에 처음 내릴 때는 항상 작은 깃털 같은 것이 달린 여섯 개의 살을 가진 육각형인가"[27]를 알려주었다. 그는 선배 학자들의 몇 가지 이론을 들어 눈송이는 구球의 규칙적인 산적으로 형성됨을 보여주었다. 이 개념은 큰 반향을 일으키게 된다. '케플러의 추측'이라는 이름으로 유명한 이 개념은 단지 눈송이를 관찰한 것에서 비롯되었고, 이 '물의 요정nix'은 그 발음이, 무無를 뜻하는 'nichts'와 크게 다르지 않다.[28]

10여 년이 지나, 두 사람의 석학이 또한 하늘(이번에는 프랑스 프로방스 지방의 하늘)을 탐색했는데 이들은 니콜라 클로드 파브리 드 페레스크**와 피에르 가상디***로, 눈의 속성만큼이나 눈송이의 형태에도

---

* Thomas Harriot(1560~1621). 영국의 천문학자. 옥스퍼드 대학교에서 수학하고 미국으로 건너가 측량사가 되었다. 갈릴레오 갈릴레이와 거의 같은 시기에 천체 관측을 시작하여 태양의 흑점을 발견하고 목성의 위성을 관측했다.
** Nicolas-Claude Fabri de Peiresc(1580~1637). 프랑스의 천문학자, 고미술 수집가. 바로크 시대의 지식인으로 프로방스 의회의 고문을 지냈다. 망원경으로 관측한 결과를 토대로 달의 지도를 작성하려 시도했으며 1610년에 오리온성운을 발견했다.
*** Pierre Gassendi(1592~1655). 프랑스의 철학자, 물리학자, 수학자. 18세기 프랑스의 감각론자나 백과사전파에도 큰 영향을 미친 근대 원자론의 창시자로 여겨지며 천체 관측

미국의 농부이자 사진가 윌슨 벤틀리Wilson Bently가 찍은 눈 결정 사진.

많은 관심을 두었다. 작은 크기의 미립자들과 그 별 모양 형태 때문에 눈이 흰빛을 띤다는 것을 가상디는 처음 주장했다.

데카르트는 30년 전쟁 당시 독일에서 케플러를 만났을까? 그도 늘 눈송이의 형태에 관심이 많았다.《대기 현상Les Météores》 제6강에서 그는 (육안으로 관찰한!) 많은 수의 눈송이를 그림으로 그리고는, "작은 실꾸리 같은 얼음"의 형태를 설명하는 이론을 세웠다. 1635년 2월 암스테르담에서 쏟아지는 함박눈을 관찰할 때는 12개의 살이 달린 희귀한 별 모양을 발견하기도 했다.

과 지중해의 수로도 작성에 공헌했다.

그 이후 많은 학자와 과학자가 이러한 선구자들의 연구를 이어받았다. 하위헌스*는 1660년 작《육각형의 눈*Nivis sexangula*》에 나타난 덴마크의 자연주의자 에라스무스 바르톨리누스**의 견해들을 열거했다. 덴마크의 해부학자 닐스 스틴센Niels Steensen도 눈송이의 형태를 밝혀내려 했다. 의학용 표본을 만드는 데 눈 녹인 물을 이용할 것을 권유한 이는, 에라스무스 바르톨리누스의 부친인 토마스 바르톨리누스였음이 분명하다… 그는 훗날 '결정학'이라 부르게 되는 기본 법칙들을 공식으로 나타냈다. 결국 17세기 말에 유명한 지리학자이자 지도 제작자인 장 도미니크 카시니Jean-Dominique Cassini도 눈송이를 관찰했는데, 이번에는 현미경을 이용했다.

그러므로 눈은 과학의 진보와 당시 유행한 관찰 취미에 힘입어 17세기부터 연구된 셈이다. 하지만 풍경이 회화의 한 장르가 된 것은 16세기에 와서였다. 이유를 따지기 전에, 이 계절 풍경이 유럽의 회화에 그다지 널리 퍼지지 않았다는 것은 신기한 일이다. 기후사와 냉음료의 역사에 관련된 자료들이 보여주듯이, 눈은 회화 예술이 우수했던 나라와 관계가 있다. 이탈리아, 스페인, 프랑스는 17세기에 문화가 융성한 것으로 알려져 있지만 눈을 그린 것은 플랑드르와 네덜란드 사람들이었다. 피터르 브뤼헐Pieter Bruegel, 헨드릭 아베르캄프

---

* Christiaan Huygens(1629~1695). 네덜란드의 천문학자, 물리학자. 토성이 고리를 가진 것을 발견했으며 역학의 기초를 세우는 데 공헌했다.
** Erasmus Bartholinus(1625~1698). 덴마크의 의학자, 물리학자. 방해석 결정의 물리적·화학적 성질을 매우 자세히 연구하고, 1669년 빛의 복굴절 현상을 발견하여, 훗날 하위헌스의 연구에 기반을 닦았다.

위_헨드릭 아베르캄프, 〈겨울 풍경〉(1620).

아래_야코프 판 루이스달, 〈겨울 풍경〉(1670).

Hendrick Avercamp, 야코프 판 루이스달Jacob Van Ruisdael 같은, 대가의 이름들이 곧 머리에 떠오른다. 여기에 예술사의 불가사의가 있다. 더 남쪽의 화가들 또한 아주 적은 수일지라도 눈을 경험했을 터인데, 어째서 플랑드르와 네덜란드의 화가들만 겨울 풍경을 그렸을까?

설경을 그린 초기 작품들이 남쪽에서 시작된 만큼, 이 불가사의에는 모종의 음모가 있는 듯 보인다. 암브로조 로렌체티*가 시에나 공회당Palazzo Pubblico의 벽화에 눈 내리는 모습을 그린 것이다. 그중 〈악정〉이란 제목의 벽화 위에 위치한 원형 장식에는 겨울을 상징하는, 온몸을 감싼 노인이 보인다. 14세기 후반 롬바르디아 지방의 교과서에 눈이 다시 등장하는데, 거기서 눈의 이미지는 긍정적이다. 추위에는 적합지 않은 가벼운 옷차림을 한 성인 두 사람이 산을 배경으로 전면에서 눈싸움을 하는 광경이다. 그다음으로 1400년경에 벽에 그려진 한 달력 프레스코화가 서유럽에서 설경의 탄생을 기록했다. 이탈리아 북동부의 트렌토에 위치한 부온콘실리오 성Castello del Buonconsiglio의 이 벽화는 롬바르디아 세속 예술의 전통에 속한다. 〈12월〉 벽화에는 산에서 나무를 해다가 성벽으로 둘러싸인 도시로 나르는 농부들을 그렸다. 산에 덮인 눈은 그리 수북하지 않고, 땅 위에는 남아 있지만 나무 위에는 보이지 않는다. 〈1월〉 벽화에는 화려한 옷을

---

* Ambrogio Lorenzetti(1290?~1348). 이탈리아의 화가로, 초기 르네상스 시대 시에나파에 속했다. 대표작은 시에나 공회당의 6면 우의화寓意畫로 구성된 〈선정과 악정〉 벽화(1338~1339)이다. 그중 〈선정의 효과〉는 민중 생활을 생생히 그려냈을 뿐만 아니라 도시와 전원의 광대한 정경을 일종의 부감적 원근법을 통해 전체적으로 포착함으로써 풍경화 역사상 중요한 의의를 지닌다.

왼쪽_암브로조 로렌체티, 〈겨울의 알레고리〉(1338~1340).

오른쪽_벤체슬라오 보에모Venceslao Boemo, 〈12월〉(1400년경, 부온콘실리오 성 독수리 탑의 프레스코화).

입은 귀족들이 성벽 밖에서 눈싸움을 즐기는 모습을 그렸다.

따라서 설경은, 아직 조형미를 갖추지는 못했다 하더라도 남유럽에서 탄생했다. 그 후로는 채색 삽화로 표현되다가 플랑드르와 네덜란드의 회화에서만 비약적인 발전을 이룬다. 수많은 예술사 연구들이 북유럽의 회화와 남유럽의 회화를 구분한다. 역사와 행동의 회화라 할 수 있는 남유럽 이탈리아 회화에 반하여, 네덜란드인들은 풍경, 초상, 정물 같은 것을 묘사하는 데 능하다. 이런 재능에는, 빛과 정확성을 결합시킨 카메라 옵스큐라의—— 아마도 대대적인—— 사용이

벤체슬라오 보에모, 〈1월〉(1400년경, 부온콘실리오 성 독수리 탑의 프레스코화).

뒷받침되었을 것이다.[29] 그러나 이탈리아, 프랑스나 스페인 화가들
이 눈에 관심을 두지 않은 이유를 설명해주는 것은 아무것도 없다.

　이 수수께끼에는 회화에서 겨울 풍경이 출현한 시기가 또 한몫을
한다. 대大 브뤼헐의 작품이 나온 16세기 후반 이후부터 겨울 풍경
이 회화에 등장하기 시작했다는 사실을 어떻게 설명할 것인가? 한
예술사가는 다음과 같이 말하며 의아해한다. "나는 풍경화 역사의
주요 인물 알브레히트 알트도르퍼Albrecht Altdorfer나 네덜란드 최초의
풍경 전문화가 요아힘 파테니에르Joachim Patenier, 또는 알브레히트

뒤러Albrecht Dürer 같은 예술가들이 설경의 이미지에 별로 매료되지 않았다는 사실을 설명할 길이 없다."[30] 피렌체의 우피치 미술관에 전시된 휘호 판 데르 후스*의 〈포르티나리 제단화〉(1475년경)에는 목동들이 아기 예수를 경배하는 장면이 있다. 앙상한 나무, 잿빛 하늘, 황갈색의 땅으로 미루어 볼 때 분명히 겨울 풍경인데도 눈은 보이지 않는다. 기도서에 나오는 달력의 장식용 세밀화에만 눈이 보인다. 하지만 이것도 눈 자체보다는 상징성이 풍부한, 그 하얀색을 보여주기 위한 것인지도 모르겠다. 1200년경 교황 인노켄티우스 3세가 흰색은 "순수함과 빛의 이미지로 기쁨, 순결, 승리, 영광, 불멸을 표현한다"고 언급한 그대로이기 때문이다. 이로부터 눈은 진정 흰색이 되었다고 할 수 있다…[31] 특이한 반사광 덕분에 눈은 또한 놀라운 색채들로 장식될 수도 있다. 피에르 르베르디**는 반박하기를, "다락방에서 글을 쓰고 있을 때, 눈이 지붕 틈새에서 떨어져 내리며 푸른색을 띠게 되었다"[32]고 했다. 작가이자 기자인 질 라푸즈Gilles Lapouge는 "눈이 흰색이라는 것도 하나의 착각이다. 사실 그것은 엷은 보라

---

* Hugo Van der Goes(1440~1482). 15세기 네덜란드의 화가로 초기 플랑드르 화파를 대표한다. 사실주의 회화의 전통을 바탕으로 하면서도 형태와 율동, 빛과 색채의 표현에 새로운 활력을 불어넣었으며, 인물의 심리에 대한 깊이 있는 통찰과 종교적 신앙심 사이에서 불안하면서도 강렬한 종교적 분위기를 표출했다. 〈포르티나리 제단화〉는 그의 대표작 중 하나다.

** Pierre Reverdy(1889~1960). 프랑스의 시인. 아폴리네르Guillaume Apollinaire, 자코브Max Jacob, 피카소 등과 사귀었고 1916년 입체파(큐비즘)를 주창하기 위해《노르 쉬드 Nord-Sud》라는 평론지를 발행했다. 초현실주의자는 아니었으나 초현실주의 형성에 영향을 미쳤다.《채색한 별들Étoiles peintes》(1921),《천국의 난파선들Les Épaves du ciel》(1924) 등은 다다나 초현실주의 시인들에게 높이 평가되었다.

휘호 판 데르 후스, 〈포르티나리 제단화〉(1475년경).

색이나 파란색, 노란색이나 금색이나 회색이다"[33]라고 말했다. 우리
는 눈의 색깔이 얼마나 다채로운지 알려주는 마르탱 드 라 수디에르
의 글을 읽는 수고를 독자들의 몫으로 남기겠다. 거기에서 우리는,
파블로 네루다Pablo Neruda의 고향에서는 눈이 검은색일 수도 있고,
알프스 산맥에서는 노란색일 수도 있으며, 알프스의 케라스 계곡에
서는 붉은색이 될 수도 있다는 사실을 알게 된다.[34]

　하지만 대 브뤼헐로 돌아와 보자. 그를 거의 '겨울 풍경의 창시자'
라 일컬을 수도 있을 것이다. 이 화가가 일생 동안 유일하게 눈 덮인
풍경 다섯 점을 그린 것은 1565년과 1567년 사이다. 〈눈 속의 사냥

꾼들〉과 〈무고한 아기들의 학살〉은 빈 미술사 박물관에, 〈새의 덫이 있는 겨울 풍경〉과 〈베들레헴의 인구 조사〉는 벨기에 왕립 보자르 미술관에, 〈눈 속에서 경배하는 동방박사들〉은 스위스 빈터투어 소재 오스카 라인하르트 컬렉션에 있다. 따라서 이 다섯 작품은, 유럽 최초로 눈을 전면에 그린 회화이다. 이 중에 하나, 〈눈 속에서 경배하는 동방박사들〉은 눈보라를 표현한 최초의 회화 작품인데, 소설가 피에르 마낭Pierre Magnan이 이야기한 "깃발처럼 내리치던" 눈보라 소리가 들리는 것만 같다.[35] 몇몇 작가가 이 그림들에 매료되어 해독하고자 시도했다. 그들은 대 브뤼헐이 눈 덮인 농촌의 풍경을 그리기 위해 왜 1565년이 되기를 기다렸는지 파악해보려 했다.[36] 경제 상황에 따른 한 가지 사실이 연구자들의 가설을 하나로 일치시켰다.

1565년의 겨울은 극도로 춥고 눈이 많이 내린 겨울이었다. 당시 몇몇 사람은 깊은 인상을 심어준 이 겨울에 대해 상세히 기록해두었고 기후사가들의 저서에서 관련 사실을 확인해볼 수 있다.[37] 한파는 우선 12월 16일에 삭스 지방에서 기록되었고, 12월 18일에 앙베르, 12월 20일에 티엘, 프랑스 북부와 취리히, 12월 21일에 런던에서 기록되었다. 그러므로 기후학적으로 볼 때, 서유럽이 찬 공기의 수평 이동에 따른 영향 아래 놓여 있었을 가능성이 크다. 북동쪽에서 극지방의 차가운 공기가 내려온 것이다. 이러한 기후 배치가 보통이라고 할 때, 그 지속성이 놀랍다. 몇몇 하천은, 얼음이 대대적으로 녹는 1월 중순과 2월 중순이라는 두 차례의 해빙기가 있기는 하지만 대체로 12월 말부터 2월 말까지 결빙된다. 이 겨울 동안 라인

위_대 브뤼힐, 〈눈 속에서 경배하는 동방박사들〉(1567).

아래_대 브뤼힐, 〈눈 속의 사냥꾼들〉(1565).

강, 뫼즈 강, 에스코 강, 베저 강, 엘베 강, 마인 강, 네카어 강, 타미즈 강, 센 강이 불규칙하게 결빙된다. 다뉴브 강과 론 강은 일부만 얼음으로 덮일 뿐이다. 눈이 가장 풍성하게 내리는 것은 2월이다. 극지방에서 내려와 서유럽에 머무는 차가운 공기는 더 습하고 더 기압이 낮은 공기층과 만났을 것이다. 자료상에 보고된 눈의 밀도를 보면 굵은 눈발이었다고 언급되어 있으므로, 이것은 분명 1565년 2월 중순의 해빙이 동반한 일시적인 온난 현상으로 생긴 눈이었을 것이다. 매우 차가운 땅과 만난 이 눈은 들판에 쌓여서 수십 센티미터 두께의 층을 형성했다. 1565년 2월, 대 브뤼헐이 사는 브라반트와 매우 가까운 리에주와 브뤼셀에서는 눈이 말의 배에 닿을 정도로 쌓였다. 그러므로 이 화가는 이 예외적인 겨울이 머리에 깊이 각인되어 그 풍경을 그리고 싶었을 것이다. 눈이 내리거나 쌓인 겨울 풍경은 때때로 종교적인 장면, 일상생활의 장면, 전쟁터처럼 폭력적인 장면과 연결되었다.

브뤼헐 이후로는 헨드릭 아베르캄프, 얀 판 호이옌Jan Van Goyen, 아르트 판 데어 네이르Aert van der Neer, 야코프 판 루이스달 등, 플랑드르와 네덜란드의 많은 화가들이 눈을 그렸다. 하지만 그들의 후계자들과는 달리, 그들 그림 속에 쌓인 눈은 두텁지 않았고, 눈 내리는 장면도 매우 드물었다.[38] 그들은 스케이트를 탈 수 있는 얼음에 더 관심을 기울였다. 눈은 19세기에 이를 설욕하게 된다. 겨울 풍경이 유럽 전역을 휩쓴 것이다. 윌리엄 터너William Turner, 카스파르 다비드 프리드리히,* 클로드 모네Claude Monet, 카미유 피사로Camille Pissaro,

위_카스파르 다비드 프리드리히, 〈눈으로 뒤덮인 나무〉(1827).

아래_퀴노 아미에, 〈눈 내린 풍경〉(1904).

외젠 갈리앵 라루Eugène Galien-Laloue 등, 수많은 예술가가 몇몇 작품에서 눈을 멋지게 표현했으며, 오르세 미술관에 전시된 퀴노 아미에 Cuno Amiet의 〈눈 내린 풍경〉의 경우, 흰색이 화폭의 거의 전체를 차지하기까지 했다. 19세기 회화의 제작 장소들이 17세기와 크게 다르지 않고, 겨울이 전체적으로 비슷한 유형의 날씨로 표출되는 반면, 눈은 매우 다르게 표현되었다. 이제부터 눈은 종종 두텁게 쌓이고 하늘에서 내리기도 하는데, 이는 이 기상 현상에 대한 새로운 시각적 감수성의 표시들이 된다.

눈싸움과 리프트

눈과 접촉하여 만들어내는 감각과 대립되는 감각들… 얼굴 위로 눈송이를 맞을 때는 한편으로 차가움을 느끼지만, 눈을 계속 맞다 보면 얼얼함을 느끼게 된다. 어쩌면 시인들이 되풀이한 '뜨거운 눈'이라는 표현은 그렇게 떠올랐는지도 모른다. 열기와 눈은 불가피하게 연결되기 때문이다. 눈을 연구한 어떤 인류학자는, "눈은 침실에서 흘리는 땀에 대한 외설적인 반대말이 아니라, 화덕과 불의 원인, 평계가 된다"라고 썼다.[39] 이러한 깨달음이 온 것은 언제였을

---

* Caspar David Friedrich(1774~1840). 독일 낭만파의 대표적 화가. 그가 즐겨 그린 안개나 눈, 일몰, 달밤의 풍경은 색채와 명암이 특유한 종교적·상징적 의미를 가진다. 대표작으로 〈테첸 제단화〉, 〈바츠만 산〉 등이 있다.

까? 알 수 없다. 플랑드르나 프랑스 공방에서 그린 채색 삽화에 눈싸움과 눈사람이 본격적으로 나타난 때는 16세기였다. 다니엘 알렉상드르 비동Danièle Alexandre-Bidon은 동계 스포츠의 탄생을 회고하면서, 눈이 14세기부터 표현되었을지라도 16세기에야 비로소 축제 분위기를 자아냈다는 것을 보여주었다.[40] 이는 사람들이 눈 위를 걸으며 눈과의 특별한 관계를 느끼지 못했다는 의미도, 눈싸움이 훨씬 이전에 시작되었다는 의미도 분명 아니다… 그럼에도 눈과의 접촉에 관한 역사에서는 여러 자료를 통해 뒷받침되는 하나의 느낌이 다른 모든 느낌 사이를 헤치고 빠져나온다. 그것은 활주의 즐거움이 주는 느낌이다.

"그것은 속도, 빛, 추위, 위태로움이 자아내는, 미지의 감미로운 느낌이다…"

《야외 생활La Vie au grand air》, 1902년 3월 8일.

동계 스포츠는, 인간을 위해서 인간의 손으로 다듬은, 눈 쌓인 땅과 접촉하는 것을 영예롭게 해주었다. 스키, 스노보드, 모노스키, 외발 스케이트, 썰매 등, 이 많은 활주 스포츠들은 기구를 이용해 눈을 느끼게 해주었다. 이 스포츠들은 20세기에 눈부신 도약을 경험했다. 활주의 기쁨을 맛보기 위해서라면 두바이의 돔 스키장처럼 지구상에서 가장 더운 지역에도, 더구나 암스테르담 폰델파크 부근, 구시가지 남부에 위치한 W. G. 플레인가의 실내 스키장처럼 가장 평평한 지역에도 인공적인 환경이 조성되기까지 했다.

노르웨이에서는 텔레마크Telemark 백작령의 주민들이 이름을 빛낸 1879년 대회 이후 스키가 진정한 국민 스포츠가 되었다. 약간 남쪽으로 내려와서는, 19세기에는 다보스와 샤모니의 몇몇 호텔에서만 겨울 관광객을 맞아들였던 반면, 20세기 초반 동계 스포츠의 유행은 인기 종목인 스키와 함께 날개를 달았다. 1901년부터 프랑수아 클레르François Clerc 대위는 그르노블 159 산악 보병연대에 스키를 도입했다. 이 '군사용' 스키 단계 다음으로, 곧이어 '레저' 스키가 뒤를 잇는다. 1900년대 말에 미셸 페요Michel Payot 박사가 스키를 샤모니에 들여왔고, 그곳에서 제2회 국제 스키 대회가 열린다. 프랑스 여행클럽과 프랑스 산악클럽이 이끈 스키는, 특히 그것이 건강에 좋다고 알려졌기 때문에 비약적으로 발전한다.《퐁타를리에Le journal de Pontarlier》지에서 한 익명의 저자는 1909년 2월 7일, "눈 쌓인 산비탈에서 스피드에 취해, 추위와 건강미로 발그레해진 안색을 갖게 될 사람들"[41]에 대해 언급한다. 그보다 몇 해 전, 모리스 르블랑*도 비슷한 글을 썼다.[42] 건강관리가 쾌락주의와 혼합된 것이다.

스키가 20세기 이전 서유럽의 산악지대에 퍼지지 않은 것이 이상해 보일 수도 있다. 스칸디나비아 국가들에서는, 여러 저서와 판화를 통해 16세기부터 스키를 타는 모습이 확인되기 때문이다. 기원

---

* Maurice Leblanc(1864~1941). 프랑스의 추리소설가이자 희곡 작가. 신사 도적 아르센 뤼팽Arsène Lupin이라는 작중 인물을 탄생시켰다.

전 2000년경의 스키가 스칸디나비아의 늪지대에서 발견되기도 했다. 알프스나 보주, 중앙 산악지대나 피레네 산맥에 스키가 부재했던 것은 기술 보급이나 정보 보급, 혹은 양자 모두가 부족했기 때문일까? 이브 모랄Yves Morales은 우선적으로 스키에 대한 지식이나 책의 보급이 확실히, 동계 스포츠에 별다른 관심이 없는 도시의 지식층에게 제한되어 있었음을 보여주었다.[43] 두 번째 이유는, 스칸디나비아와는 반대로 이 산악지대 마을의 인구는 겨울철 이동이 제한될 수밖에 없도록 구성되어 있다는 점이다. 그들은 보통 (혹은 거의[44]) 겨우내 자신들의 집에서 산다. 결국, 이동이 같은 빈도로 이루어지지 않는다면 그 지형도는 매우 달라진다. 스칸디나비아는 알프스보다 땅의 기복이 심하지 않아, 길이 상대적으로 평평한 평지라서 인구 이동이 더욱 용이하다. 더구나 서유럽의 산악지대에서는 산사태의 위험이 매우 높아 그곳 주민들은 이를 두려워한다.[45] 눈은 1785년 2월 7일 알프스 케라스 지역의 마을, 세르 데 제스쿠아예르가 초토화되었던 것처럼 엄청난 피해를 가져올 수도 있다.[46] 이브 발뤼*에 따르면, 20세기에 이르기까지 사람들은 산에서 눈을, 특히 눈과 접촉하기를 꺼렸다. 눈이 쌓이면 토양을 결빙되지 않게 보호하여 풍년을 기약할 수는 있다 해도, 눈은 자주 끔찍스러운 것으로 묘사되었다.[47]

이 사고방식은 20세기에 와서 근본적으로 변화했다. 활주라는 새

---

* Yves Ballu(1943~). 프랑스의 알피니즘(알프스 산맥의 산에 오르는 일) 역사 전문 작가, 이학박사, 원자력위원회CEA 홍보부장. 산과 알피니즘에 관한 책을 다수 집필했다.

로운 취향, 쌓인 눈과의 새로운 '접촉' 방식에 힘입어, 눈은 점차로 기쁨과 재미의 원천이 되었다. 이브 모랄은 "프랑스에서 동계 스포츠를 출현시킨 배경들은, 그것이 집단의 전통적인 사회적 경향과 충돌을 일으키는 만큼, 집단적 사고방식 안에서 이 계절을 표현하는 방법의 변화를 동반했다"[48]고 요약한다. 피레네 산맥의 휴양지이자 이 새로운 유행의 첨병이었던 오본에서처럼 동계 스포츠는 즐거움 뿐 아니라 수익도 가져다주었다. 베아른의 동쪽, 오소 계곡에 위치한 오본은 19세기부터 영광의 시기를 누렸다. 이 (요양에 적합한) 온천장에는 외젠 들라크루아Eugène Delacroix, 귀스타브 플로베르Gustave Flaubert, 외제니 드 몽티조* 같은 인사들이 다녀갔다. 그중 일부는 오늘날 역사 유적으로 분류되고 있는, 수많은 호텔을 갖춘 이 온천 도시는 프랑스와 나바라 왕국 출신의 초창기 스키 선수들을 맞이할 수 있었다. 1908년 2월 15일과 16일, 그곳에서 제1회 피레네 국제 스키 대회가 열렸다. 온천장은 내내 호황이었고 시市 측은 당시 아무것도 없었던, 오비스크 재에서 600여 미터 더 높은 지대에 위치한 구레트에 스키장을 건설하기로 결정했다.

1930년대에 시민들은 산에서 눈이 주는 즐거움을 점점 더 많이 맛볼 수 있었다. 이러한 열광은 케이블카, 신축 호텔, 그리고 유급 휴가에 대한 승인과 교통수단의 발전에 힘입은 것이었다. 파리-오를

---

* Eugénie de Montijo(1826~1920). 스페인계 귀족으로 나폴레옹 3세와 결혼하여 황후가 되었고, 프랑스 최후의 황태자 나폴레옹을 낳았다.

1910년 1월 21~24일, 오본 산정에서 열린 스키 대회. ©BnF

레앙-미디선線 열차를 위한 롤랑 위공Roland Hugon의 〈눈이 주는 즐
거움Plaisirs de neige〉(1936)같이, 동계 스포츠를 찬양하는 철도 광고들
도 있었다. 스키의 기술과 그것에 사용되는 장비는, 추위와 습기라
는 불편한 느낌을 일소하면서 쌓인 눈을 더 가까이에서 느끼게 해주
었다. 그리고 때로는 눈조차도 인공으로 만들게 되었다.[49] 강렬한 감
각의 추종자인 스키어들과 스노보더들은 이 눈이라는 소재와 거의
일체가 될 수도 있다. 그리하여 스키어이자 작가 질 샤파즈Gilles Chap-
paz의 말처럼 "몇 년 사이에 눈은 많이 변모했다. 그 본질 자체를 빼
고는 모두 변했다. 다소 제어되고 있는 이 변화는, 끝없이 이어지는
겨울 스포츠의 탄생과 출현, 혹은 성숙의 소산이다".[50]

롤랑 위공, 〈눈이 주는 즐거움〉(1936).

"눈이 올 땐 눈이 온다고 말해야 하는 것이 사실이다."*

레몽 크노**

---

* 레몽 크노의 시집 《만돌린을 든 개 *Le Chien à la mandoline*》(Paris : Gallimard, 1968) 중, 시 〈엉터리 정보에서 일종의 시까지De l'information nulle à une certaine espèce de poésie〉의 한 구절.

** Raymond Queneau(1903~1976). 초현실주의에서 출발한 프랑스의 시인, 소설가, 극작가. 실험문학동인 '울리포Oulipo'의 결성을 주도했고 언어유희와 블랙유머를 발휘한 실험적 작품을 썼다. 그 외에도 수학자, 번역가, 화가, 출판인 등으로 활약하며 다채로운 삶을 살았다.

우리는 눈의 냄새나 소리에 대해서는 아직 이야기하지 않았다. 그러나 이러한 감각들 중 하나를 소박하게 만족시키기 위해서는, 그 역사를 회고하는 것까지는 가능하지 않더라도 여러 작가들과 예술가들이 모든 소음을 덮어버리는 눈에 대해 언급했었다는 사실을 이야기하는 것이 합당하겠다. 빅토르 위고는 1812년 겨울 나폴레옹 군대가 러시아에서 회군한 일을 묘사하면서 "하늘은 굵은 눈발로 소리 없이/ 이 거대한 군대를 위한 거대한 수의를 지었다"[51]고 했다. 시인 조르주 로덴바흐Georges Rodenbach는 "오 눈이여, 넌 살며시 소리들을 잠재우는구나"[52]라고 했다. "소멸된 소리들과 작아진 발걸음 소리들의 땅"[53]을 이야기한 시인 알랭 보른느Alain Borne도 있다. 이는 분명 질 라푸즈와는 대조적이다. 그는 "눈은 소리를 낸다. 작은, 아주 작은 소리를! 소리의 최후"[54]라는 눈에 관한 멋진 텍스트의 저자다. 퍼셀Purcell, 비발디Vivaldi, 슈베르트Schubert, 풀랑Poulenc의 겨울과, 차이콥스키Tchaïkovski, 드뷔시나 위그 뒤푸르Hugues Dufourt의 눈을 들으며 읽고 또 읽을 만한 책이다.

17세기의 네덜란드인들과 19세기의 인상주의자들에게 눈이 같은 의미를 지니지 않는 것은 후자의 경우, 휴대용 캔버스 받침대를 들고 다니며 (모네가 말했듯이) 다른 이들의 눈을 만족시키기보다는 자신들이 직접 본 것을 그리기를 원했기 때문이다. 이젠 더 이상 눈을 먹지 않는 것도 새로운 냉장 기술이 존재하기 때문이다. 결국, 눈과 접촉하는 것이 어떤 이들에게 흥분되는 일이라면 그것은 분명, 방한복의 성능이 좋아서이기도 하지만 특히 겨울철 관광이 엄청나게 발전했기 때문이다. 그러나 이러한 감각들이 반드시 어떤 긍정적인 상황이나 어떤 고안물을 통해 일깨워진 것은 아니다. 거기에는 또한 설명을 하거나 연대를 매기기에는 극도로 복합적인 과정들이 있다. 눈에 대한 감각(감수성)은 일정한 장소에서 나타나고, 또는(그리고) 숫자가 매우 제한적인 집단들이 그것을 함께 나누기 때문이다. 왜 르미르몽, 네덜란드 같은 장소에서 눈에 대한 감각(감수성)이 나타났는가? 왜 수녀, 예술가 같은 사람들에게서 나타났는가? 왜 17세기 초라는 시기에 나타났는가? 때로는 답을 알 수 없는 질문들이, 이러한 감각(감수성)의 전파를 평가하는 어려움에 빛을 밝혀준다.

이 과정들은 우리의 부수적 의견 제안에 힘을 실어준다. 모든 감각(감수성)은 '그 자체'로 존재하는 것이 아니며, 어떤 현상에 직접적으로 연결되어 '이미 여기' 있는 것이 아니다. 그것은 지리·역사적, 연대기적 축적에서 비롯된다. 오늘날까지도 어떤 물건, 풍경, 기상 현상 등을 느끼는 우리의 감수성에는 진화가 요구된다. 미각에 대해서는 이론의 여지가 없어 보이지만 시각, 청각, 후각, 촉각에 대해서도 마찬가지다. 산업적인 정세를 고려하는 수밖에 없다. 옛날에는 그것을 그다지 선망하지 않았지만, 오늘날 어떤 사람들은 그것을 옹호하고 새로운 가치를 부여한다. 과거에도 현재에도 이러한 감각(감수성)의 진화는, 환경과 우리가 맺는 관계에서 큰 역할을 한다. "물리적인 밀도와 예측할 수 없는 붕괴 사이에"[55] 놓인 눈만큼 참된 것이 또 있을까?

5

안개를 쫓아

―

리오네트 아르노댕 슈가레

리오네트 아르노댕 슈가레|Lionnette Arnodin Chegaray
이야기, 이야기꾼을 다루는 잡지 《큰 귀*La Grande Oreille*》 편집장. 대학에서 안개에 관한
주제를 연구했다.

안개 속에서 길을 여네

구름을 지나

안내자도 없이

산골짜기에서

정처 없이

갈 곳을 모르네

이 길의 끝은

어디일까?

곤파루 젬포[*]

　신비하고, 은밀하며, 예측할 수 없고, 본질적으로 포착할 수 없으며, 정해진 윤곽이 있는 것도 아닌 연무와 안개는 예기치 않은

---

[*]　金春禅鳳(1454~1520?). 일본 전통극 '노能' 배우이자 극작가. 증조부 곤파루 제아미金春世阿弥, 조부 곤파루 젠치쿠金春禅竹의 대를 이어 곤파루 극파를 이어나갔다.

곳에서 불쑥 튀어나와 예고도 없이 흩어진다. 우리 중 어느 누가 이 당황스러운 기상 현상과 그 효과를 한 번도 맞닥뜨린 적이 없을까? 위험한 안개는 시야를 완전히 막아서며 도로 위에서 사고를 일으킨다. 몽블랑 산비탈에 안개가 심각하게 끼었을 때는, 한 젊은 등산 안내인이 "안내견과 흰 지팡이가 없는 것을 아쉬워할 정도"였다. 노르망디 해안의 짓궂은 안개는, 근접한 내륙에서는 태양이 이글이글 타오를 한여름에도 자욱이 깔려 자갈 해변을 어둡고 춥게 만든다. 경이로운 안개는 더운 여름날 저녁, 베어낸 건초 향을 풍기며 땅을 두툼하고 하얀 외투로 감싼다. 몇 마리 암소의 실루엣만이 이 부드러운 우윳빛 바다 위에서 '다리'가 없어진 작은 배처럼 둥둥 떠다닌다. 석양이 질 때 안개에 싸인 아스팔트 도로의 윤곽선은 불꽃을 뿜어내며 김이 나는 솥단지처럼 부글거린다. 저녁 무렵 차분해진 정신으로 희미해지는 풍경들을 자신의 취향에 맞게 재창조하거나, 비현실적이고 신비한 존재들이 등장하는 새로운 그림을 상상할 수도 있다.

안개와 연무가 음모를 꾸미고 있다. 신비로움 속에 무엇을 숨기고 있는 것일까? 그것이 인간에게 미치는 영향은 무엇일까?

안개, 이 미지의 존재

몇 달 동안 내내, 잿빛으로 낮게 깔린 안개 낀 하늘은 새벽의 여명을 지워버렸다. 그다음으로 이어지는 날들에는 어떤 날씨가 예

보될 것인가? 휴대폰의 화면에서는 뿌옇고 희미한 수평선들이 동그
란 해를 덮어버린다. 또 안개란 말인가! 해가 보이지 않아 빛은 희미
하고, 즐거운 느낌을 주지 않는 잿빛 안개. 저녁 뉴스에는 카트린 라
보르드*가 작은 픽토그램——실제 안개보다 또렷한 진회색을 띤 길
쭉한 형태의 구름——으로 앞으로도 며칠간 안개가 '끈질기게' 계
속될 것이며 한랭전선이 몰려오면 그것이 '서리로 변할' 위험이 있
다고 알린다. 16세기에 장 보클랭 드 라 프레네**가 말했듯이, "마음
의 활기를 잃게 하는" 이 안개를 언젠가는 흩어버릴 날이 올 것인
가? (예컨대 '구름의 씨뿌리기'라는 시적인 표현으로 불리는 방식을 통해)
인간은 모든 예보를 좌절시키며 도처에 파고들어 사람들과 교통수
단들에 혼란을 가져오는 이 대기 현상[1]에 맞서 싸우고자 시도했다.
그러나 헛된 일이었다! 자동차의 안개등만이 성벽처럼 길을 가로막
는 두텁고 뿌연 안개를 뚫는 데 성공했다.

안개는 하늘과 땅 사이에서 무중력 상태로 땅에서 올라오거나 하
늘에서 내려온다. '구름의 구성 성분인 미세물방울이 초기 상태에
머물러 있는' 옅은 안개와는 반대로, 짙은 안개는 1킬로미터 미만의
매우 협소한 가시거리만을 허락한다.

그 둘의 성질은 같을지라도 우리의 상상 속에서 구름과 안개는

---

* Catherine Laborde(1951~). 프랑스의 일기예보 해설자, 방송인, 배우, 기자. 작가.

** Jean Vauquelin de la Fresnaye(1536~1607?). 프랑스의 시인. 라틴어로 쓰는 중세의 시
   형식에서 벗어나 순수 프랑스어를 사용한 낭만적 시를 주창했던 16세기 프랑스 르네상
   스 시인 집단 플레야드파의 영향을 받았다. 감성과 자연미를 갖춘 진정한 재능으로 프랑
   스 전원시풍을 일구어낸 선구자 중 한 사람이다.

매우 분명하게 구별된다. 구름이 하늘에 속하는 반면, 안개와 연무는 땅과 물에 연결된다. 흔히 쓰이는 두 가지 표현, 곧 "구름 속에 있다",* "안개 속에 있다"[2]**는 표현이 이 중요한 차이를 공고히 해준다. 몽상가에, 멍할 때가 많고, 그리고(또는) 무한히 열려 있는 다른 공간을 떠도는 시인 같은 인물에, 기준을 잃고 헤매며, 무슨 목표를 지향하고 어디로 가야 할지 갈피를 잡지 못하는 인물이 대비되는 것이다.

풀어진 긴 띠 모양으로 흩어진 구름은, 단조롭게 퍼지기만 해서 별로 사랑받지 못하는 안개와는 반대로, 그 윤곽이 끊임없이 변화한다.

> 하늘과 땅 사이에 꼼짝 않고
> 줄 위에 앉아 있는 곡예사
> 방향을 바꾸다 떨어졌네
> 하늘은 외면하고
> 땅도 밀어내네.[3]

일기예보 지도에서 '안개 낀 분지'들이 위치한 곳을 들여다보면 안개는 영국의 뉴캐슬처럼 일 년에 158일이 안개 낀 날인 발 드 손***이나 샤토시농****뿐만이 아니라, 그것이 정체되어 있는 바다에서부터

---

* être dans les nuages. 프랑스어로 '넋을 잃고 있다'는 의미.
** être dans le brouillard. 프랑스어로 '오리무중이다' 혹은 '뭐가 뭔지 모르다'라는 의미.
*** Val de Saône. 프랑스의 중동부 지역, 손 강이 지나는 앵, 코트도르, 론, 손에루아르 4개 주에 걸친 자연적 분류에 따른 지역명.
**** Château-Chinon. 프랑스 중동부 내륙 부르고뉴 프랑슈콩테 지방 니에브르 주의 도시.

시작하여 전국의 상당 부분에 걸쳐 있다.

　안개는 언제나 항해자들에게 두려움의 대상이었으며 특히 그들이 '적도 무풍대'(대서양 적도 지역의 농무 지대)라 부르는 지구상의 일부 지역에서 더욱 그러했다. '바다 안개'로 불리는 이류 안개移流霧*는, 차가운 해수면 위로 덥고 습한 공기 덩어리가 낮게 깔려 응축되어 생긴다. 조예 깊은 기상학자로서 빅토르 위고는《바다의 노동자 Les Travailleurs de la mer》**에서 '폭풍 전야의 안개'를 관찰하고는 "고르지 않은 특유의 중량감을 지닌 다양한 증기들이 수증기와 결합하여, 안개를 여러 개의 띠 모양으로 나누며 질서 있게 겹쳐지고 있었다"[4]고 적었다. 이 대기 현상을 묘사한 그는 '뒤랑드 호'***승객들이 받은 강한 느낌에 관심을 기울이면서 이 '특별한' 순간을 자세히 기술한다. "태양은 그저 커다란 달과도 같았다. 모두들 몸을 떨고 있었다. (…) 잔물결 하나 없이 잔잔한 바다는 너무 고요해서 냉랭한 위협감마저 감돌고 있었다. (…) 모든 것이 창백하고 파랗게 질려 있었다."[5] 재앙이 임박했던 것이다.

---

* 찬 지표면 위를 따뜻하고 습윤한 공기가 지나갈 때 공기가 이슬점 이하로 냉각되어 지상에 나타나는 안개를 말한다. 예컨대 찬 해수면 위로 습윤한 공기가 지나갈 때 발생하는 바다 안개, 겨울철에 열대 공기가 북쪽으로 진입하여 찬 해수면이나 대륙으로 이동할 때 발생하는 열대 공기 안개, 그리고 해륙풍에 의한 해류풍 안개가 있다.
** 빅토르 위고가 영국령의 건지 섬에 망명하던 시기(1851~1870)인 1866년에 출판된 장편소설. 1820년대의 건지 섬과 그 주변의 바다에서 일어난 일들을 다룬 해양소설이라 할 수도 있지만, 노동자와 관련된 사회적 주제보다는 우주와 인간 영혼의 문제를 상징적으로 다룬 작품으로 보아야 할 것이다.
*** Durande.《바다의 노동자》에 등장하는 난파선.

큰 뇌우가 지나간 뒤 로제르 주의 마르주리드 고원*을 거닐고 있을 때, 처음 보는 하얀 연기가 사방에서 작은 골짜기들 깊숙한 곳으로부터 느리게 올라오는 것을 목격한 적이 있다. 그 지역에서는 이 연기를 '여우들'이라 불렀다. 이 이상한 명칭은 어쩌면 저수지의 물이 빠지는 제방의 구멍을 지칭하는 용어와 비슷한 것일지도 모른다. 극지방에서 '북극해의 연기'[6]라는 이름으로 유명한 이 증기 안개는, 해수면에서 올라오는 따뜻한 수증기로 이루어지고 그 위를 떠도는 차가운 공기 덩어리와 뒤섞인다.

'바로미터 산'이라 할 수 있는 스위스의 필라투스 산은 "날씨가 좋을 땐 모자를 쓰고 비가 올 땐 벗는다".[7] 때때로 '산 위에 끼는 안개'로, 마르주리드 고원에서는 '브뤼미에brumier'라고 불리는 활승滑昇 안개는, 습한 공기 덩어리가 산이나 작은 동산의 사면으로 올라올 때 형성된다. 그것은 사실 땅 위로 기어오르다 순식간에 산을 잠기게 하고 거기에 줄곧 존재하는, '산악지대orographique'[8]의 구름과 관련이 있다. 지표도 빛도 없이 자욱한 안개에 갇힌다면 다음에 나오는 이야기의 남자처럼 고뇌에 사로잡힐 수도 있다. 그는 모친이 "위독하다"는 전보를 받고 오전 11시경 오베르뉴 지방의 랑자크를 떠난다. 어머니를 만나려면 걸어서 30킬로미터를 가야 했다. 오후 3시경, 목적지까지 가려면 아직 세 시간을 더 걸어야 하는데 날씨가 추워지면

---

* 남프랑스 중앙 산악지대Massif central에 있는 고원. 로제르, 캉탈, 오트루아르 주에 면해 있다.

서 "산발적으로 진한 안개가 나타났다". 걱정이 된 그는 여정이 망설여졌다. "시간이 흐르면서 안개는 특히 더 짙어졌다. 잠시 눈이 내리더니 흰색에서 짙은 회색으로 바뀌며, 땅에서 올라온 만큼 그의 주변으로 '떨어지는' 것 같았다. 감각을 마비시키고, 시각, 청각, 촉각을 둔화시키고, 모든 지표를 불확실하거나 덧없는 것으로 만들어버렸다." 결국 안개의 "덫에 걸린" 그는 "작은 숲으로 몸을 피해 금작화로 불을 지펴" 목숨을 구했다. 그의 소원에 따라 이 장소에 '밀짚 십자가Croix de paille'라고 부르는 십자가를 세워, 이곳의 이름을 후대에 남겼다.[9]

또 다른 형태의 안개는, 가장 빈번한 것 중 하나인 복사輻射 안개다. 청명하고 구름이 열기를 머금지 않는 맑은 날 밤, 땅이 냉각되면서 생기는 이 안개는 지표면에 형성되어 가시거리를 다소 심하게 제한하는 편이다. 이는 보통 맑은 날씨를 예보한다. 시골에서는 "안개가 낮게 깔리면 비 각시가 지나가지 않는다"고들 한다. 석양이 하늘을 물들이는 평화로운 순간, 습한 초원 표면에는 요정들의 저녁 춤사위를 따라 뒤얽힌 가벼운 연무 자락이 길게 꼬리를 물며 천천히 올라온다.

아리스토텔레스가 "구름이 물로 액화되고 남은 것"[10]으로 정의한 안개의 성분이 우리의 감수성에 영향을 미치지 않을 리 없다. 1739년 네덜란드의 물리학자 피터르 판 뮈스헨부르크Pieter van Musschenbroek는 "공기는 그것이 땅에 가까워질 때 안개로 덮이며, 때로는 소립자나 다양한 굵기의 작은 물방울로 이루어진다"[11]고 적었다. 디드

프랑스 중남부의 캉탈 지역에 낀 안개. ⓒ Getty Images Bank

로와 달랑베르의 《백과사전》에서는 "증기와, 땅에서 살며시 올라오
거나 공기 중에서 서서히 떨어져 마치 공중에 걸려 있는 것처럼 보
이는 발산물로 구성된 기상 현상의 일종"이라며 안개를 보다 상세
히 기술했다. 19세기까지도 안개는 땅에서 생겨난 증기와 발산물로
구성된다고 생각했다. 백과사전파들은, 냄새가 나쁘지 않은 수분을
함유한 증기로 구성된 안개와, 발산물로 구성되어 "악취를 풍기며
건강에 매우 나쁜" 안개를 분명히 구별 지었다. 18세기 전반에 유효
했던 과학 이론들에 따라 사람들은 "중앙의 불이 작용함에 따라 (지

구는) 계속적으로 발효되고 있다. 이로부터, 발산물의 성질은 지하 세계의 성질에 따라 변화한다"[12]고 생각했다. 시골에서는 늪, 습지의 고목, 수생 식물 등 모든 식물이 썩어가고, 거기에 버려진 동물들의 몸뚱이가 이따금 보태지기도 하여, 건강에 해로운 수많은 장소들이 산재한다. 1797년의 한 기록에서는 해안가의 안개로 인해 생기는 질병이 있었음을 강조하고 있다.

> 정오의 더위 속에서 아직 흩어지지 않은 연안의 연무들이 "태양의 작용에 의해 승화되고" 있다. 그것들은 부패 과정에서 생기는 열의 잠재적 발생 인자인 "부패한 탄산가스"를 배출한다.[13]

식물이나 동물 모두에게 해를 끼치는 안개의 존재에 대한 믿음이, 1618년 앙투안 마니우스Antoine Magnius의 글, 《훌륭한 농부의 달력 *Calendrier des bons laboureurs*》에서 확인되었다.

> 청명한 바오로 성인의 축일*
> 우리에게 복된 한 해를 알리네. (…)
> 짙은 안개가 낀다면
> 사방에 떼죽음의 그림자.

---

* 매년 6월 29일. 이날에는 성 바오로와 로마에서 순교한 성 베드로를 함께 기린다.

1880년대에 사라진 것으로 추정되지만 한때 널리 퍼져 있었던 관념에 따르면, 발산물과 증기 및 연기는 병균을 퍼뜨린다. 그런데 이러한 관념은 정말로 없어진 것일까? 제임스 러브록*은 1990년대 초반에 다음과 같은 글을 썼다.

> 1982년 8월의 둘째 날은 정확히 말해서 해가 나는 날이었으나, 벌판의 전망은 더럽고 짙은 갈색 안개로 완전히 덮여 있었다. 공기는 유럽의 자동차와 트럭 수백만 대가 내뿜는 매연으로 썩어 있었다. 가득 찬 가스가 산들바람에 스며 나왔다. (…) 햇빛을 통해 일어나는 불가피한 화학작용이, 마녀의 수프에서 나오는 듯한 증기를 퍼뜨려 초록빛 나뭇잎들을 죽이고 있었다.[14]

이 마녀들은 과일과 곡식을 망치려고 안개 모양의 독을 퍼뜨리는 것으로 유명하다.[15] "가을 안개는 사람과 동물에게 마찬가지로 해롭다"[16]는 믿음은 《대백과사전La Grande Encyclopédie》**에도 다음과 같이 기술되어 있다. "짙은 안개는 꽃의 수분을 방해하고 포도와 밀이 제때 익지 못하게 한다. (…) 게다가 가을 안개가 지속되면 과일을 손

---

* James Lovelock(1919~). 가이아 이론을 창시한 영국의 화학자, 의학자, 생물물리학자, 대기과학자. 가이아 이론은 지구를 하나의 작은 생명체로 보는 이론으로, 1979년에 출간한 저서 《가이아 : 지구상의 생명을 보는 새로운 관점Gaia : A New Look at Life on Earth》에서 주창되었다.
** 1885~1902년에 프랑스의 편집자 앙리 라미로Henri Lamirault가 간행한 전 31권으로 이루어진 백과사전.

상시켜 질을 떨어뜨린다. (…) 쥐라 산악지대에서는, 잎과 꽃을 죽이는 해로운 안개를 '마니앵magnin'(땜장이)이라 부르며, 남프랑스의 다른 지역에서는 이런 안개를 '네플로스néplos'라 부른다."[17]

땅이나 연못에서 올라오는 김들은 안개와 빈번히 합쳐진다. 폴 세비요는 보고하기를, 바스브르타뉴 지방에서는 "바다 안개를, 연기를 뜻하는 '모지델Mogidel'이라 부른다"[18]고 했다. 연기를 뜻하는 스모크 smoke와 안개를 뜻하는 포그fog에서 유래한 '스모그smog'는 1905년, "그을음이나 연기로 생기는 안개의 상태"를 기술하기 위해 쓰인 말이다. 스모그가 수일간 계속되면 호흡기 문제를 불러일으키거나 심지어 사망에 이르게 하는 등 인체의 건강에 미치는 영향이 위급한 것으로 나타났다. 1952년 12월 4일 런던에서 발생한 대大스모그는 닷새간 지속되어, "이산화황과 매연의 폭증으로 4,000여 명의 사망자를 낳았다"[19] 매년 겨울이면 의사들은 실시간으로, 우리의 머리 위에서 안개가 일종의 뚜껑처럼 형성되어 그 안에서 정체된 습한 공기가 독감과 호흡기 질환을 악화시키고 있음을 확인한다.

오늘날 이러한 기상 현실과 대면한 우리는 안개를 어떻게 인식하고 있을까? 형태를 갖추기를 스스로 거부하는 이 물질 속에서 갈피를 잡지 못한 나에게는 하나의 확실한 버팀목이 필요했으며, 그로부터 사방으로 뻗어갈 수 있었다. 이 버팀목의 단단한 핵심은, 전 세대를 아우르는 200여 명의 성인과 파리와 투렌의 근교 초등학생, 유치원생에게 행한 수년간에 걸친 장기간의 조사였다.

안개에 관한 말들

희끄무레하게 흐릿한 빛이 새어 나오는 이 불가사의한 부유 물질을 사람들은 어떻게 인지하고 있는가? 수많은 고정관념 중에서도 안개는 회색이라는 고정관념이 가장 지배적이다. 생기 없는 창백함부터 '적도 무풍대'의 잿빛까지도, 은빛으로 빛나는 안개부터 어렴풋한 여명의 안개까지도 그저 회색빛이 엷어진 채 존속되는 것이다. 이 회색빛에 녹아들어 모두 각각의 특성을 잃는다. 모든 것이 뿌옇게 흩어진다. 라뮈*의 글에서는, 스위스 발레 지방 중앙에 위치한 생마르탱덩오의 주민들에게, "책에 나오는 것처럼" 낮에 해가 나지 않고 "구름 저편의 밤을 넘어 회색빛을 띠는 희미한 무언가가 천천히 퍼지는 상태"[20]가 될 것이라고 예언했다. 투명함은 사라지고 광채도 생기도 없이 다만 어둠이 햇빛을 가로막는 것이다. 검정색과 흰색뿐만이 아니라 다른 모든 색채까지 혼합한 애매하고 모호한 회색은 우울을 낳는다. 해 질 무렵 올라오는 연무의 우윳빛 광채로 말하자면, 고요한 물가에서 튀어나오는 여자 유령, 빨래하는 여인들과 다른 요정들에 관한 수많은 전설의 기원이라고 할 수 있다.

"냄새의 계시자"[21]인 안개는 시야를 가리면서 "냄새를 돋운다". 성인들만 그 냄새를 인지한다. 공장의 연기에서 흘러나오는 위험하고

---

* Charles Ferdinand Ramuz(1878~1947). 프랑스 태생의 스위스 소설가. 자연의 재앙에 맞선 농민들의 이야기를 단순하고 평이한 언어로 그려냈다.

코를 찌르는 악취는 과거의 문학 작품에서 자주 언급되었는데, 이 부정적인 특성들은 이번 조사에서 나타나지 않았다. 도시에서 대기 질을 개선한 것이 거기에 뭔가 작용한 것으로 보인다. 모파상의 작품에 나타난 바다 안개의 특징인 "이상한 냄새"도 전혀 없었다. "육안으로는 보이지 않는 그 짙은 안개 속에" 감싸여 있는 사람이라면, "축축하고 냉랭한 밤을 맛보지 않기 위해 입을 다물어야 하는"[22] "연기나 곰팡이" 냄새도 없었다. "연옥의 환기창에서 흘러나오는 연기"[23]와 "지옥의 냄새가 나는 소름 끼치는 수증기"[24]가 풍기는 눈는 냄새보다는 덜 기묘했다. 이 시대에는 안개가 "신선한" 냄새, "살아 숨 쉬는 땅"과 "부식토"의 향기를 풍기며, 이것은 물론 여자들이 남자들보다 조금 더 민감하게 느낀다.

재미있는 사실은, 우리들 중 많은 수가 안개를 어떤 순간보다는 어떤 장소, 특정 나라──스코틀랜드와 그곳의 유령이 나오는 성, 영국과 런던의 안개──에 더욱 연결 지어 생각한다는 것이다. 심한 온도 변화를 기록하는 하루 중 어떤 순간들, 특히 새벽이나 석양 무렵 혹은 계절적으로는 일 년 중 봄과 가을이 안개의 형성에 적절하다. 이러한 시기들은 일종의 통로, 두 세계 사이에 떠 있는 공간을 이룬다. 보들레르가 "잠 오는 계절"이라 부른 가을은 여름의 열기와 겨울의 얼음장 같은 추위 사이에서, 태양이 빛나는 낮의 경쾌함과 잿빛 구름 낀 날의 침울함 사이를 오간다.

안개가 등장하는 문학 작품으로는 어떤 것이 있을까 궁금해져서 조사 과정에서 이에 관해 질문했더니, 만장일치로 윌리엄 셰익스피어William Shakespeare의 비극들을 꼽았다. 그런데 거기서 유령들이 수차례 등장할 때도, 안개는 거의 나오지 않았다. 거의 무의식적으로 튀어나온 제목들로는《바스커빌 가문의 개*The Hound of the Baskervilles*》* 등이 있고, 특히《대장 몬느*Le Grand Meaulnes*》**는 독특한 경우로 보였다. 이 작품에서 '안개'라는 단어는 단 한 차례 나왔고, '연무'라는 용어는 단순히 날씨를 묘사할 때 단 여섯 차례 언급되었을 뿐이다. 연무도, 안개도 외딴 성에서 열린 이상한 연회의 배경이 된 적은 없다! 《대장 몬느》의 애수를 띤 분위기, 셰익스피어 희곡의 비극적인 분위기는, 우리로 하여금 이렇게 안개가 물결치는 장면들을 후광으로 장식하도록 부추긴다. 우리의 상상력에서 튀어나온 안개다.

양면성을 지닌 안개는, 같은 사람에게서 '쾌적하게도' '불쾌하게도' 느껴질 것이다. 대다수의 사람들에게는 위험하고 차갑고 습한 것으로 느껴지기도 할 것이다. '안개 속을 헤엄치다', '안개 속에 빠지다', '안개에 잠긴', '안개 속에서 갈피를 잡지 못하다' 등과 같은, 은유적인 의미에서 흔히 쓰이는 표현 몇 가지는, 공기와 물의 혼합 속에서 물의 우위를 강조한다. 안개의 습기는 모든 세대가 느꼈다. 62세의 한 성인은 "연무 속에서는 감기에 걸린다"라고 썼다. "연무

---

* 영국의 추리소설가 아서 코난 도일Arthur Conan Doyle(1859~1930)의 1902년 작. 음울하고 황량한 안개 낀 황야를 배경으로 기괴한 사건이 벌어지는 이 소설은 셜록 홈스 시리즈 중 가장 인기가 높고 작가의 최고 걸작이자 불멸의 고전 추리소설로 손꼽는다.
** 프랑스의 소설가 알랭 푸르니에Alain Fournier(1886~1914)의 1913년 작 소설. 작가는 청춘의 모험과 사랑을 그린 이 소설을 남기고 이듬해 1차 세계대전 전장에서 28세의 젊은 나이로 전사한다.

속에서는 모든 것이 감기에 걸리고, 안개 속에서는 모든 것이 야릇하다"라고 한 36세의 또 다른 사람이 쓴 글에서 같은 생각이 반복된다. 어떤 11세 소년은 "연무는 감기에 걸리게 하지만 안개는 완전 예술이다!"라고 썼다. 18세기 초반에 드 캘뤼스*는 안개 왕과 빛나 공주님의 결혼식에서 어떤 일이 일어났는지 이야기해주었는데, "안개들이 모두 엄청난 습기를 퍼뜨렸기 때문에 궁정 전체가 감기에 걸렸고", 왕은 하객들에게 "방수포와 모피로 안을 댄 외투"를 제공해야만 했다고 한다.[25] 이것은 결코 꾸며낸 이야기라고 할 수만은 없다!

이 '알 수 없고', '낯설고', '돌발적이고', '신기한' 자연현상에는 신비감이 제일 크고 훌륭한 몫을 차지한다. 감각적 지각에 작용하는 안개는 개인을 불안하게 하여 '슬픔'에 잠기게 하고, '세계의 기원'과, 이 '불가해한' 자연현상과 연결된 '케케묵은 두려움'에 사로잡히게 한다. 많은 사람에게 그것은 '함정'이고 '거대한 미로'다. 그 그물에 한번 걸리면 이 일시적인 물질 속의 출구를 어떻게 더듬어 찾을 수 있을 것인가? 《안개Le Brouillard》라는 소설의 주인공 이지도르 뒤발이 그러한 일을 경험한다. 도시를 둘러싸고 절대 걷히지 않는 "짙고 끈적끈적하며 축축한"[26] 안개 속에 갇힌 그는 그 그물 속에 빠져 죽는다. 도처에 스며드는 안개는 '고립시키고', '은폐하며', '숨 막히게 한다'. 특유의 생명력을 지닌 심술궂은 정령은 안개 속에서 길 잃

---

* Anne-Claude Philippe de Caylus(1692~1765). 프랑스의 고고학자, 골동품상, 문인, 판화가.

은 자들을 없애고 '빨아들인다'.

매몰의 장소로 보이는 연무는 많은 작가에게 영감을 주었다. 뜨거운 땅에서 짙은 안개가 올라올 때, 모파상의 단편소설 《물 위에서Sur l'eau》의 화자는 모든 것에서 단절된 채 "조금씩 물 위에 낮게 깔리며 매우 짙고 하얀 안개로 뒤덮이는" 강물을 바라본다. 그는 계속 바라본다. "강물도, 내 발도, 배도 더 이상 보이지 않고, 갈대밭의 윗부분만 보였다. 더 멀리로는, 달빛에 몹시 창백해진 들판이 보였다. (…) 나는 독특한 흰색 면보 속에 허리까지 매몰된 것처럼 보였다."[27] 모든 것이 멈추고 시간은 정지되어, 그 순간이 영원할 것 같았다. 라뮈는 이번엔 산을 배경으로 《안개 속에서 길 잃은 남자L'Homme perdu dans le brouillard》에서 같은 경험을 묘사한다.

> 이상한 기운이 엄습하더니 추워졌다. 마치 내가 지상에서 사라져 세상 밖에 있는 기분이었다. 죽음의 시간에 도달한 것처럼 나는, 나와 함께 혼자였다. (…) 그 무엇에도 매여 있지 않은 것만 같았다.[28]

모든 것에서 단절되고, 방향을 잃고, 불안해지고, 소속감을 잃은 각자는 운명에 몸을 맡긴 채 혼자가 된다. 어둠, 막연함, 불확실함이 공포와 연결되어 종국에는 죽음에 대한 공포에까지 이어진다. 자동차 사고, 산에서 길을 잃었던 일처럼 개인적으로 불안을 경험한 일에 관한 추억들이 안개의 불길한 측면을 확인한다. 안개를 곧장 죽음과 연결 짓고 그것에 대한 두려움을 표명하는 것은 보통 남자들의 속성이다. 여성들의 경우에 그러한 성향은 역전된다. 여성들은 안개를 "말랑말랑한 고치" 같다고 평한다. "우리 주위를 감싸는 손처럼", '휴식'과 '평화', '고요'와 평온을 맛볼 줄 아는 이들을 감싸기 때문이다. 여성들의 생각은 움베르토 에코Umberto Eco의 생각과 일치한다.

> 안개는 좋은 것이며, 안개는 그것을 알고 사랑하는 사람들에게 충실하게 보상해준다. 안개 속을 걷는 것이, 등산화를 신고 눈을 짓밟으며 걷는 것보다 바람직한데, 안개는 하체뿐 아니라 상체의 원기까지 회복시켜주기 때문이며, 더럽혀지거나 파괴되지도 않고 우리 주위를 다정하게 흐르다가 우리가 지나가고 나면 다시 합쳐지고, 강렬하고 건강한 향기로 우리의 폐를 채우고, 뺨을 쓰다듬고 옷깃과 턱 사이 살갗이 쓰릿하게 지나가는데, 가까이 다가가면 사라져버리는 유령 같은 모습을 얼핏 보여주기도 하고, 분명 헛것이 아닌 어떤 실루엣이 불쑥 튀어나왔다 무로 사라져버리는 모습을 코앞에서 보여주기도 하는 것이다. 우리는 안개 속에서, 바깥 세계로부터 안전하게 보호받으며 양심의 소리와 얼굴을 맞대게 된다.[29]

이 같은 감수성에 메아리를 울리는, 조사 대상자였던 아일랜드 여성의 말이 눈길을 끈다. 그녀는 자신의 회화 작업에 관하여 이렇게 말했다. "나는 안개 속에서 색채와 형태를 봅니다. 나는 안개 속에 혼자 있고, 세상은 그 바깥에 있으며, 나는 그 안에서 고요해집니다. 깨끗하지요. 모순적이라는 건 알지만 안개는 내 생각, 아이디어, 마음을 명징하게 만들어줍니다. 이렇게 해서 다음 작품을 위한 구상을 얻어내지요." 안개와 더불어 연무에도, 보고 싶지 않은 것을 옅게 만들거나 지워버리는 '수정펜' 같은 능력이 부여된다. 공기 중에서 빛나는 연무는, 지나치게 분명한 윤곽들을 흐리게 만들어 풍경을 미화하는 힘, 몽환적이고 시적인 힘을 갖고 있음을 압도적인 다수가 인정했다. 그것은 동이 트는 순간처럼, '따뜻함', 부드러움, 빛에 대한 희망, '열리는 어떤 것'이 될 수도 있다.

안개 너머

유희 능력을 갖춘 안개는 "아직 형태들이 서로 구별되지 않았을 때나, 옛 형태가 사라지고 아직 새로운 형태가 뚜렷이 자리 잡지 못했을 때"[30] 새로운 세상을 향해 열린다. '이상한 것들', '낯선 것들', 그 풍경, 연못가의 버드나무, 날갯짓하며 도망치는 새는 안개 속에서 변신한다.

형태도 없고, 얼굴도 없는,
색깔도 없고, 눈도 없는,
저기 안개의 먼 바다를
지나가는 것은 무엇인가?
야생의 심장을 가진

동물인가

나무의 영혼인가

아니면

유령들이 배회하는

이 미지의 세계

짙은 연무 속에서

느닷없이 나 때문에 놀란

나의 그림자,

나의 분신인가?[31]

빛이 없으면 사람들은 깊이에 대한 감각을 잃는다. 형태와 수상한 그림자, 알 수 없는 것들을 더 이상 구분하지 못한다. 불확실성이 안개의 장막 이면에서 펼쳐지는 모든 것을 지배한다. 1850년대 무렵에 존 러스킨John Ruskin은 "미지의 형태라는 것은 없다 해도, 모든 형태는 정체를 드러내지 않는다"[32]라고 썼다.

심란하고 슬프고 음울하고 음흉한 '괴기 영화'의 배경인 안개는, 오랫동안 집단적 상상력에 영향을 미침으로써 유령들이 특히 좋아하는 영역이었다. 안개는 유령 자체가 되거나, 유령의 출현에 앞서 나타나 유령의 주변을 에워싼다. 죽음의 수용소에서 도망친 한 여성은 이렇게 증언했다. "나는 1945년 아우슈비츠를 떠났다. 날씨는 아주 춥고 습했고, 나는 몹시 고요하고 짙은 안개에 둘러싸였다. 내 주변에 수천 명의 영혼이 있는 것 같았다. 맹세코 나는 안개의 침묵 속에서 그 영혼들이 우는 소리를 들었다."[33]

아리스토텔레스는 이미, "사람들을 공포로 떨게 만드는 초상화를 공중에 그리는, 엷거나 짙은 증기"[34]에 의해 생겨나는 효과를 강조했다. 16세기의 전환기에 피에르 르 루아예* 또한 《유령의 서書 Livre des spectres》에서, 천사와 악마는 공기로 만들어졌을 것이며, 그래서 그들의 출현과 사라짐을 용이하게 한다는 믿음에 대해 이야기했다.

> 그러나 그것은 있을 법한 일이며 그렇게들 믿고 있는 것이, 그들은 오히려 공기로 된 몸을 갖고 있어 몸을 부풀려 땅에서 올라오는 증기를 만들며, 바람이 구름을 움직이듯이 자기들 마음대로 몸을 돌리고 움직이고, 증기에 불과한 것이니만큼 원할 때는 그 몸을 사라지게 할 수도 있다.[35]

가벼운 성질을 지닌 떠도는 영혼들은 하늘과 땅 사이에서 연무 모양으로 떠다니며, 종종 색깔과 농도를 거기서 끌어온다.

이러한 유령들의 출현은, '연무brume'(1265)라는 단어가 지닌 뜻밖의 어원, 즉 '일 년 중 낮이 가장 짧은 날'이라는 의미의 라틴어

---

* Pierre Le Loyer(1550~1634). 프랑스의 귀신 연구가. 법학을 공부하여 앙제의 상급재판소에서 왕의 고문역을 맡기도 했으나 히브리어, 칼데아어, 아랍어 등 동방의 언어에 관심이 많아 공부에 전념했다. 희곡을 쓰기도 하여 당시 유럽에서 가장 오래된 문학회의 상을 받았다.

'bruma'와 연관이 있는 것일까? 태양의 고도가 가장 낮은 동지冬至를 두고 사람들은 일 년 중 산 자들의 세계와 죽은 자들의 세계가 서로 소통하는 날이라 생각했다. 해가 바뀔 때쯤 산 자들 곁으로 죽은 자들이 돌아온다는 이러한 믿음은 여러 사회에 존재했다. 연무brume라는 단어가 민간신앙에서 풍년의 시기를 지칭하는 반면, 'brouiller'(혼합하다)라는 동사에서 파생된 'brouillard'(안개)라는 단어는, 이상하게도 액체 물질인 'bouillon'(수프)과 연결되면서 일시적이거나 지속적으로 혼란스럽고 동요하는 상태를 암시한다. 프랑스어에서는 독특하게도, 이 안개brouillard라는 단어는 구름nuage이라는 단어와는 마치 아예 다른 언어인 양, 어떤 공통된 어원도 갖고 있지 않다.

종종 침대보나 수의를 휘감고 나타나는 이 유령들은 혹한의 시기에 대지를 보호하는 모든 종류의 직물에 비유되는 안개를 향해 우리를 서서히 데려간다. 가을 밭갈이로 파헤쳐진 대지는 햇빛에 몸을 맡기는데, 햇빛은 대지를 파고들어 비옥하게 만든다. 그리고 나서 이번엔 거꾸로, 대지가 "하늘을 향해 자신의 열기를 주어 안개를 낳는다."[36] 섬유 중에서도 특히 따스하고 부드럽고 편안한 솜을 떠올리는 것은, 비정형의 유연한 물질인 솜뭉치와 닮은 안개의 외형으로 설명될 수 있다.

가볍게 공중에 떠 있는 안개는, 대지와 그곳에 사는 주민들에게 베일을 드리우고 걷어내며 계곡을 에워싸기도, 산을 감쌌다가 벗겨내기도 한다. 우리는 바람에 흩날리며 모양이 이리저리 바뀌어 털뭉치 같은 모양이 되기도 하는 '안개에 싸인 사람'을 보고, '솜 안에 있다'고 표현하는 습관이 있다.* 문학에서는, '솜을 넣은(희미한) 풍경', '털 뭉치 구름', '안개 보자기' 또는 '연무 장막' 같은 표현들이 많다. 노르망디 지방에서는 '대마 뭉치', '안개 털 뭉치', '연무 솜뭉치', '솜 타래 같은 술 장식'같이 안개를 섬유들에 빗댄 표현들이 많다. 산 정상에 씌운 모자에서부터, 하늘에서 나부끼는 '연무 셔츠'[37]를 거쳐, 안개 빛 외투에 이르기까지, 모든 의상이 총동원되었다!

어느 시대에나 연무와 안개는 눈에 보이지 않는 베일을 표현했다. 안개는 이미 고대에 죽은 자들의 눈을 가리는 기능을 수행하며 신들의 영역에 속해 있었다. 헤시오도스의 묘사에 따르면, 헬리콘 산의 뮤즈들이 "두터운 연무에 싸여 밤의 오솔길로 갔다".[38] 베르길리우스는 자신의 글에서 여러 차례, 여신들과 신들을 주름 속에 감추어 보호하는 희미한 베일을 상상해보았다. 복음서의 저자인 마르코는, 산 위에서 구름에 휩싸였던 예수와 세 명의 제자 이야기를 들려준다. "구름 속에서 (…) 한 목소리가 들렸다. '이는 내가 사랑하는 아들이니 그의 말을 들어라!'"[39] 《성경 사전》[40]은 신이 등장하는 거의 모든 장면에 때로는 환하고 때로는 어두운, 신의 거처인 구름이 동반된다고 기록하고 있다.

건널 수 없는 장벽인 안개구름은, 두 세계 사이에 놓인 통로와 같은 장소를, 문턱의 경계를 정한다. 《오디세이아》 11장에서 호메로스

---

* 프랑스어로 '안개에 싸이다embrumer'라는 표현은 '혼란스럽게 하다'라는 의미이며 '솜 안에 있다être dans du coton'라는 표현은 '어려움이나 혼란 속에 있다', '안락한 상태이다', '몽롱한 상태이다' 등 다양한 의미를 지닌다.

는 "땅끝 (…) 저쪽에는 연무와 구름에 싸인, 킴메르인들의 나라와 도시가 있다"고 하여, 땅끝에 틀어박힌 세계, "어두운 연무 속을" 통과해야만 갈 수 있는, 죽은 자들의 왕국으로 들어가는 입구를 암시한다. 헤시오도스는 《신통기》에서 음침한 장소, 안개 낀 타르타로스를 묘사한다. "그 위에는 땅과 불모의 바다의 뿌리가 자라고 있었다. 거기, 거대한 땅 끝엔 거인족의 신들이 곰팡내 나는, 안개 낀 암흑 속에 숨어 있었다."[41]

여기서 안개는, 죽은 이들과 함께 있는 악신들이 갇힌 왕국의 경계를 짓는 국경을 표시한다. 공포감을 불러일으키는 이 사후 세계는 안개의 특성인 습기와 어둠이 지배한다. 역사학자 자크 르 고프 Jacques Le Goff는 연옥에 관한 자신의 연구에서, 이 암울한 이미지와 반대로 켈트족과 게르만족의 신화들은 저세상을 "풍요의 나라, (…) 스포츠에 몰두하고 (…) 고인들을 즐겁게 해줄 여인들이 있는"[42] 혹은 "웃음이 꽃피는" 장소로 만들었다고 밝힌다.[43]

안개는 산문 《랜슬롯Lancelot》*에서 성벽의 모습을 하고 있다. "돌아오지 않는 계곡"이나 "가짜 연인들의 계곡"의 배경에는, 사랑의 약속을 지키지 않은 기사들이 잡혀, "신비한 벽 속에 갇힌다". "김이 나는 것처럼 보이는" 담장의 "벽은 공기처럼 감지하기 어려운 것으로 만들어졌기 때문"이었다. 들어온 통로를 되찾는 것은 불가능했

---

* 중세에 프랑스 작가들을 중심으로 집필되었다고 추정되는, 《성배 이야기》, 《머린 이야기》, 《랜슬롯》, 《성배를 찾아서》, 《아서 왕의 죽음》으로 구성된 아서 왕 이야기 중 하나.

다. 사기꾼들이 이 예측 불허의 대기 현상에 속은 것이다.

그 기원이 중세 어디쯤인《천국을 찾아 떠난 브렌던 성인의 항해 일기 *Le Journal de bord de saint Brendan à la recherche du Paradis*》에서는, 신비한 섬을 찾아 떠난 브렌던 성인과 그의 제자들이, 교리를 전수받을 권리가 없었던 사람들의 눈에는 섬이 보이지 않게 하는 "불투명한 안개"의 벽에 부딪힌다. 그들이 목적지에 다가서자 검은 연무가 "금박을 입힌 하얀 연무로 변해 그들을 에워싸며 추위를 몰고 왔다."[44] 며칠 동안 사투를 벌인 끝에 어두운 장막 가운데서 순백의 산이 나타난다. "너무도 순수하고 투명한 수정 성벽 너머로 금빛 제단이 보였다." 이 연무 벽의 모티브는 그리스도교 세계에서 계속되고 있으며 오늘날까지도 여러 작가들에 의해 반복적으로 사용되고 있다. 미국의 공상과학물 작가 매리언 짐머 브래들리Marion Zimmer Bradley는《아발론의 여인들 *Lady of Avalon*》이라는 작품에서, 아발론 섬이 "언제나 연보랏빛 연무에" 싸여 있어서 "교리를 전수받은 자들을 제외한 나머지 인간들의 눈에는 보이지 않았다"라고 묘사했다.

오늘날에도 안개는 여전히 보호자의 역할을 지니고 있을까? 우리는 도둑에게서 자신을 보호하기 위해 안개를 동원하기도 한다. 경보음이 작동한 후 연기를 퍼뜨려 모든 사물이 보이지 않게 하는데는 몇 초면 충분하다. 안개는 예전에는 신성한 영역에 속하는 신들이나 신성한 장소들을 숨기더니 이제는 금고의 수준으로 전락한 것이다!

안개, 자유의 공간

사람들의 시선과 신의 눈길을 막아주는 안개의 물결이 출렁일 때, "어둠은 우리를 타인과 우리 자신의 감시로부터 벗어나게 해주었고 (…) 양심이나 두려움 때문에 참는 행동을 하기에 환한 대낮보다 적합하다".[45] 그렇게 모든 일이 일어날 수 있는 자유의 공간이 열리는 것이다.

추리소설, 환상동화, 또는 공상과학소설 작가들의 펜 끝에서는 강간범들과 살인자들이 안개 속을 자주 드나든다. 앙리 푸라*가 쓴《산중의 가스파르Gaspard des montagnes》(1931)의 주인공에게 "산중의 안개 낀 날씨는 (…) 자유, 야성을 의미"하며, 약탈자들이 악행을 저지르기 위해 선택한 날씨다. 그것은 또한, 메리 웨브**의 소설《커다란 저주Precious Bane》(1924)에서처럼 자신의 죽음을 스스로 결정하며 운명에 대항할 자유를 갖는 시간이기도 하다. 이야기의 결말에 이르러, 제데온 산의 아이를 임신한 젠시스 비길디는 모두에게서 버림받고 집 근처의 연못에 빠져 자살한다. 이에 가슴을 치며 후회하던 제데온은 연무 사이를 뚫고 올라오는 젠시스의 노랫소리를 들으며, 자신의 눈앞에서 "하얀 털실 뭉치 같은 것이 띠 모양으로 점점 커지더

---

* Henri Pourrat(1887~1959). 프랑스의 작가, 민족학자. 특히 오베르뉴 지방의 구비문학 연구에 몰두했으며,《산중의 가스파르》로 아카데미 프랑세즈 그랑프리를 수상했다.
** Mary Webb(1881~1927). 영국의 소설가, 시인. 주로 자신이 살았던 슈롭셔의 전원을 배경으로 강인하고 신비로운 인물이 등장하는 소설을 썼으며,《커다란 저주》로 1925년 페미나 상Prix Fémina Vie Heureuse을 수상했다.

니 연못 한가운데를 향해 큰 덩어리로 모여 엉키는 것을 본다. (…) 공중에는 한 여자의 형상이 떠 있었다". 어느 날 저녁, 이번에는 그가 사라지더니 물에 빠져 죽는다. "털 이불 같은 안개 속에 혼자" 남은 그의 누이는 "침대 위에서 죽은 것도 사고로 죽은 것도 아닌, 자기 의지로 안개 속으로 들어가 사라진 이상한 사건이었다. (…) 그에게는 '자유의 공간'이 필요했었다"[46]며 자기 형제의 죽음을 회상한다. 안개가 한 공간을 완전히 변모시켜서, 그 안에서는 문명화된 도덕 세계의 관습적 법칙들이 파괴된다.

보리스 비앙Boris Vian은 〈사랑은 장님L'amour est aveugle〉(1949)이라는 단편소설에서 술기운과 안개의 취기를 연결시켜 한 남자의 오해에 관해 이야기한다. 긴 잠에서 깨어난 오르베르 라퇴르은, 안개가 모든 것을 뒤덮고 있었기 때문에 자신이 장님이 되었다고 생각한다. 그는 실명의 원인을 알아내고자 벌거벗은 채 도시를 활보하다가 우연히 마주친 여자를 대담하게 농락한다. 그러나 안개는 절대 지속되지 않는다! 그런데 "안개가 걷히고 나서도 (…) 인생은 행복하게 지속될 수 있었다. 모든 사람의 눈이 멀어 있었기 때문이다"[47] 결국 사람은 자기 양심만 속일 수 있다면, 타인의 시선이 없는 곳에서 자유롭게, 아무 제약 없이 모든 금지된 쾌락에 투신할 수도 있다는 이야기다.

토머스 하디Thomas Hardy 소설 《더버빌 가문의 테스Tess of The D'Ubervilles》(1891)의 주인공 알렉 더버빌은, "모든 것을 감추는" 안개를 이용해야겠다고 생각하여 테스라는 이름의 젊은 여인을 데리고 숲 속에서 길을 잃는다. 걱정스러워하는 여자 앞에서 길을 찾으려고 애를 쓰다가 "그는 나무 사이에 짙게 드리워진 안개 속으로 깊이 들어간다". 그러나 아무것도 찾지 못한 채 좀 전에 있었던 장소로 되돌아오는데,

> 그러나 달은 저물고, 게다가 안개 때문에 숲은 깊은 어둠에 싸였다. (…)
> "테스!" 더버빌이 소리쳤다.
> 답이 없었다. 어둠이 너무 깊어서 발아래로 희미하게 보이는 희끄무레한 낙엽을 빼고는 아무것도 보이질 않았다.[48]

그러고는 일어날 것이 일어나고야 말았다.

어떤 공상과학 이야기에서는, 한밤에 신문사 사무실에서 전 세계로부터 들어오는 속보를 기다리는 두 신문기자의 이야기를 전한다. 미지의 도시에서 들어오는 전문이 그들의 주의를 끈다. "세비코, 9월 16일——인류 역사상 가장 진한 안개가 어제 16시부터 도시를 감싸고 있음." 그러고 나서 더 위급한 제2신이 전해진다. 도시는 완전히 암흑 속에 잠겼다. "구역질 나는 악취"도 보고되었다. 그 지역의 성당 관리인에 따르면, "연무 귀신" 모양의 이 이상한 안개는 "묘지에서 시작된" 것으로 보였다. 마지막 소식은 안개가 생물체가 되었다는 것이었다. 남자들과 여자들이 땅 위에 "배를 깔고 누웠소. 연무의 그림자가 그들을 부드럽게 어루만졌지요. 그 그림자들이 사람들 곁

에 무릎을 꿇더니, 그러고는… 아니, 난 차마 말하지 못하겠소!"[49]

강간과 살인은 대부분의 경우에 교육이나 종교의 강압에 의해 억제되지만 한번 안개에 휩싸이면 아무런 규제 없이 표출되는, 충동에 따른 위법 행위다.

안개, 창의력의 근원

안개가 금기에 대한 도전만을 가능케 하는 것은 아니다. 솜뭉치에 감싸여 공격에서 보호되고 외부 세계에는 눈이 가려진 채, 우리는 각자 내면의 세계로부터 자신만의 예술 작품을 상상하고 창작할 수 있다. 오스카 와일드Oscar Wilde에 따르면, 이 예술은 세상만사를 "탄생시킨다". 그는 안개에 대한 자신의 생각을 이렇게 밝혔다. "요즘엔 사람들이, 거기에 안개가 있기 때문이 아니라 화가들과 시인들이 그것이 내는 효과의 신비한 매력을 알려주었기 때문에 안개를 본다. 분명 런던에는 몇 세기 동안 안개가 끼어 있었을 것이다. 이는 극히 있을 법한 일이지만 아무도 안개를 보지 않았으므로 우리는 그것에 대해 아는 바가 전혀 없다."[50] 우리에게는, 안개를 통해 열린 창작의 공간과 그것이 상상력에 미친 작용이 그 미학적 기능보다 더욱 소중하다. 카스파르 다비드 프리드리히는 "안개에 싸인 풍경은 더욱 광활해 보이고 상상력을 북돋우며 기대감을 증폭시킨다. 베일에 가려진 소녀와 흡사하다"라고 썼다.

화가에서 사진가에 이르기까지, 작가에서 영화감독에 이르기까지, 안개와 그 효과에 관심을 가졌던 예술가들은 많다. 안개에 관심을 가진 것은 서양에서는 18세기 말부터이고, 중국에서는 훨씬 오래되었다. 가시적 세계의 중단은 몽환적 이미지의 생성을 조장한다. 파란 하늘에 경쾌하게 펼쳐져서 계곡 사이에 걸쳐 있는 구름의 그림자가 드리우고, 옅은 안개가 긴 풍경 앞에서 꿈꾸는 것, 석양이 질 무렵에 긴 금발의 엘프(공기의 요정)들이 안개를 후광으로, 이끼 낀 빈터에서 춤추는 모습을 상상하는 것, 오스카 와일드가 〈거짓의 종말 The Decay of Lying〉[에세이 모음집 《의향Intentions》(1891)에 수록]에서 쓴 것처럼 "이 근사한, 야수 같은 안개가 우리가 다니는 길 위에 슬며시 퍼지는 광경을" 바라보는 것 등은, 착각을 일으키는 눈속임꾼인 안개와 숨바꼭질 놀이를 하는 것이다… 눈앞에 펼쳐졌었지만 이제는 존재하지 않는 풍경이나 형태를 어떻게 재현할 것인가?

회화에서는 연무와 안개의 출현이 새로운 회화 장르인 풍경화의 발전과 이어진다. 그것이 이탈리아와 플랑드르 화가들의 역사화에서 오래전부터 존재했다면, 프랑스에서는 루소 사상의 시대인 18세기에 와서야 그 독자성을 찾아볼 수 있다. 중국 회화에서는 8세기부터 11세기까지 황금기를 누렸다. 중국 화가들은 두루마리 화폭에다 연무를 표현하면서 무엇을 추구했을까? 연무는 끊임없이 변모하면서 줄곧 스스로를 해독解讀하는 신비한 공간인가? 생명의 생동감에 이끌려 흰색의 공간을 그려내며 붓질을 멈추지 않는 것, 그리는 대상과 하나가 되는 것, 그것이 중국 문인화의 자세다. "아침의 연무나

카스파르 다비드 프리드리히, 〈안개〉(1807).

석양에 피어오르는 증기에 싸인 사물들이, 희미하지만 아직은 선명
하고, 그 모두를 이미 하나로 아우르는, 보이지 않는 후광이 깔려 있
는 빛 속에 잠길 때"[51] 산을 그리는 어려움을 여러 개론에서 토로하
고 있다.

　안개에 매료되었던 유럽의 화가들 중에서도 프리드리히, 터너, 푸
젤리Henry Fuseli, 모네, 휘슬러James Abbott McNeill Whistler 같은 이들은
특히 "저녁 연무가 강변을 시詩로 감싸 (…) 키 큰 굴뚝들이 종탑이
되고 밤이면 창고가 궁전이 되는"[52] 순간, 변모하는 세계의 정수를

파악하려 고심하면서 연무에 몰두한 선구자들이다.

프리드리히 작품 세계의 시어詩語인 풍경은 깊은 생각에 잠기는 명상을 허락한다. 19세기 초반, 그는 안개에 싸인 풍경을 수없이 그렸다. 안개는 윤곽이 매우 선명한 전경前景과 하늘을 향해 펼쳐진 신비한 저편의 경계를 이루었다.

나타났다 사라지며 변화하는 안개는 "일련의 놀라운 효과"들을 만들어내는데, 모네는 템스 강의 연무가 모든 사물의 뚜렷한 윤곽을 지워버릴 때 그 효과들을 포착하려 했다. "이 엄청나게 멋진 광경은 고작 5분간 지속될 뿐이오! 미칠 노릇이지!" 그는 1901년 런던에서 아내 알리스에게 보내는 편지에 그렇게 썼다. 그가 작업을 동시에 진행하는 그림이 44개에 달한 적도 있었으니 얼마나 야심찬 도전이었는지 짐작케 한다. 모네의 연구에 근접하여, 일본 조각가 나카야 후지코*는 시시각각 형성되었다가 흩어지는 자연현상에 몰두하여 물, 공기, 바람, 시간을 가지고 유희하며 거기서 나오는 안개로 조각품을 만들어낸 최초의 예술가다. "나는 하나의 무대를 만들어 자연이 거기서 스스로를 표현하게끔 내버려둔다. 나는 안개 조각가이지만 그것을 틀에 끼워 맞추려 하지 않는다"고 작가는 말한다. 작가는 또한, 덧없이 사라지는 이 조각품은 "사람들을 즐겁게 해주고, 그

---

* 中谷芙二子(1933~). 일본의 '안개 조각가'. 처녀작을 1970년 오사카 만국박람회 당시 펩시관에 설치하여 선보인 이래, 세계 각지에서 활동했다. 주로 실외 공간에 인공 안개를 분사하여 그날의 기상에 따라 달라지는 효과에 주목하는 작품을 만드는데, 관람객은 안개를 오감으로 직접 체험하며 감상할 수 있다.

위_ 제임스 애벗 맥닐 휘슬러, 〈회색과 금색의 야상곡, 첼시에 내린 눈〉(1876).

아래_ 제임스 애벗 맥닐 휘슬러, 〈런던의 안개 낀 밤〉(19세기 후반).

위_ 윌리엄 터너, 〈아침 안개 속에서 떠오르는 해, 물고기를 다듬어 파는 어부들〉(1807).

아래_ 클로드 모네, 〈체어링 크로스의 템스 강 풍경〉(1903).

들이 연무 속을 걷게 하고, 정보 사회에서 과도하게 착취당하는 시각 이외의 다른 감각들을 만족시키게 하는 것"이 목적이라며 상세히 설명한다.

여기, 적어도 예술 분야에서는, 그 중개인을 통해 안개에 대한 일종의 '재평가'가 사회적으로 확실히 이루어지고 있지 않은가? 화가, 조각가, 사진가 등의 예술가들은 연무와 안개의 미학적이며 시적인 이미지들에 호소하는 데 반해, 작가들의 세계에서는 우울과 슬픔, 죽음이 더 우세한 이유에 대해 의문을 제기해볼 수도 있겠다.

19세기 전반에 낭만주의는 계몽주의 시대와 결별함으로써 자유를 구현했다. 그것은 자연이라는 바탕 위에 신비와 환상의 정취를 불어넣었다. 안개는 무엇을 만들어내는가? 단순한 환상인가, 아니면 우리가 알지 못하는 어떤 법칙에 따르는 새로운 현실인가? 이러한 딜레마 앞에서, 우리의 의구심은 환상적인 것들에 생명을 불어넣게 된다.

폴 세비요는 모든 성인 대축일*의 배를 회상한다. "누더기 같은 돛을 달고 소리 없이 떠가는 배", "우리가 사라졌다고 생각한" 한 척의 배. 이러한 광경을 보고, 실종된 사람들을 되찾으려 모두들 달려온다. 군중들의 물음에,

　　부드러운 음성으로 답하는 이 아무도 없고
　　슬픔에 잠긴 뱃사람들은

＊　로마 가톨릭교회에서 매년 11월 1일 모든 성인을 기리는 대축일.

갑판 위에서 아무런 움직임이 없네 (…)

그러나 안개에 싸인 교회의 종소리가
새로운 날이 왔음을 알릴 때
배는 연기처럼
물 위에서 영원히 사라져버렸네.

이 배는 하나의 그림자일 뿐
뱃사람들은 암울한 밤에
뻣뻣한 주검으로 돌아와
애도가를 바치네.[53]

모파상이 썼듯이, "과학이 나날이 초자연적 경이의 한계를 후퇴시키며", 그 안에서는 "어둠이 (…) 귀신들이 사라지고 난 이후 밝아진 듯한"[54] 세계에서도 안개는 여전히 할 말이 남아 있다. 그것은 아마도 안개가 영화나 연극에서 무대 장치의 한 요소가 되어야 하는 이유일 것이다. 비현실적이고 신비한 세계의 환경을 재현하는 안개는 '심난하게 낯선' 인상을 일으킨다. 유연하고 비물질적인 안개는 온갖 상상력으로 장식될 수 있다. 이 몽환적인 소재는, 종종 지나치게 힘겨운 현실을 가려준다. 우리에게는 안개가 필요하다고 이스마일 카다레*는 지적한다. 그것은 "이 세상의 모습과 그 안에서 일어나는 일들이 우리 눈과 우리 의식에 엄청난 공포를 불러일으키기 때문"[55]

이다. 폴 아자르[**]는, 전설은 "안개가 껴서 그 빛이 잿빛으로 희미한 하늘 아래서만 돌연히 나타날 수 있으며, 우리는 가장 행복한 날에도 불안과 혼돈의 가치를 안다"[56]고 명확하게 말한다.

안개가 필요한 것은 분명하지만, 그것이 점점 눈에 띄지 않는다면 어디서 찾아볼 것인가? 인구의 75.5퍼센트를 차지하는, 도시 한가운데 사는 사람들이 안개에서 무엇을 느낄까? 2009년의 한 연구는 지난 30년 동안 유럽에서 연무와 안개에 관련된 사고의 수가 감소하고 있음을 보고했다.[57] 파리의 몽수리 기상관측소에서는 지난 10년간 가시거리가 1킬로미터 이하였던 적이 1년에 20시간 정도뿐인 것으로 기록되었다. 이렇게 확인된 사실은 대략 두 가지 원인으로 설명된다. 밤에는 주변의 시골 지역보다 도심의 기온이 덜 내려가고, 습기의 원천도 더 적다. 숲, 잔디, 강과 같이, 대기에 습기를 공급하는 면적이 매우 적다는 의미다. 아스팔트와 콘크리트로 덮이고 건축 공사로 숨이 막힌 땅의 숨결이 표출되기란 어렵다.

알퐁스 도데Alphonse Daudet는 《월요 이야기Contes du lundi》에서 다음처럼 관찰한다. "대도시의 도심에서 안개는 눈보다도 더 오래가지 못한다. 그것은 지붕 사이로 흩어지고 벽으로 흡수된다."[58] 그러나 늘 이런 것은 아니었다. 튀르고의 지도[***]를 보면 18세기에 땅의 성질

---

[*]   Ismaïl Kadaré(1936~). 알바니아의 소설가. 알바니아의 역사와 사회 상황을 반영한 작품으로 유명하며, 노벨 문학상 수상자 후보로서 여러 차례 거론되었다.
[**] Paul Hazard(1878~1944). 프랑스의 비교문학사가, 사상사가, 수필가. 대표작으로 《유럽 양심의 위기(1680~1715)La Crise de la conscience européenne : 1680-1715》가 있다.
[***] 앙시앵 레짐 당시, 파리 시장과 같은 직위(대상인들 가운데 선출된 파리 시의 명사)에 있

보르도 시의 부르스 광장에 설치된 물 거울 ⓒ Getty Images Bank
넓이 3450제곱미터의 평면형 분수. 일정한 시간 간격을 두고 2센티미터 깊이의 물과 2미터 높이
의 안개를 교대로 뿜어낸다.

과 건물의 밀도는 이와 아주 달랐다. 1762년과 1789년 사이에 파리
의 상황은 아마도 "관찰 결과를 모아보면 안개가 매우 빈번했음이
확실하다. 안개가 너무 짙어서 햇불이 보이지 않을 정도였다. 마부
들은 서슴없이 자리에서 내려와 길모퉁이를 손으로 더듬어 전진하

던 미셸 에티엔 튀르고Michel Etienne Turgo의 요청으로 1734년과 1739년 사이에 루
이 브르테Louis Bretez가 작성한 파리 시 지도.

거나 후진했다. 사람들은 서로 보지 못해 어둠 속에서 부딪쳤다. 자기 집으로 들어간다는 것이 옆집으로 들어가기도 했다".[59] 사람들은 그 유명한 파리 캥즈뱅 병원* 맹인들의 도움을 받기도 했다. 이들은 앞을 보지 못해도 파리 시내를 다니는 데 익숙했던 것이다.

현재의 환경에서는 과거보다 줄어든 안개가 여전히 우리의 상상력 속에 자리 잡고 있다. 주로 비유와 은유에 의지하여 글로 옮겨지는 이미지들이 솟아나온다. 이 비유와 은유는 돌발적인 기상 현상과 이미 알려진 어떤 것 사이의 관계를 설정할 필요성을 드러낸다. 서로 다른 문화들의 확산과 사고방식의 진화에도 불구하고, 상투적인 표현들을 피해 세월에 의한 소멸에 저항하며 수세기 전처럼 여전히 울림을 주는 우리의 표현 방식은 더욱 놀랍게 다가온다. 오늘도 어제처럼 귀신이나 섬유에 빗댄 비유 같은 기발한 창조물들이 물질적 현실을 자유자재로 주무른다. 우리가 꿈꾸거나 견뎌내는, 친숙하면서도 멀리 떨어져 있는 안개는 우리의 문화유산에도 이어져 있는 만큼 빛이 보이지 않는 새벽에도 끈기 있게 지속된다.

---

* Hôpital des Quinze-Vingts. 1260년경 루이 9세가 파리에 세운 300명 수용의 맹인 병원.

6

뇌우가
몰아칠 듯한
날씨
—

아누슈카 바작

아누슈카 바작Anouchka Vasak

프랑스문학 조교수. 저서로 《기상학. 계몽주의 시대부터 낭만주의 시대까지의 하늘과 기후에 대한 담론*Météorologies. Discours sur le ciel et le climat des Lumières au romantisme*》(2007)이 있고, 번역서로 영국 기상학자 루크 하워드Luke Howard(1772~1864)의 시론 《구름의 변모에 관하여*Sur les modifications des nuages*》(2012)가 있다. 에르만 출판사의 '메테오S*MétéoS*' 총서를 공동으로 기획하고 있다.

비가 오네, 비가 와, 양치기 소녀야
너의 하얀 양들을 몰아서
가자 나의 초가집으로
양치기 소녀야, 어서 빨리 가자
나뭇잎 우거진 가지 위로 요란하게
빗방울 떨어지는 소리가 들려
여기, 여기, 뇌우가
저기, 번개가 번쩍하네

파브르 데글랑틴,* 1780년

파브르 데글랑틴이 형장으로 실려 가는 수레 위에서 콧노래로 흥

---

* Fabre d'Églantine(1750~1794). 프랑스의 방랑 시인, 배우, 정치가. 유명한 '비가 오네, 비가 와, 양치기 소녀야'는 그의 오페레타에 나오는 대사이다. 그는 프랑스혁명 시기에 자코뱅당에 가입하여 당통Georges Jacques Danton의 측근으로 문필 활동을 하다가 당통주의자들과 함께 처형되었다.

얼거렸다고 알려진 이 노래는, 어쨌든 프랑스인들이 갖고 있던 뇌우에 대한 상상력을 드러내 준다. 시각적이며 청각적이고, 후각적이고 촉각적인 "다감각적"[1] 뇌우는, 매우 한정된 순간에 '여기' 예기치 못한 뇌우와 '저기' 번개 사이에 집약된다. 하지만 이 노래를 아는 이는, 마리 앙투아네트의 목가적인 생활 반경과 양의 우리 너머로 혁명의 뇌우가 몰아치려고 그르렁대는 소리를 이미 들었을까? 어쩌면 본질적으로 프랑스적인 이 상징체계에는 우리가 이야기할 수 있는 하나의 역사가 있다. 그러나 이 상징체계가 현실에서, 그리고 온대 기후의 날씨에 대한 감수성 안에서 느껴지는 뇌우의 강력한 힘을 조명하기에 충분치는 않을 것이다. 폭풍우나 태풍처럼 뇌우는 반드시 자연적인 현상인 것만은 아니다. 그것은 다른 대기 현상보다 더욱 소란스럽고, 수많은 의미로 가득하다. 그것은 확실히, 미치게 만들고 열광시키고 마음을 흔들어놓는 "대기의 광태"(화학자 라부아지에 Antoine Laurent Lavoisier의 표현)를 표출한다. 그럼에도 뇌우가 늘 같은 상징적 가치와 늘 같은 미적 효과를 지녔던 것은 아니다. 그 역사는, 하늘의 신성이 박탈되면서 다른 대기 현상의 역사와 교차한다. 그러나 뇌우는 항상 국지적으로, 파괴적이고 결정적인 것이 될 수도 있는 대혼란을 드러낸다.

뇌우, 폭풍우, 태풍

뇌우orage를 그와 유사한 대기 현상들―― 폭풍우tempête, 태풍 ouragan, 회오리바람trombe, 토네이도tornade, 질풍bourrasque ―― 과 구분 하기에 앞서, 우리는 그 기후학적 정의에 충실히 따르게 될 것이다. 뇌우는 "지상에서 청취 가능한 두 차례의 연속적인 천둥소리로 특 징지어지는 대기 현상"이다. 기후학자인 마르틴 타보는 세계기상기 구WMO의 정의를 상세히 설명하고 있다. "뇌우는, 짧은 섬광(번개) 과 둔탁한 소리(천둥)로 나타나는, 1회 혹은 수회에 걸친 대기 중의 방전으로 정의할 수 있을 것이다."[2] 폭풍우와는 반대로 뇌우는, 국지 적인 대기 현상이다. 뇌우보다는 회오리바람이나 토네이도가 더 국 지적이긴 하다. 그러나 우리는, 뇌우에 대한 우리의 인식은 분명 다 른 대기 현상에 대한 인식과 마찬가지로, 이 국지적인 성격을 부분 적으로 잃었다고도 할 수 있다. 이는 우리에게 최소한의 예보 형식 으로 파노라마를 펼쳐 보이는 신문이나 텔레비전의 기상 일람 지도 때문이다.[3] 이러한 현대적 인식법은 시간성을 퇴색시켰다. 비록 상 대적으로 부정확하긴 해도 뇌우 또한 예보의 대상이 된 것이다. 사 실 농부들에겐 전혀 필요하지 않았던 예보는, 도시나 그 외 지역에 서 개인 또는 공권력이 하늘의 분노에 맞설 준비를 하고 망을 보거 나, 만일의 피해에 대비하게 해줄 수 있었다. 공간적인 면에서는, 뇌 우가 폭풍우와는 다르게 예측이 어렵다고는 해도, 우리는 이제 '뇌 우의 위험'이 자기가 있는 장소를 넘어서는 다른 지리적 공간에서 일어날 수 있음을 모를 수는 없게 되었다. 공기의 이동, 저기압, 고기압권은 그 이후, (지금은 이미 오래된 사실이지만) 기상청의 지도 작성 기호 체계를 통해 '대중'의 눈으로 볼 수 있게 되었다.

거기에서 '뇌우'가 가진 소리의 힘과, 지표들을 흐리게 하는 눈부신 섬광은 다소 수그러든다. 필리프 자크 드 루테르부르*의 그림에 나오는 것처럼 '뇌우에 놀란' 여행자도 옛날보다는 분명 고립감을 덜 느끼게 되었다. "예측 불허의 자연적 표시로서의 뇌우는 여전히 물리적으로 이해하기 어려운 현상으로 남아 있다."[4] 정확히 말해, 국지적이라서 예측할 수 없는 그 성질 때문에 뇌우는 폭풍우만큼 미디어에 오를 대상은 아니라는 것이다. 그런데 마리에 다비**가 '저기압'에 관한 개념[5]을 창안한 덕분에 뇌우는 미디어에 오르게 되어, 그 후 우리의 '정신적 세계'로 통합되었다. 그러나 토네이도나 회오리바람의 형태로 크게 확장되어, 뇌우의 정의를 내리는 주된 특성, 즉 국지적 격렬함이라는 특성이 두드러지게 나타나기도 한다.[6] 그래서 매체들은 그것이 지나간 뒤에 피해 상황을 보여주거나, '주의보'가 내려진 지역을 표시한 일기예보 지도로 뇌우를 재빨리 낚아챈다. 게다가 폭풍우는 뇌우보다 예측하기 쉬우며 보퍼트 풍력 계급***에 따라 사

---

* Philippe-Jacques de Loutherbourg(1740~1812). 프랑스계 영국 화가, 판화가. 1766년 루이 15세의 궁정화가로 임명되었다. 그 후 런던으로 건너가 무대미술 감독으로 활동하며, 기계장치를 동원한 기발한 연극 '에이도푸시콘eidophusikon'을 고안했다.
** Hippolyte Marié-Davy(1820~1893). 프랑스의 과학자, 발명가. 기상학과 전기 분야에 많은 업적을 남겼으며 전지, 잠망경, 새로운 방식의 잠수함 등 유수의 발명품들을 만들어냈다. 1863년에는 파리 천문대의 국제 기상 국장으로 임명되기도 했다.

전에 등급을 규정할 수 있다. 물론 폭풍우 예보의 정확도는 논의를, 더 나아가서는 논쟁을 요한다. 프랑스 기상청이 충분히 예견하지 못했다는, 1999년에 몰아친 폭풍우 로타르Lothar와 마르탱Martin의 경우가 그러했다. 그래서 "미디어의 예보가 없는 폭풍우는 존재하지 않는 폭풍우다".[7] 뇌우의 경우는, 그 또한 지도로 작성할 수 있다고는 해도 이 경우에 해당되지 않는다. 1788년 7월 13일 두 개의 띠로 뇌우를 표시한 그 유명한 뷔아슈**** 지도가 최초이자 가장 유명한 뇌우 지도이다.

뇌우를 과학적 대상으로 만드는 데 공헌한 이 지도는 또한 뇌우의 매혹적이고도 가공할 측면을 강조하면서, 정복군처럼 퍼져 나가며 경우에 따라 지속되기도 하는 대기 현상으로 뇌우를 규정했다.

폭풍우와는 달리, 뇌우에는 여전히 이름이 없고 앞으로도 없을 것이다. 폭풍우에 이름을 붙이는 최근의 관례는, 폭염은 빈번해졌지만, 예측하기가 극히 어렵고 몹시 국지적인 뇌우는 줄어든 하나의 경향에 서막을 열었다고들 한다. '곧 뇌우가 온다'는 제목의 기사

*** 영국의 해군 제독이자 해양학자 프랜시스 보퍼트Francis Beaufort(1774~1857)가 고안한 것으로, 풍속계가 만들어지기 전에 해상의 풍랑 상태를 기초로 하여 작성된 기준표. 처음에는 파도, 연기, 나무 등으로 바람의 속력을 총 13등급으로 나누어 추정했는데, 각 계급의 풍속은 일정하지 않았다. 그 후 이 계급은 계속적으로 보완되었고, 현재의 풍력 계급은 1964년에 개정된 것으로 계급 13 이상이 삭제됨에 따라, 계급 12에 해당하는 풍속에 상한이 없어졌다.

**** Jean-Nicolas Buache(1741~1825). 프랑스의 지리학자. 1770년 프랑스 과학 학술원의 회원으로 선출되었고 루이 16세의 명에 따라 프랑스 대법관 재판 관할 구역의 지도를 작성했다. '궁정 수석지리학자'라는 칭호를 지녔던 마지막 지리학자다. 제임스 쿡James Cook 선장의 크리스마스 섬 발견에 관한 논문 등 많은 논문을 남겼다.

필리프 자크 드 루테르부르, 〈뇌우 속의 마차〉(1795년경).

처럼 종종 그것을 의인화한 기사는 먼저 당도하는데도, 이 현상은
이름도 붙여지지 않고 늘 정확히 정의하기 어려운 채로 남아 있다.
1800년 라마르크*는 1788년 7월 13일의 뇌우를 태풍으로 새로이 규
정하자는 제안을 하지 않았던가?

이 뇌우가, 그것이 통과한 거의 전 지역에 걸쳐 일으킨 맹렬한 강풍

---

* Jean-Baptiste de Lamarck(1744~1829). 프랑스의 생물학자, 자연주의자. 19세기 초반
무척추동물의 분류를 시행하여 동물의 80퍼센트를 재편성했다. 생물을 연구하는 학문
을 '생물학'이라 칭한 선구적 학자 중 한 사람이기도 하다. 19세기 후반 일부 프랑스 생
물학자들은 라마르크의 이론과 다윈의 이론을 접목시켜 진화를 설명하고자 시도했다.

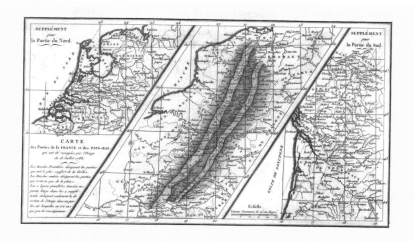

〈뷔아슈 지도〉(《과학 학술원 논문집Mémoires de l'Académie des sciences》에 수록, 1790).

은, 정확히 **태풍**이라는 이름이 적용될 수 있는 강풍의 성격을 띤다. 엄밀한 의미에서의 태풍은 사실, **뇌우**라 불리는 기상 현상이 변형된 형태들 중 하나일 뿐이다. 태풍은 결국 천둥보다는 바람이 더 분명히 드러나는 일종의 뇌우이며, 이 바람은 물론 '뇌운'에서 불어오는 것이다. 분명 뇌우를 지칭하는 'orage'에서 파생된 '**태풍**ouragan'이라는 명칭 또한, 그것 자체로 가장 알맞게 적용된 용례를 보여주는 것이다.[8]

과학 학술원으로부터 르 루아Le Roy, 뷔아슈, 테시에Teissier가 작성한 논문을 완성해달라는 요청을 받은, 1788년 7월 13일의 뇌우에 관한 보고 책임자 몇 사람이 ouragan(태풍)이라는 용어를 사용했다. 역으로, 에마뉘엘 가르니에[*]가 관찰한 바와 같이[9] '폭풍우'라는 단어는 옛날에, 오늘날에는 포기하는 편이 더 나을 다의적인 성격을 지니고 있었다. 이렇듯 1999년의 '폭풍우'는 바람의 힘을 고려한다면 태풍이었다. 풍력 계급 12는 태풍을 말한다. 태풍은 폭풍우인가 아니면 뇌우인가? 이미 살펴보았듯이 라마르크는 태풍을 "뇌우라 불리는 기상 현상이 변형된 형태들 중 하나"로 정의했다. 《트레부 사전 Dictionnaire de Trévoux》[**]은 라마르크 이전에 이미 '뇌우'의 설명을 시작하며 "태풍은 모든 뇌우 중 가장 맹렬한 것"이라 말하지 않았던가? 오늘날에는 개요형(온대 저기압성 폭풍), 중간형(뇌우), 국지형(토네이도, 소용돌이 바람),[10] 이렇게 세 단계로 구분되는 바람의 유형론이 존재한다. 그러나 큰 바람들의 명칭을 국제적으로 통일하지는 못했다. 맹렬한 저기압성 폭풍들을 분류하기가 어렵기 때문에 적절한 어휘를 찾지 못하는 것일까? 아니면, 종종 과학적·정치적 논쟁에서 비롯되는 이 전문용어 이야기는 잠시 접어두어야만 할까?[11] 어쨌든 유럽 언어의 어휘는 이 분야에서 정확하다. 예컨대 영어(thunderstorm/

---

* Emmanuel Garnier. 프랑스의 기후 역사가. 프랑스 국립과학연구센터CNRS 연구부장. 캉 대학교 조교수. '16~20세기 도시 공간과 기후' 연구 책임자이다. 저서로는 공저《드러난 기후Climat à découvert》등이 있다.

** 원제는《프랑스어·라틴어 백과사전Dictionnaire universel français et latin》으로《트레부 소식지Journal de Trévoux》를 내던 예수회의 거점, '트레부Trévoux'라는 지명에서 이름을 따왔다. 예수회의 주도로 발간된 이 사전은 당대 가톨릭교회의 반발을 사던 디드로와 달랑베르의《백과사전》에 대항한다는 의미가 있었다.

storm)와 독일어(Gewitter/Sturm)는 적어도 언어상으로는 뇌우와 폭풍우라는 두 가지 현상을 잘 구분하고 있다.

물론 orage(뇌우)라는 단어와 그 사용법은 프랑스어에서 진화를 거듭했다. 누가 아직도 옛글에서 나오듯이 "비가 내리거나 바람이 불거나 혹은 천둥이 치는 뇌우"[12]라고 말하거나 "번개가 치거나 우박이 쏟아지는 태풍"[13]이라고 말할 것인가? 간단히 폭풍우라는 단어로 대체할 수 없는 이 단어는, 여기서 어느 정도 강도가 있는 저기압성 폭풍을 지칭한다. 그러나 과거의 사전들을 읽어보면 어떤 일반적인 경향이 지속적으로 나타난다. 그것은, 한편으로는 뇌우와 공기의 관계, 다른 한편으로는 '기원에서부터' 기후학적 의미를 동반하는 비유적 의미다. 《학술원 사전Dictionnaire de l'Académie》(1694)의 초판에는 뇌우를, 그 유의어인 폭풍우로 간주하는 것으로 정의했다. "뇌우OR-AGE. 템페스트Tempeste, 격렬한 바람, 일반적으로 오래 지속되지 않는 큰비, 때때로 바람, 우박, 번개와 천둥이 동반됨." 그리고 비유적 의미의 정의가 이어진다. "그것은 비유적으로, 우리를 위협하는 불행을, 공적인 일이나 개인의 재산에 갑자기 들이닥치는 불운을 일컫는다." 매우 논리적이게도 '템페스트'는 "대체로 비, 우박, 번개, 천둥 등과 뒤섞인 맹렬한 바람이 원인이 되는 뇌우, 대기의 격렬한 동요"로 정의된다.

본래의 의미와 비유적 의미의 일정한 성향에도 불구하고 17세기와 18세기의, 퓌르티에르Furetière와 트레부의 사전들, 그리고 《백과사전》에 나타난 뇌우의 정의는 더욱 혼란스럽다. 거기서 뇌우는 이

전의 폭풍우와 같이 정의되고 있는 것이다. 《트레부 사전》을 보자. "뇌우. 공기의 맹렬한 동요, 일반적으로 지속성이 없고, 큰비, 우박, 가끔 천둥과 번개가 동반되는 격렬한 바람." 이 새로운 정의에서는, '큰비'가 뇌우의 유의어가 아니라 뇌우에 '자주 동반되는' 또 다른 대기 현상이라는 것이 관찰된다. 그러나 뇌우에 대한 최초의 정의 (1694)는, 뒤따르는 《학술원 사전》의 개정판들에서 8판(1932~1935) 까지 변화 없이 그대로 반복되게 된다. "보통은 지속성이 거의 없는 저기압성 폭풍으로, 격렬한 바람, 비 또는 우박, 번개 및 천둥과 함께 나타난다." 가장 최근의 판본(1992년에 간행된 9판)에 나타나는 정확한 정의는 "일반적으로 천둥과 심한 강수를 동반하는 번개를 통해 표출되는 저기압성 폭풍"이다. 현대의 비유적 의미로 말하자면, 《학술원 사전》은 8판에 이르러서야 낭만적인 뇌우를 인정했다. 비유적 의미의 뇌우는 특히나 "마음의 평화를 깨뜨리는 것"이다. 최신판에서는, 그 이전의 모든 판본에 나왔던 "갑자기 들이닥치는 불운"이라는 부분을 언급하지 않았다. 비유적 의미는 이제, "마음을 동요시키는 격렬한 변화, 두 사람이나 여러 사람 사이의 화합을 깨뜨리며, 민간의 평화를 위협하는 대립을 일컫는다"라는 설명으로, 뇌우의 정치적인 만큼 심리적인 암시적 의미들을 결집시킨다.

　더구나 어원학은 우리에게, 뇌우의 징조가 좋은 것에서 나쁜 것으로 변화한 역전이 있었음을 알린다. 뇌우란 단어는 《트레부 사전》의 주장에 따르면 "뇌우는 하늘에서 오는 것이기 때문"에, '하늘'이란 뜻의 그리스어 ouranos에서 비롯되었다고 하는데, 실은 '산들바람'을 뜻하는 라틴어 aura, 고대 불어로는 ore에서 비롯되었을 것이다. 사람들이 이 단어를 사용할 때는 '사나운 바람'이란 뜻으로 변하게 된다. 13세기에는 기분 좋은 바람이었던 뇌우가, 그 반대로 '적대적인 바람'[14]으로 바뀐 것이다. 그러나 맹렬하고 해로운 뇌우가 어찌하여 낭만주의 초기에 와서 '대망의' 존재가 되었을까? 어떤 성령의 역사가 그것을 욕망의 대상, 미학의 대상으로 만든 것일까?

계몽주의 시대에 하나의 전환점이 나타났다. 과학이 이론적으로 반反계몽주의와 주술적인 사고를 앞서게 된 것이다. 이 정의상의 전환점은 《백과사전》에서도 보이는데, 여기서는 세 가지 범주를 통해 정의를 내리고 있다. 문법, 자연학, 시가 그것이다. 정의는 그 세기의 관점에서 볼 때 큰 이변 없이 늘 그래왔던 것처럼 《트레부 사전》의 정의에 상당히 근접한다. 뇌우는 "대기의 격렬한 동요로, 비와, 때로는 우박, 번개와 천둥이 동반된다"는 것이다. '동요'——혁명 이전의 여러 가지 갈등을 정의하기도 하는—— 라는 독특한 개념을 기초로 한 '자연학'이, 뇌우의 표출과 거기서 변형된 형태들에 관한 당대의 과학 전반을 펼쳐낸다. 그러나 이제 이성이 접근할 수 있게 된 이 대기 현상의 미학이 나타난 것은, 드 조쿠르 기사가 작성한 부분인 '시詩에 나타난 뇌우'에서다.

시에서 뇌우는 "일반적으로 지속성이 거의 없으나 격렬한 바람과 때때로 우박, 번개와 천둥이 동반되는 큰비"다. 뇌우의 미학에 속하는 것은 그다음에 따라온다. 우리는 여기에서 분명 18세기 후반 독일의 문학 운동 '질풍노도Sturm und Drang'의 시작과, 디드로의 《극시론*Discours sur la poésie dramatique*》(1758)에 나오는 유명한 구절들이 일으킨 반향을 알아차리게 될 것이다. 이 철학자는 "자연은 엄청나고 야만스럽고 거친 무언가를 원한다"라고 썼다. 뇌우와 폭풍우의 미학은——여기에서는 그 둘을 묶어야 하기 때문에——톰슨의 농부를, 말 그대로 '벼락 화살'[15] 위에 남긴다.* 드 조쿠르는 톰슨의 글을 이렇게 소개한다. "독자는 여기서, 톰슨 선생이 영국의 섬 지역에 내리는 가을 뇌우를 묘사한 글을 읽으며 휴식을 취하는 것이 편안할지도 모르겠다. 그것은 시와 인간적 감성으로 가득한 한 폭의 그림이다."[16] 계몽주의는 뇌우에 대한 주술적 사고를 미학적 지각으로 대체한 것일까? 이는 그리 확실하지는 않다…

개와 늑대 사이**

폭풍우의 경우와 마찬가지로, 뇌우에 관련된 증언들은 마르탱 드 라 수디에르가 폭풍우 클라우스***에 대해 사용한 용어를 재사

---

* 스코틀랜드 출신의 시인 제임스 톰슨James Thompson(1700~1748)의 산문 시집《사계절*The Seasons*》중 〈가을〉편 참조. 가을 추수를 앞둔 농부가 폭풍우를 만나 곡식과 가축을 잃고 도탄에 빠졌으니, 그의 수고로 편안하게 살아온 영주에게 불행한 농부를 위로하고 구제하기를 권유하는 내용을 담았다.

** entre chien et loup. 이 관용구는 흔히 개와 늑대를 구분할 수 없을 만큼 어두워진 시간, 즉 해 질 무렵이나 해 뜰 무렵을 지칭한다. 여기서는 '애매한 전환기'를 의미하는 것으로 해석한다.

*** Klaus. 2009년 1월 23일에서 25일 사이, 프랑스 남서부, 안도라, 스페인 북부, 이탈리아

용해도 무방한[17] '변함없는 요소'들을 보여준다. 이 증언들 가운데는 현상을 의인화하면서, 뇌우와 맞선 투쟁에 과장된 표현을 사용하여 서사적 차원을 부여하는 것들도 있다. 모든 폭풍우는 마치 그 충격에 마비가 된 것처럼, 그 이전의 폭풍우를 은폐하는 경향을 띤다.[18] 오늘날의 증언들은 모두, 희생자들의 말들을 모으는 미디어의 전유물이 되었고 뇌우와 관련해서도 사정은 마찬가지다. 그러나 여기서 잠시 멈춰, 계몽주의와 이성의 시대라 불리던 시절의 뇌우에 관한 이야기를 살펴보려 한다. 이 증언들, 특히 과학 학술원에서 나온 보고서들은 사실, 당시 탄생 중이던 과학 이론과, 신의 노여움에 직면한 주술적 공포의 잔재 사이에서 어떤 단절을 나타낸다. 우리는 이 두려움들이 시대에 뒤떨어졌다고 생각하지만, 극한의 기후 현상들이 그 두려움들을 일깨우는 일이 오늘날에도 없지 않다. 17세기에 이미 데카르트는 번개로 인해 발생하는 발광 현상에 대한 이성적인 설명을 통해 그 신비를 벗겨보려 했다. 이것이 그의 《기상학Météores》 제7론에서 읽을 수 있는 "폭풍우, 번개, 그리고 공중에서 빛나는 그 밖의 모든 불"이다. 이성적 근거를 세우길 원했던 데카르트가, 스스로 환각에 사로잡힌 듯이 보이는 묘사에 몰두하는 듯했다는 것은 역설적인 일이다. 예컨대 "이 빛들은 한밤중의 고요하고 평온한 시간에 나타나, 한가한 대중들에게 공중에서 싸우는 유령 무리를 연상시

일부를 강타한 이례적인 폭풍. 1999년 이후 최대의 피해를 기록하여 30여 명이 사망하고 수많은 사람이 부상당했으며 랑드 지방 숲의 60퍼센트가 파괴되었다.

킬 만한 구실을 제공한다"와 같은 묘사들이다. 데카르트는 마지막 순간에 이와 같이 결론짓는다. "이것은 이번 논문에 속하지 않는 것으로 보이는데, 공중에서 보이는 모든 것에 대하여, 거기 존재하는 것들을 설명하는 방식과 같은 방식으로 여기서 모든 설명을 끝낸 다음, 그 뒤에 이어지는 논문에서는, 공중에 존재하지는 않으나 거기서 볼 수 있는 모든 것을 말하려고 계획하고 있다."[19]

계몽주의 시대의 뇌우 이야기는 그것이 과학 학술원 회원들의 것일 때도, 뇌우를 신의 분노를 대신 표출하는 괴물 같은 현상으로 표현할 뿐 보다 합리적으로 설명하지는 못하고 있다. 18세기에 가장 기록적인 뇌우로, 다음에서 볼 수 있듯이 그 상징적인 부담감이 특별히 컸던 1788년 7월 13일의 뇌우를 살펴보면, 극적인 묘사에 매우 효과적인 문체상의 어떤 불변의 관계 속에서 다음과 같은 점을 찾아낼 수 있다.

– 의인화 : "이 대리인(바람)은 모든 것을 조종하고, 지배하고, 휩쓸어갔다. 그는 소용돌이치고, 구름을 뒤흔들고, 나무들을 휘게 했다. (…) 깊은 계곡과 언덕과 숲, 큰 강들을 지나갔다."[20] "우박이 유리창을 깨고, 거처 깊숙이 들어와 산산조각이 난 유리들을 흩뿌렸다. 십자형 유리창에 가까이 가지 못할 정도였다."[21] ;

– 수동태의 사용과 열거법 : "모든 것이 묻히고, 으깨지고, 상하고, 뿌리 뽑혔다. 날아간 지붕, 깨진 유리창, 죽거나 다친 암소와 양들."[22] ;

– 비유법, 특히 우박 알갱이의 경우 : "달걀", "껍질에 싸인 아몬드", "개암"[23] "칠면조 알", "직조공의 북"[24] "가지가 무성한 종유석", 또는 "뾰족한 침으로 무장한"[25] 등으로 비유되는──성주 같은 '식

자'들이 종종 그 이해관계자가 되는, 농촌 사회의 특성을 드러내는 수많은 이미지들이다.

어떤 우박 알갱이들은 치수를 재고 무게를 달았으며 "우박이 떨어질 때 회화 아카데미의"[26] 위베르 로베르Hubert Robert가 그림으로 그리기까지 했다. 그러나 오늘날의 미디어라면 앞다투어 보여주려 했을 재앙과 비극의 영상影像은 없이 전문용어로 표현된 언어가 있었지만, 엄청나게 다양한 비유들을 사용하지는 않았다. 의심할 여지 없이, 뇌우와 폭풍우를 극적인 것으로 만드는 것은 언제나 '현재의 관심사'이기 때문이다. 그러나 오늘날에는 권위 있는 학자들을 통해 전달되기보다는 미디어로 유포되는 이러한 담론을, 대혁명 전의 앙시앵 레짐 사회에서는 문학적 지시 대상référent에 결부시키지는 않았던 모양이다. 투르네의 한 주교좌성당 참사원 사제가 쓴 편지는, 성경에서 비롯된 묵시론적 담론과 비극적이고 기술적이며 물리학적이고 의학적인 전문용어 간의 신기한 융합을 보여준다.

공포에 사로잡힌 채 캄캄해진 하늘의 한쪽을 바라보고 있을 때, 동쪽을 향해 있는 들판 위로 작은 **회오리바람**들이 일어나는 것이 보였습니다. 속의 내용물을 빼내는 기구의 소용돌이 모양과 닮아 보이는, 혹은 일종의 **끝이 없는** 나사 같은 형태로 아직 추수하지 않은 곡식들을 뒤흔들고 있었지요. 이렇게 표현해도 될지 모르겠지만, 나는 이런 일종의 **경련** 상태가 두려워 이삼백 걸음밖에 떨어지지 않은 내 밭으로 서둘러 돌아왔습니다.[27]

그 무엇보다도 계몽주의 시대는, 뇌우를 인지하는 데 있어서 "개와 늑대 사이", 즉 과학적 합리성과 종교적이면서도 미적이었던 마력 사이에 놓여 있었다. 에마뉘엘 르 루아 라뒤리*가 자신의 《서기 1000년 이후의 기후사*Histoire du climat depuis l'an mil*》[28]에서 고발한 "순환 주기를 좋아하는 악마"는 계몽주의 시대에 분명히 존재했던 이러한 애매모호한 특성 중 하나다. 1788년 7월 13일의 뇌우를 관찰한 이들은 그것이 일종의 규칙성에 따라 반복되고 있음을 보고한다. "논문의 대상이 되었던 상기 세 차례의 뇌우는 200년마다 발생했음을 여기서 지적하고자 한다. 말하자면, 1186년, 1360년, 1593년, 그리고 마지막으로 1788년에 한 차례씩 발생했다. 하나는 5월에, 둘은 6월과 7월에, 그 세기의 거의 비슷한 기간에 일어났다."[29]

뇌우에 대해 추정되는 규칙성은 산술적인 계산에서 비롯된 사실로 보이며 이때 그것을 순전히 기후적인 사실(봄보다 여름에 뇌우가 더 많다는 사실)로 간주하거나, 또는 그 반대로, 잔류하는 주술적 믿음의 결과로 간주할 수도 있다. 파비앵 로셰는, 계몽주의 시대에 매우 정밀한 접근 방식이었고 뒤이은 19세기에도 여전히 그러했던, 주기성 탐구에 기초한 접근이 뉴턴 역학의 성공으로 설명될 수 있었음을 보여주었다.[30] 그러나 통계적 조사나 기상학적 배열은 "악천후의 수집"[31]이라는 하나의 전통에 포함되어 이미 중세에 시행되고 있

---

* Emmanuel Le Roy Ladurie(1929~). 프랑스의 역사학자. 특히 근대 프랑스사 전문가로서 아날학파를 대표하는 역사학자 중 한 사람이다. 1973년부터 콜레주 드 프랑스에 교수로 취임해 근대사를 강의하고 있다.

었다. 이러한 전통은 계몽주의 시대에도 생명력이 매우 강했다. 예컨대 최근 뮈리엘 콜라르Muriel Collart가 다시 펴낸, 브뤼셀 학술원 회원 테오도르 오귀스탱 만Théodore Augustin Mann의 《대혹한과 그 결과에 관한 연구 논문집Mémoires sur les grandes gelées et leurs effets》에서 이 전통을 만날 수 있다. 그는 여기서 "뇌우의 주기적인 반복과 다소 추운 우리 지구의 점진적인 온도 증가를 시인해야 한다는 것을 밝히려 했다". 세밀한 검토의 원칙이 만을 기후온난화(플라톤과 데카르트의 견해에 따르면 "지구 중심에 있는 불"의 연소로 인한)로 결론을 내리도록 이끌었다면, 반복의 개념은 그와는 반대로 몽테스키외Charles Louis de Secondat Montesquieu의 논거에 대해 논리적 인과관계를 세우는 데 쓰였다. 장 파트리스 쿠르투아Jean-Patrice Courtois가 지적한 대로,[32] 몽테스키외가 《문집Spicilège》에서 1727년 10월 14일 나폴리에서 발생한 뇌우를 언급한 것은 이 철학자로 하여금 고대로부터 유효했던 논리, "모든 것은 연결되어 있다는 전체론 사상"에 기초한 논리를 뒤집게 해주었다. 몽테스키외는 말하기를, 지진은 특히 재난이 뒤따르는 뇌우의 발생 횟수를 통해 나타나는 특정한 천체의 상황에 따라 일어나는 것이 아니며, 뇌우는 그 반대로, 무엇보다도 지진 뒤에 온다고 했다.

그 후 계몽주의와 낭만주의 시대 사이에 괴테Johann Wolfgang von Goethe가 그린 태양의 상像은 그 또한 애매해서, 과학과 비현실적인 것의 중간에 있었다. 《젊은 베르테르의 슬픔Die Leiden des jungen Werthers》(1774)의 괴테는 질풍노도Sturm und Drang의 괴테였다. 베르테르는 여기서 자신이 로테와 짜릿한 춤을 추며 "첫눈에 사랑에 빠질" 때 정말로 뇌우가 번쩍인 이야기를 들려준다. 베르테르는 이렇게 썼다. "나는 나 자신이 그토록 민첩하게 느껴진 적이 한 번도 없었다. 나는 더 이상 사람이 아니었다. 세상에서 가장 매력적인 여자의 팔에 안기다니! 그녀와 함께 공중의 뇌우처럼 날아오르다니! 주변의 모든 게 지나가며 사라지는 것처럼 보였다! 느꼈다!"[33] 그런데 진짜 뇌우가 쏟아진 것이다.

춤은 아직 끝나지 않았는데 오래전부터 저쪽 지평선 위로 번쩍이던, 마른번개인 줄 알았던 번개가 더욱 엄청나게 거세지기 시작했고 천둥소리는 음악을 뒤덮었다. 여자 셋이 춤 대열에서 빠져나가자 그녀들의 파트너들도 그 뒤를 따랐다. 모두가 혼란에 빠졌고 오케스트라의 연주도 멈춰버렸다.[34]

바슐라르Gaston Bachelard는 《과학 정신의 형성La Formation de l'esprit scientifique》(1938)에서, 이 장면이 지닌 '전前과학성préscientificité'의 표시를 보게 된다.

나는 현대 소설에 이러한 이야기를 집어넣기란 불가능해 보인다고 생각한다. 유치한 생각으로 가득한 것이, 요즘의 시각으로는 비현실적으로 보인다. 오늘날, 천둥소리에 대한 공포감은 제압되었다. 혼자 있을 때를 빼고는 전혀 영향을 미치지 않는다. 그것은 한 사회를 불안에 빠뜨리지는 못한다. 사회적으로, 천둥에 대한 학설은 이성적으로 완전히 설명되었기 때문이다.[35]

우리는 이러한 실증주의적 분석으로 그치지는 않을 것이다. 한편 괴테는 얼마 지나지 않아 "낭만주의는 병"이라 부르며 1820년대에 기상학을 다른 각도에서 연구하고, 하워드Luke Howard의 구름 분류에 관심을 기울이면서, 자신도《기상 이론의 초안Versuch einer Witterungslehre》(1825)을 간행하게 된 것이 사실이다. 그러므로 뇌우와 관련해서는 괴테를, 계몽주의와 낭만주의 사이에서 두 가지 특징적 태도를 모두 갖춘 상징으로 간주할 수도 있을 것이다. 하나는 존재론적이며 미학적인 입장이고(질풍노도의 입장이자, 뇌우가 곧 내면의 혼란과 세상과의 단절을 의미하는, 오시안*을 노래한 시의 입장), 다른 하나는 자연현상들을 이해해보려는 욕망에 따른 과학적인 입장이다. 괴테가 베르테르와 거리를 유지한다면, 그것이 자기 주인공의 '유치함'을 고발하려는 것은 물론 아니므로 사실 여기에 모순은 없다. 문학사가이자 문화사가 클로드 레슐레Claude Reichler는, 괴테가 1779년에 쓰고《젊은 베르테르의 슬픔》이 발표된 지 20년이 넘은 1796년에야 출판한《스위스에 관한 편지들Briefe aus der Schweiz》중 한 편지를 자세히 분석하여, "기상 현상들이 정서에 미치는 울림"[36]이 소위 정확한

---

* Ossian. 3세기경 고대 켈트족의 전설적인 시인이자 용사. 1765년 영국의 시인 제임스 맥퍼슨James Macpherson의 시집을 통해 이름이 알려져서 낭만파 시인들에게 큰 영향을 미쳤다.

과학적 연구와 어떤 방식으로 굳게 결속하는지를 잘 보여주었다. 계몽주의 시대에 "뇌우에 대한 열광"[37]이 우리에게 외려 드러낸 것은, 인간이 하늘과 땅의 권력을 탈취하기 위해 신과 결별했다는 것이다.

뇌우에 대한 미학적인 매혹은, 다음 세기 초반에 출간된 라마르크의 기상학 관련서들에서 보듯 그 현상을 과학적으로 이해하려는 욕망과 양립할 수 없는 것만은 아니다. 《혁명력 13년(1805) 기상 연감 *Annuaire météorologique pour l'an XIII*》을 여는 "하늘의 광경"에서 라마르크는 서정적인 문체로, 뿌연 구름과 맑은 하늘에 대해 감탄하면서 서두를 시작한다. 여기에 이성적 해석과 동일한 외연을 가진 미학적 명상의 공간을 여는, 신의 존재감이 완전히 사라진 하늘이 있다. 라마르크는 계속 이어간다.

> 하늘의 광경이 그 자체의 아름다움과 웅장함으로 관심을 끈다고 한다면, 그 광경이 우리에게 매우 빈번히 보여주는 거센 뇌우나 폭풍우라는 무시무시한 현상들과, 비나 눈이 내리는 울적한 나날들 속에서도, 나는 그것이 우리의 관심과 찬미를 받거나, 연구 대상이 될 만하다고 생각한다.[38]

여기에는 "뇌우에 대한 학술적인 매혹",[39] 뇌우에 대한 욕망이 있다. 예컨대 몽블랑의 위대한 학술 탐험가 오라스 베네딕트 드 소쉬르*는 "비, 바람, 뇌우 같은 여러 가지 대기 현상의 기원을 관찰하기 위해" 1788년 6월 콜 뒤 제앙col du Géant에 오른다. 결과는 대만족이었다. "나는 근사한 뇌우를 보고 싶었소. 그리고 소원을 이루었지. 천둥이 치고 우박, 눈, 싸락눈이 모두 동시에 엄청나게 쏟아진 것이오."[40]

대망의 뇌우

샤토브리앙의《르네René》**(1802)보다 앞서, 낭만주의 이전에 뇌우는──폭풍우처럼──프랑스어보다 독일어에서 먼저 미학적인 모티브가 되었다. 버크Edmund Burke[41]와 칸트[42]가 이론화시킨 숭고미에서 뇌우에 대한 취향이 되살아났다고 말하는 것으로는 충분치 않다. 왜, 그리고 어떻게 뇌우의 미학이 가능해졌는가? 뇌우는 왜 '아름다워지고', '열망하는' 것이 되었는가?

고전주의 시대와 낭만주의 시대에 회화와 문학 영역에서 이루어

---

*   Horace-Bénédict de Saussure(1740~1799). 스위스의 지질학자, 자연주의자, 철학교수, 알피니즘의 창시자. 그의 삶과 과학적 업적은 모두 알프스, 특히 몽블랑 산에 관련되어 있다. 지질학, 미생물학, 식물학, 빙하학 등 수많은 과학적 연구와 경험이 그곳에서 이루어졌다.

** 프랑스 낭만주의의 선구자격 작품이라 할 만한《르네》는 샤토브리앙의 우울하고 고독했던 소년 시절의 기억과 낭만주의적 '세기병'이 반영되어 있는 자전적 소설이다. 루소의《신엘로이즈》와 괴테의《젊은 베르테르의 슬픔》의 영향을 받은데다 권태와 걱정, 낙담이 다양한 층위에 스미어 있다. 당시 독자들은 제1제정의 형성과 몰락을 겪고 있던 자기들 모습이 이 소설에 반영되어 있다고 생각했다.《르네》에 나타난 우울의 정서는 훗날 라마르틴과 비니Alfred Victor Vigny를 거쳐 보들레르의 우울과 연결된다.

위_클로드 조제프 베르네, 〈난파〉(1772).

아래_니콜라 푸생, 〈뇌우, 혹은 번개 맞은 나무가 있는 풍경〉(1651).

진 뇌우의 표현은 폭풍우의 표현과 함께 루크레티우스Titus Lucretius Carus의 철학시[43]의 한 구절 "수아베 마리 마그노"*의 연장선상에서 나타난다. 우리는 그것을 계몽주의 시대의 바다 그림, (폭풍우와 관계된) 클로드 조제프 베르네Claude-Joseph Vernet나 루테르부르의 해양화나, 육지의 풍경에서는 한 세기 앞서 나온 니콜라 푸생Nicolas Poussin의 〈뇌우, 혹은 번개 맞은 나무가 있는 풍경〉(1651)에서 본다. 푸생의 이 그림에는 신의 분노는 보이지 않고 땅 위에 모여 있는 사람들만이 보인다. 그림에 표현된 주체인 소몰이꾼은 현저한 공포를 겪었지만, 자신이 선택한 관점을 통해 이 광경과 거리를 두고 있는 관람객에게는 그 체험이 면제된다.[44] 《폴과 비르지니Paul et Virginie》**에 나오는, 1744년 12월 24일 태풍으로 일어난 폭풍우 한가운데서 생제랑 호가 난파당한 이야기에서도 같은 원리가 작용한다.

오전 9시경 바다 쪽에서 끔찍한 소리가 들렸다. 급류가 천둥소리와 뒤섞여 산 위에서 떨어져 내리는 듯한 소리였다. 모두들 소리쳤다. "태풍이다!" 그러자 곧 무시무시한 회오리바람이 앙브르 섬과 그 운하를 덮고 있던 연무를 걷어냈다. 생제랑 호도 자신의 모습을 숨김없이 드러냈다. 사람들을 태운 갑판, 돛의 활대, 상갑판 위로 내

---

* suave mari magno. 이 시를 통상적으로 일컫는 이름으로 본래 라틴어로 쓰인 이 시의 첫 행이다.
** 베르나르댕 드 생피에르가 1788년 발표한 작품으로, 일드프랑스(현재의 모리셔스 섬)를 배경으로 한 목가적인 연애소설이다. 폴과 비르지니라는 소년 소녀의 아름다운 우정과 청순한 사랑, 이국 풍경을 인상적으로 묘사하고 있다.

린 장루 돛대, 반기半旗, 뱃머리에 매인 네 개의 닻줄, 고물 위에 놓인 또 하나의 밧줄이 보였다.[45]

폴과 도맹그가 해안 쪽에서 본 이 장면은 독일의 철학자 한스 블루멘베르크Hans Blumenberg가 분석한 "구경꾼이 있는 난파"의 전형적인 경우다.[46] 그러나 루크레티우스의 상투적인 생각보다는 좀 더 멀리 나아가야 한다. "단계를 변화시키면서, 또는 적어도 자연의 대재앙이라는 일반적인 구도에서 미학적이고 개인적인 지각이라는 보다 제한된 구도로 옮아가면서, 태풍은 의미를 근본적으로 변화시켰다. 공포의 대상이 즐거움의 대상이 된 것이다."[47] 문학사가 장 미셸 라코Jean-Michel Racault는 태풍과 관련된 이야기《폴과 비르지니》에서 베르나르댕의 소중한 미학적 원칙, 콘코르디아 디스코르*의 흔적을 발견하게 된다. 이 원칙은 요컨대 성性에 눈을 뜬 주체와, 절정에 다다른 분출이라는 폭발을 경험한 자연 사이에 놓인, 조화로운 대립을 토대로 한 것이다. 베르나르댕의 세계가 "자연의 조화"를 찬양한다고 해도 그 세계는 주체의 척도에 따라 평가되며, 그 세계의 그림은 주체를 위한 것이다. 회화와 문학의 동류성은《자연에 관한 연구》의 저자 베르나르댕이 자주 강조한 바 있다. 그리고 미학은, 신과 그의

---

* concordia discors. 부정합의 조화. 고대 로마의 시인 호라티우스(기원전 65~8)가 고대 그리스의 철학자 엠페도클레스(기원전 490?~430?)의 사상, 즉 우주 만물이 동등한 근원 물질인 물, 공기, 불, 흙의 사랑과 다툼 속에서 생겨났다는 견해를 설명하면서 사용한 용어이다.

친절한 대리자인 섭리가 인간에게 선사하는 경이로운 세계에 주체를 통합시키는 하나의 방법이다.

그럼에도 세계는 뇌우와 함께 혼돈의 어둠 속으로 빠져드는 듯이 보인다. 그런데 뇌우를 표현하는 것은, 자연을 제대로 지배하고자 자연과 맞선 인간의 공포에 거리를 두는 '포르트-다'*의 움직임 속에서 그것을 제압하는 것이다. 그것이 계몽주의 시대의 '숭고'와 함께 작용하는 듯이 보이는 것이다. 버크가 분석한 큰 기쁨 '딜라이트 delight'가 바로 자연이 일으키는 엄청난 공포에 노출된 주체가 경험하는 기쁨이다. 여기서 문제가 되는 것은 어떤 주체인가? 다니엘 아라스**는 "그림 속에 있는"[48] 주체의 인격을 이루는 본질적 구성 요소의 모든 잠재성을 살펴보았다. 그림은 항상 그것을 그리는 예술가——주체——가 그의 '주제'를 자기 것으로 삼았던 방법을 표출한다. 뇌우와 함께, 주체의 존재는 자신의 절정에 도달한다. 뇌우를 표현하는 것은, 예술가의 주관성과, 그가 나타내는 이 "자연의 위기" 사이의 무너지기 쉬운 경계선을 무대에 올리는 것이다. 그렇게 표현했던 화가 피에르 앙리 드 발랑시엔은 다음과 같이 말한다.

---

* fort-da. 실패를 던지며 '포' 하고 실을 끌어당겨 실패가 보이면 '다' 하는 아이들의 놀이. '포르트'는 '없다', '다'는 '여기 있다'는 뜻이다. 프로이트Sigmund Freud는 한 살짜리 손자가 이 놀이를 하는 모습을 보고 아이가 엄마와의 고통스러운 결별 체험을 놀이로 승화시키며 고통을 극복하는 것이라고 여겼다.
** Daniel Arasse(1944~2003). 프랑스의 미술사학자로, 특히 이탈리아 르네상스 미술에 정통했다.

윌리엄 터너, 〈눈보라. 얕은 바다에서 신호를 보내며 유도등에 따라 항구를 떠나가는 증기선. 나는 에어리얼 호가 하위치 항을 떠나던 밤의 폭풍우 속에 있었다〉(1842).

뇌우가 어느 정도 거세짐에 따라 장엄하고 무서운 현상들이 나타나는데, 이는 두려움과 공포를 불러일으키고, 흔히 비참한 손실과 큰 피해를 낳는다. 그 현상들을 바라보는 예술가는, 전율을 느끼며 감탄해 마지않을 이 장관 앞에서, 자신의 감수성이 그 숭고한 장면을 연구하는 것을 방해하지 않도록 자기 스스로 많은 노력을 기울여야만 한다.[49]

그 후 터너는 폭풍우에 휩싸인 배의 돛대에 자신을 묶고 필사적으로 몸을 던져,[50] 한 걸음 더 나아가게 될 것이다. 그러나 무슨 이득을 위해서란 말인가! 그것은 감동, 확실한 '효과'다. 계몽주의 시대 회화의 주된 가치인 효과는 정확히 두 개의 주관성, 즉 화가의 주관성과 관람객의 주관성을 잇는 것이다. 화가 클로드 앙리 바틀레Claude-Henri Watelet는 《백과사전》에서 "효과란 예술의 서로 다른 부분들이 이루는 큰 무리. 이 효과는 작품을 보는 사람의 정신에, 화가가 그것을 그릴 때 사로잡혀 있던 감성을 불러일으킨다"[51]라고 썼다.

뇌우의 표현은 이제 사람의 눈높이에서 하늘을 표현하는 것이 되었다. 대기 현상들이, 아리스토텔레스가 "불완전 혼합물들"의 세계로 지칭한 달과 지구 사이의 세계에 속할 뿐 아니라, 뇌우가 벼락과 연결되어 있기 때문에 더욱 강력히 요구하는 것은, 프로메테우스적인 화가가 신의 속성을 탈취하여 조물주로 변신하는 것이다. 우리는, 화가 클로드 조제프 베르네를 열렬히 칭송하는 디드로의 유명한 구절을 기억한다.

> 뇌우를 모아 하늘의 수문을 열고 땅을 물에 잠기게 할 줄 아는 이가 베르네다. 그것이 마음에 들면 폭풍우를 거두고 바다를 고요하게 하며 하늘에 평안을 되돌려줄 줄 아는 이 또한 그다. 그리하여 자연 전체가 혼돈에서 빠져나와 황홀하게 빛나며 모든 매력을 되찾는다.[52]

또 다른 화가이자 무대미술가 필리프 자크 드 루테르부르가 만든 경이로운 기계도 생각난다. 그는 1780년대에 〈자연현상의 다양한 모방Various Imitations of Natural Phenomena〉이라는 에이도푸시콘*으로 런

위_〈루테르부르가 연출한 에이도푸시콘 관람〉(1782년경).

아래_필리프 자크 드 루테르부르, 〈뇌우에 놀란 여행자들〉(18세기 말경).

던의 관객들을 매료했다. 그는 거기서 자연 속 대기의 변모, 일출과 일몰, 뇌우와 폭풍우 등을 재현하며, 기계로 움직이는 풍경을 표현해냈다.

뇌우가 만들어낸 기쁨과 그 표현은, 18세기 후반 새로운 공간의 발견으로 이어지는 것이 분명하다. 알랭 코르뱅이 밝혀냈듯이, 그것은 바다[53]이며 곧이어 산이 된다. 산중의 뇌우는 말기의 계몽주의와 낭만주의의 또 다른 공통점이다. "낭만주의자들은 그때까지 괴물 같은 존재로 느껴지던 것을 미화했다."[54]

그 이유는 무엇이며 그 과정은 어떠했을까?《신엘로이즈*La Nouvelle Héloïse*》**의 발레 지방에 대한 편지는 분명 지속적으로 산을 묘사하지 않았는가? 뇌우도 구름처럼, 거기서 벗어나야만 하는 해로운 공기로 연결된다. 구름의 바다 위를 지나는 여행자 생프뢰는 "제철을 맞은 천둥과 뇌우가 자기 발 아래에서 일어나는 것이 보일 정도로 맑은 거처"까지 올라갔다. 뇌우는 스위스 화가 카스파르 볼프Caspar Wolf[55]와 함께 가까이 다가오게 된다. 그 후 낭만주의 시대에는 한창 뇌우가 몰아치는 가운데에 놓인 여행자들을 보게 될 것이다. 터너와 루테르부르[56] 그림에 나오는 여행자들이다. 그 유명한 〈1829년 1월 22일 타르타르 산 위에서 눈보라에 휩쓸린, 이탈리아에서 (역마차를

---

* Eidophusikon. 루테르부르그가 창안한, 작은 무대에 실물 같은 기계인형과 빛, 음향 등을 동원하여 실현하는 공연예술.
** 프랑스 철학자 장 자크 루소가 1761년에 발표한 서간체 소설로, 당대에 전 유럽에 걸쳐 대중적인 인기를 누렸다. 신분의 차이로 인해 결혼할 수 없는 두 남녀 주인공. 생프뢰와 쥘리가 연인이 아닌 친구 사이로 남기로 하지만 비극적인 결말을 맞이한다.

윌리엄 터너, 〈1829년 1월 22일 타르타르 산 위에서 눈보라에 휩쓸린, 이탈리아에서 (역마차를 타고) 돌아오는 여행자들〉(1829).

타고) 돌아오는 여행자들〉을 생각해보자. 이것은 뇌우인가 폭풍우인가? 터너의 작품에서 피에르 바트*가 찾아낸 이런 "여행 중에 닥친 재난 풍경"[57]의 표본들은 매우 많다.

잠시 〈알프스를 넘는 한니발 장군〉(1812)을 살펴보자. 원제는 〈눈보라, 알프스를 넘는 한니발과 그의 군대〉다. 이것은 뇌우인가 눈보라인가? 어쨌든 '눈보라snowstorm'가 작품의 주요 주제다. 또 다른 이들은, 터너를 통해 역사화는 풍경화가 되었다고, 또는 오히려 "풍경

---

* Pierre Wat. 프랑스의 역사학자. 파리1대학교 교수로, 예술의 사회문화사를 가르치고 있다.

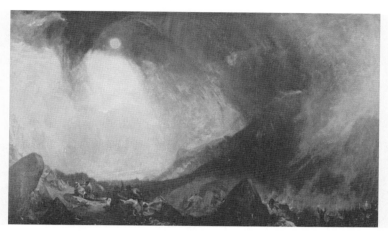

윌리엄 터너, 〈눈보라. 알프스를 넘는 한니발과 그의 군대〉(1812).

또한 역사의 장소"[58]라고 말했다. 터너를 통해 뇌우는 주관화의 숭고한 장소가 되었다. 그러나 뇌우의 광경은 또한 관람객이 주관성에서 벗어나게 하는 경향을 띤다. 또 다른 터너 예찬자이자 과학과 예술을 결합시킨 또 한 명의 위대한 인물 존 러스킨, 그의 조금 뒤늦은 경험은 이러하다. 그는 여기서, 브레방의 샘에서 산사태를 일으킨 진짜 뇌우를 대면했을 때 느꼈던 자신의 격한 감정을 회상한다.

웅장하게 이어진 피라미드 같은 산봉우리들이 하나씩 하나씩 차례로, 하얗게 덮인 눈을 벗으며 영광을 되찾았다. 그것은 불의 영광이었다. 어떤 그림자도 어둠도 없었다. 얼음 봉우리, 눈 덮인 산, 바윗덩어리, 바위를 뚫고 들어오는, 구름 속에서처럼 빙하의 프리즘을

꿰뚫는 석양빛 속에서 모든 것은 불덩이였다. 좀 더 아래쪽에서는 뇌우가 몸을 떨며 묵직하게 으르렁댔고 숲은 저녁 바람에 술렁이며 물결쳤으며 골짜기에서는 불어난 강물이 섬광을 발하며 찰랑거렸다. (⋯) 그래서 나는 여태껏 전혀 몰랐던 '아름다움'이라는 단어의 진정한 의미를 알았다. 그때까지 내가 보았던 모든 것에 따르면, 권력 행사로서의 인간 정신의 활동 같은, 인간성을 가리키는 여러 관념이 거기에서 연합을 이룬다. 자아의 이미지는 신의 이미지 안에서 지워지지 않았다.[59]

자연과 인간, 주체와 객체, 나와 신의 융합이며, 또한 문학과 회화의 융합이다. 그렇다, 낭만주의 시대에 완성된 융합이다.

그러나 회화의 장르와 위계가 변모한 것은 18세기 후반부터 눈에 띈다. 터너의 〈한니발〉 이전에 있던, 푸아티에에 위치한 생트크루아 미술관 소장품, 피에르 앙리 드 발랑시엔의 아름다운 그림 〈뇌우를 피하는 아이네아스와 디도〉를 살펴보자. 자연의 요소들이 인물들보다, 고대의 지시 대상référent보다 우위를 차지하고 있다. 프랑스 대혁명이 한창이었던 1792년에 전시된 작품이지만 그것과 관련된 알레고리가 없다. 그러나 혁명 직후 발랑시엔은 베수비오 화산의 폭발도 그리게 된다. 그렇다면 이것은 유럽이 겪고 있는 폭풍의 무의식적 기록인가? 화산, 뇌우, 폭풍우는 결국, 대혁명의 특권적인 은유들인 것이다.[60] 혁명의 뇌우는 우리 역사에서 불가피한 단계였다.

피에르 앙리 드 발랑시엔, 〈뇌우를 피하는 아이네아스와 디도〉(1792).

혁명의 뇌우

뇌우와 폭풍우는 정치적이고 사회적인 혼란을 말하는, 오래되고 익숙한 은유다. 예를 들어 16세기 종교전쟁 당시 정치사상가 장 보댕Jean Bodin이나 여타 시인들의 작품에서 이 뇌우와 폭풍우를 찾아볼 수 있다. 뇌우와 폭풍우는 기꺼이 또 하나의 매우 중요한 은유의 실타래를 자아내는데, 그것은 '폭풍우에 갇힌 배'라는 은유다. "맹렬한 뇌우가 우리의 '공화국'이라는 배를 뒤흔들었다."[61] '뒤흔들다' 또는 '고통'을 의미하는 'tourment'은 글자 그대로 라틴어로 옮기면 'tormentum'으로, '고문하다'라는 뜻이다. 우리는 "시민들의 뇌우"[62] 한가운데 있는 것이다. 뇌우의 이미지는, 문학사가 클로드라 샤리테Claude La Charité가 르네상스 시대의 과학적인 시인들을 위해 설명한 바와 같이, "세계의 혼란"과 코스모크라토르*의 최고 권력을 동시에 의미한다. 로마제국의 유산인 코스모크라토르의 형상인 왕은 우주적이고 정치적인 질서의 보증인으로 남아 있기 때문이다.

프랑스 대혁명의 사정은 전혀 다르다. '그까짓 세계의 주인!'이라는 식이다. 프랑스 그리고 유럽의 입장에서 본 날씨를 느끼는 감수성의 역사는, 근대적 민주주의의 초석과도 같으며, 세계와의 새로운 관계가 형성되는 이 시대를 빼놓고 넘어갈 수 없을 것이다. 거울의 양면인 현실과 표현에서, 뇌우가 그 시대를 비추고 있는 것이다. 뇌우는, 진짜이건 그림으로 표현된 것이건, 결국 1789년 대혁명의 관점에서는 르네상스 시대에 바이프**가 "대기 현상 중 첫째가는 것"이라 불렸던 그것이다. 그러나 그 상징적 가치는 완전히 새로운 것이었으며, 뇌우는 "새로운 태양의 서광"(괴테), 또는 역사의 "암흑"으로 들어가는 입구(샤토브리앙)를 알렸다.

기상학적으로 말해, 혁명이 가까워진 시기는 실제로 뇌우를 예고했다. 에마뉘엘 르 루아 라뒤리는 모든 연구에서, 1788년 봄에 특

---

* cosmocrator. '세계의 주인'을 의미하는 고대 그리스어.
** Jean-Antoine de Baïf(1532~1589). 프랑스의 시인. 궁정 시인 롱사르Pierre de Ronsard 의 친구로 당시의 시인 집단 플레야드파의 일원이었다. 고대 그리스 로마의 시작법을 프랑스화했고 정서법의 개혁을 시도했다.

히 파리 주변 일드프랑스 지역과 프랑스 북부 지역에 걸친 이상 온난과, 강한 햇빛으로 인한 곡물의 피해, 그 여파로 곡물 흉작에 따른 경제공황을 불러일으킨 1788년 7월 13일의 우박을 강조했다. 사실, 1788년은 지리적 편차와 변동을 고려해도 연중 내내 유별나게 더웠다. '농업과 관련된 기상 예보'의 변덕은, 앙시앵 레짐 시대 농업의 경우에, 대부분 생계형 민중봉기의 이유를 확실히 설명해준다. 민중봉기는 1788년 여름부터 수개월에 걸쳐 증가했다.[63] 혁명 일 년 전 7월 13일에 쏟아진, 우박을 동반한 뇌우를 살펴보자. 그것이 "예민한" 위기 상황에 영향을 미쳤다는 사실이 확인되었다. 그러나 이 뇌우는 물론 "행위의 표출"을 정당화하지는 못했는데, 르 루아 라뒤리가 말했듯이, 기상 상황이 1789년 7월 14일의 시초가 되는 사건을 보다 총체적으로 설명하지는 못했던 것이다. 그 대신 강조해야 할 점은, 뇌우가 사건 전야에 싣고 있던 상징적인 부담이다. 과학 학술원 회원들과 그들의 통신 회원들이 작성한 1788년 7월 13일의 뇌우에 대한 보고서들은, 앞서 살펴본 대로, 뇌우와 관련된 모든 것에 공통적인 문체적 특성을 보여준다. 더욱 당황스러운 것은 똑같은 문체의 특성을, 혁명 이후에 작성된 혁명역사가들의 글에서도 발견할 수 있다는 점이다. 뇌우와 대혁명은 같은 언어를 사용했다. 옛 풍경은 엄청나고 무자비하고 독립적인 힘으로 황폐해졌다. 1787년부터 어떤 이들은 본능적으로 뇌우가 임박했음을 느꼈다. 예를 들면 말제르브*

＊ Chrétien-Guillaume de Lamoignon de Malesherbes(1721~1794). 프랑스의 법률가, 정

같은 이들이다.

> 나는 위험이 임박했음을 알고 있다. 언젠가는 왕실의 권력을 총동
> 원해도 진정시킬 수 없고, 왕의 일생 동안 쓰라린 고통을 가져다줄
> 것이며, 아무도 끝을 예견할 수 없는 분쟁 속으로 그의 왕국을 몰아
> 넣을 뇌우가 형성되고 있음을 알고 있다.[64]

1789년 동안 내내 베르나르댕 드 생피에르는 혁명의 뇌우에서 멀
리 떨어져 칩거 중이었던 시골에서《어느 고독한 이의 기원Vœux d'un
solitaire》을 썼다. 그는 거기에서 자신의 정원에 여전히 그 흔적이 뚜
렷하게 남아 있는, 지난해 7월 13일에 내린 우박의 재해를 "프랑스
의 격변들"과 명확히 비교했다.

> 작년에 프랑스를 황폐하게 만든 자연의 격변들을 떠올리면서, 모
> 든 불행은 잇달아 오기라도 하는 듯이, 거기에 동반되었던 국가의
> 격변들을 생각했다. 우리가 먹을 식량도 확보되지 않은 상황에서
> 곡물 수출을 허락한 무분별했던 칙령들을 나는 기억한다. 이 공적
> 인 파산은 우리 재산에 대해서 초연한 태도를 취했고, 이와 동시에
> 끔찍한 우박 구름이 우리 농촌을 지나갔다. 우리 재정은 바닥이 나,

치인, 서적 검열관. 디드로, 달랑베르와 교유했고《백과사전》편찬에 도움을 주었다. 대
혁명 당시 루이 16세의 변호를 맡았으나 루이 16세는 결국 처형당했고, 그 역시 단두대
에서 죽음을 맞았다.

이 끔찍한 겨울이 과일나무 몇 그루를 죽여버린 것처럼 몇몇 상업 분야를 파산시켰다. 결국 수없이 많은 가난한 노동자들이 수많은 재앙 때문에 동향인들의 구호도 받지 못한 채 가난, 추위, 배고픔으로 죽을 지경이 되었던 것이다.[65]

1789년 7월 프랑스를 여행 중이던 영국인 아서 영*은 '우연히' 마주친 이 현상의 파괴적이고 공허하며 독립적인 이미지를 글로 쓰게 된다.

여기, 마술처럼 행해진 혁명의 현장이 있다. 코뮌의 권력을 빼고는 나라 안의 모든 권력이 파괴되었고, 완벽하게 허물어진 건물들을 어떤 건축가들이 다시 세울 것인가를 지켜보는 일 밖에 남지 않았다.[66]

물론 이 마술, 혁명이라는 뇌우의 경이는, 쥘 미슐레가 쓴 7월 14일의 "정신의 합일"을 회상하는 글에서는 사뭇 다른 음성을 들려준다. 그러나 뇌우는, 특히 민감했던 혁명 전의 긴장을, 바스티유 함락이 해결해주었던 긴장을 말해준다.

6월 23일부터 7월 12일까지, 왕의 위협에서 민중의 폭발 사이에는

---

* Arthur Young(1741~1820). 영국의 농부, 농학자. 영국과 프랑스를 여행하며 다양한 농업 기술을 관찰하고 기록으로 남겼다.

이상한 휴지기가 있었다. 어느 관찰자의 말에 따르면, 그것은 어둡고 무거운, 곧 뇌우가 몰아칠 것 같은 날씨였다. 그 날씨는 환영과 분쟁으로 가득한, 편치 않고 괴로운 악몽과도 같았다.[67]

미슐레가 그의 《프랑스 혁명사 _Histoire de la Révolution française_》첫 권을 출간한 때는 사건이 일어난 지 50년이 넘은 1847년이다. 올리비에 리츠의 중요한 연구들은, 실제로 비가 내려 망쳐버린 1790년 7월 14일의 혁명 1주년 기념행사 이야기로부터, 때 이른 사후 작용* 속에서 이루어진 뇌우의 이미지에 대한 평가를 보여주었다. 텍스트와 증언, 또는 시에 대한 섬세한 분석은, 뇌우가 저자의 입장에 따라 서로 다른 소리를 낸다는 것을 밝힌다. 때로는 "하늘에서 떨어지는 폭우"가 혁명에 대한 신의 반대를 의미하고, 때로는 비가 아마도 그것이 격렬하기보다는 차가운 소나기에 가까웠기 때문에, 하늘의 절대 권력을 이긴 민중의 힘에는 가소로운 적수로 보였다.

관람객들의 즐거움은 줄어들지 않았다. 그들은 귀족들을 잠시 저주했고, 그들의 오래 묵은 수많은 죄악들 때문에 우리의 기쁨을 방해하는 비가 내리게 되었다고 생각하는 듯했다. 몇몇 사람은 9일 기도를 했다고 한다. 또 다른 이들은 이 소나기를 **귀족들의 눈물**이

---

* 정신분석학에서 과거의 충격적인 사건이 사후에 또 다른 상황 속에서 새로운 의미를 띠는 것을 지칭하는 용어.

라고 불렀다. 결국 민중은 하늘에 화풀이를 하며 하늘이 **귀족**이라
고 말했다.[68]

올리비에 리츠가 보여주었듯이, "초기의 혁명역사가들"의 글에
서는 뇌우와 폭풍우의 은유가 새로운 의미를 지니게 된다. 폭풍우
는 "이 시간은 언제 끝날 것인가?" 하는, 불안정한 시기의 지속 시간
에 대한 성찰을 안고 있다. 그리고 "이런 폭풍우 속에서 쓸 수 있을
것인가?" 하는, 역사의 기록 조건에 대한 성찰 또한 마찬가지다. 역
사를 증언하고 싶은 사람은 그렇다고 할 것이며, 역사의 순리대로
사는 사람 또한 그렇다고 답할 것이다. 그러나《혁명에 관한 시론*Es-
sai sur les révolutions*》의 저자에게 그 폭풍우는 절대 끝나지 않을 것처럼
보였다. 이것은 샤토브리앙이 1794년에 쓰기 시작하여 1797년에 출
간하고 1826년에 서문과 주석을 달아 개정판을 낸 저서다. 유럽 대
륙은 계속 약해지고 역사는 정면으로 폭풍우에 휩싸인 주관성 안으
로 들어왔다. 여기서 폭풍우tempête는 그 어원인 템푸스*를 다시 상기
시킨다.

나는 1794년에《시론》을 쓰기 시작하여 1797년에 출간했다. 낮에
그려놓은 밑그림을 밤에는 지워야 했던 적이 종종 있었다. 사건들
은 내 펜의 속도보다 더 빨리 전개되었다. 불시에 혁명이 일어나서

---

* tempus. '시간'이란 뜻의 라틴어.

나의 모든 대조를 잘못된 것으로 만들었다. 나는 폭풍우에 휩싸인 배 위에서 글을 쓰고 있었고, 뱃전을 망가뜨리며 뒤로 지나가 사라지는 해안을 마치 고정된 사물처럼 그릴 작정이었던 것이다![69]

모든 일이, 대혁명의 은유로서 간주되던 폭풍우가 뇌우와는 다른 또 하나의 상징적 권위를 갖게 되었다고 생각하도록 만들어주었다. 뇌우는 갑작스럽고 격렬하며 시간 속에서 범위가 정해지고 제한된다. 폭풍우는 지속성을 갖고 확산될 수 있으며 보다 넓은 지리적 공간과 관련된다. 시간의 관점에서 볼 때 뇌우와 폭풍우 사이에는, 프랑스어 동사의 시제에서, 시간 속에 찍은 하나의 마침표 같은, 동작이 완료된 단순과거 시제와, 그 국면의 의미가 미완료된 반과거 시제 사이에 존재하는 것과 같은 차이가 있다. 폭풍우는 사후事後의 은유이고 뇌우는 '즉시'의 은유이다. 은유의 용례에서 기상학적 구별을 재발견하는 것이다. 우리는 라마르크가 1800년 학사원에서 발표한 논문,《폭풍우와 뇌우, 태풍과의 구별에 관하여. 혁명 9년 무월霧月* 18일의 재난을 몰고 온 바람의 성격에 대하여*Sur la distinction des tempêtes d'avec les orages, les ouragans, etc. Et sur le caractère du vent désastreux du 18 brumaire an IX*》를 떠올려보았다. 그 논문에서는 1788년 7월 13일의 뇌우와 1800년 11월 9일의 폭풍우를 비교한다. 이러한 비교에서 프랑스가 이제 막 치러낸 두 가지 중요한 정치 사건의 무의식적 기재

---

* brumaire. 공화국력의 두 번째 달.

를 본다면, 단어가 갖는 은유적 잠재성을 강요하는 것일까?[70] 1788
년 7월 13일/1789년 7월 14일은 혁명 9년(1800년) 무월 18일/1799
년 11월 9일, 일명, 무월 18일 보나파르트의 쿠데타와 거울에 비친
모양으로 연결되어 있다. 폭풍우처럼 예측할 수 있는 은유를 찾아본
다면,

> 이 현상은 뇌우처럼 갑자기 놀라게 하는 법이 전혀 없다. 한 고장
> 전체에 퍼지지는 않고 반드시 좁은 띠 모양으로 일어난다. 그러나
> 그것은 정해질 수 없는 한도 안에서 멀리서, 동시에 널찍이 느낄 수
> 있다.[71]

이제 조심스럽게 우리의 여정을 마쳐보자.

전기와 관련된 새로운 지평,
섬광을 발하는 열정

연대기의 실타래를 계속 풀어내자면 우리는 필연적으로 전
기와, 벼락으로 발생되는 현상들을 만나게 된다. 역사적으로는 계몽
주의 시대에 그 기원을 찾아볼 수 있다. 법률가이자 농학자였던 뒤
부아Jean Baptiste Dubois de Jancigny의 말을 빌면, "전기에 대한 열정이 공
들여 닦은"[72] 시기다. 베르톨롱Pierre Bertholon 신부의 저서《대기 현상

의 전기에 대하여De l'électricité des météores》(1787)는, 특히 "불처럼 타는 대기 현상들"에 할애한 장에서, 다른 이들처럼 플리니우스나 여타의 고대 저자들과 돈독한 관계를 맺는다. 그러나 벼락과 전기의 관계를 명확히 밝혀낸 선구자들 중 하나는《신체의 전기에 관한 시론 Essai sur l'électricité des corps》(1746)의 저자 놀레Jean Antoine Nollet 신부다. 전기에 대한 열광은, 특히 벤저민 프랭클린Benjamin Franklin과 그가 발명한 피뢰침이 등장한(1752) 이후 상류사회를 휩쓸었다. 프랭클린과 그의 친구들은 그 후 "전기 만찬"[73]을 열기까지 했다.《과학 정신의 형성》[74]에서 바슐라르는, 계몽주의 시대 학자들의 경험과 작품에서 '근대 과학이 성립되기 이전'의 특징을 밝히고자 사교계의 일화 몇 가지를 소개한다. 그는 전체적으로, 과학 지식에 장애가 되는 몇 가지를 꼽는다. 이는 "원체험"적, "실체론"적, "정령 숭배론"적 장애들이다. 바슐라르를 따라가다 보면, 그것은 대부분 천둥과 번개에 관계되는, 계몽주의와 고전주의 시대 학자들의 이론에서 현저하게 눈에 띄는 것임을 알 수 있다. 전기는 자연현상과의 주술적 관계를 강화할 뿐이다. 그러나 이러한 관계는 실증주의와 함께라면 멈출 것인가? 어림도 없는 이야기다.

천문학자, 과학 전문 기자, 현실적인 실증주의자였고, 19세기 말에는 과학과 반드시 모순되지만은 않았던 강신술降神術의 실행에도 정통했던, 카미유 플라마리옹*의 매우 놀랄 만한 저서를 간략히 살

---

* Camille Flammarion(1842~1925). 프랑스의 천문학자. 천문학, 대기, 기후 등에 관한 실

펴보려 한다. 파비앵 로셰는《학자와 폭풍우 _Le Savant et la Tempête_》에서, 기상학을 대중적인 과학으로 만드는 데 이바지했던, "이성적인 동시에 감성적인"[75] 카미유 플라마리옹의 원래 모습을 조명했다. 조르주 디디 위베르망 Georges Didi-Huberman 이 개정판을 낸《벼락의 변덕 _Les Caprices de la foudre_》(1905)은 뇌우와 벼락이 실증주의 시대의 한복판에서도 가장 '놀라운' 환상의 대상으로 남아 있음을 보여준다. 이 '놀라운'이라는 단어는, 형용사나 과거분사 형태로 이와 관련되는 이야기들 속에서 자주 되풀이된다(이것은 수사학자들이 '폴립토트'[76]라고 부르는 것인데, 놀람은 본래 천둥의 효과가 아닌가?). "이 저서의 10개 장 내내, 실증적인 사실은 주술적인 사실이 되었고 앞으로도 그렇게 남아 있을 것이다."[77] 여기서, 여러 보고서와 사진을 토대로 벼락의 효과가 진짜인 것처럼 소개되었다.

이 보고서들로 말하자면, 카미유 플라마리옹은 과학 학술원의 논문들 또는 동시대의 이론들 같은 과학적인 텍스트[78]와 함께 과학적이거나 과학적이라고 판단되는 논문에 기꺼이 사용되었던 매우 다양한 증거들 또한 근거로 삼고 있다. 이 놀라운 혼합이 사실상 말 그대로 매혹적인 텍스트들을 생산한 것이다. 과학 학술원의 논문들에서 뇌우가 그랬듯이 언제나 의인화되는 벼락은, 때로는 "변덕스러운"[79] 여인의 모습으로, 때로는 "전기 투창"이나 강간범의 모습으로,

---

증주의 과학의 대중화를 위해 수많은 학회와 협회에서 왕성한 활동을 하며 50여 권의 저서를 남겼다. 그중에는 그가 과학적 연구 대상으로 간주했던 신비주의적 강신술과 관련된 것도 있다.

가장 빈번하게는, 짜릿하거나 "능수능란한 신비한 힘"으로 소개되었다. 문학사가 주느비에브 구비에 로베르Geneviéve Gouvier-Robert의 분석에 따르면,[80] 이 텍스트들은 사드Sade의 특출한 가학적 묘사가 부러울 것 없는 모종의 에로틱한 환상을 펼쳐냈다. 우리는 이것을 쥘리에트, 쥐스틴, 그리고 그 밖의《미덕의 불행Les Infortunes de la vertu》* 유의 이야기 속에서 읽을 수 있다. 사드를 살펴보자.

> 벼락은 오른쪽 젖가슴으로 들어와 가슴을 태우고 입으로 다시 나갔다. 그녀에게 혐오감을 주던 그의 얼굴이 엉망으로 일그러졌다.[81]

프랑스 대혁명이 한창일 때, 사드를 읽었을 가능성이 있는 스팔란자니 신부**의 글을 보자.

> 불덩이가 소녀의 속치마 밑으로 들어가는 순간, 속치마는 우산을 펼친 것처럼 퍼졌다. 소녀는 고꾸라졌다. 목격자 두 사람이 소녀를 구하러 달려갔다. 양치기 소녀의 노래는 악의라곤 없었는데도! 의

---

* 사드 후작의 첫 번째 작품《쥐스틴, 혹은 미덕의 불행Justine ou les Infortunes de la vertu》(1787)의 주인공 쥐스틴과, 그 속편 격인《쥘리에트 이야기, 혹은 악덕의 번영Histoire de Juliette ou les Prospérités du vice》의 주인공 쥘리에트를 지칭한다.
** Lazzaro Spallanzani(1729~1799). 이탈리아의 종교인, 생물학자, 물리학자. 볼로냐 대학교에서 법학을 전공한 후 자연과학으로 진로를 변경하여 모데나와 파비아 대학교 교수로 일했다. 유기체의 자연발생설을 부정하고 하등동물의 신체 일부를 재생하는 것에 관해 연구했으며, 여러 동물에 대해 재생 실험을 행했다. 알프스와 베수비오 화산에 대한 지질학적 연구를 하기도 했다.

에르베 레반도프스키Hervé Lewandowski, 〈에펠탑 위로 쏟아지는 뇌우〉(1902). ©RMN-Grand Palais(Musée d'Orsay)

사의 검진으로 소녀의 몸에 뭔가로 문드러진 자국이 발견되었을 뿐이다. 그것은 오른쪽 무릎에서 시작하여 양쪽 젖가슴 사이의 가슴 한복판까지 퍼져 있었다. 그 부분의 셔츠는 갈가리 찢겨져 있었고 작은 구멍 하나가 코르셋을 관통하고 있었다.[82]

저물어가는 계몽주의 시대의 사드적 환상과, 샤르코*가 살페트리에르Salpêtrière 병원에서 발표한 바 있는 히스테리의 에로틱한 환상들이, 번쩍이는 상상력 덕분에 서로 만난다.

더욱 놀라운 것은, 벼락이 그 희생자들의 신체나, 벼락을 맞은 사물과 사람 주변에 남겼을 흔적들, 카미유 플라마리옹에게는 최신 발명품이었던 네거티브 사진에 비교할 수 있는 "번개처럼 스쳐 생긴 이미지들"이다. 여기서, 이야기 속에 담긴 여러 가지 모호한 방증들을 잠시 살펴보아야 할 것이다. 진술 방식은 복잡하여, 학자들의 증언에 힘입어 증명해보려는 한 사건의 시초를 모호하게 만든다.

프랭클린이, 뇌우가 몰아치는 동안 문 앞에 서 있던 한 사람이 바로 앞에 있는 나무 위로 벼락이 떨어지는 것을 보았으며, 그 나무의

---

* Jean-Martin Charcot(1825~1893). 프랑스의 신경학자, 병리 해부학 교수. 1882년 샤르코를 위하여 신설한 살페트리에르 병원의 신경병과 교수로 임명되었다. 많은 연구 논문을 발표했는데, 1874년에 간행한 〈노인 질환과 만성 질환에 관한 임상 강의Leçons cliniques sur les maladies des vieillards et les maladies chroniques〉가 가장 유명하다. 대표 저서로는 《신경계 질환에 대한 강의Leçons sur les maladies du système nerveux》 (1885~1887) 등이 있다.

'전사쇄轉寫刷'*가 벼락 맞은 이의 가슴에 찍혀 있었다는 말을 여러 차례 반복했다는 사실을, 1786년 파리 과학 학술원 회원이었던 르루아Leroy가 진술했다고 아라고Arago는 회상했다.[83]

또는 진술된 장면의 신성한 지시 대상(교회 안에서의 강렬한 장면들처럼!)과 학술적 언어 사용('케로노그라피'** 등 '번개'를 의미하는 그리스어 'keraunos'에서 파생된 수없이 많은 요란한 신조어들) 간에는 방해 전파가 있다.

카미유 플라마리옹 글 속의 이런 내용을 쥘 베른Jules Verne의 것과 비교한 디디 위베르망은 옳았다. 대중문학은 기꺼이 번득이는 상상력을 펼쳐내거나, 아니면 단순히 뇌우와 폭풍우에서 촉발된 공포감을 드러낼 것이다. 19세기 말의 작품 《폭풍우의 공포Les Horreurs de la tempête》[84]는 학자들의 증언과, 성스러운 것이나 환상적인 것에 대한 취향을 모두 동원하여 이와 같은 광맥을 개발한다. 오늘날에는 영화가 같은 기능을 완수하고 있다. 그러나 이 간략한 뇌우의 역사를 따라 뻗어 있는 과학과 환상, 객관적인 자료와 매우 서정적이며 극도로 주관적인 자료들 간의 이상한 융합을 발견하게 되는 것은 어쩌면 문학 작품 쪽일지도 모른다. 자신의 발명 특허 여러 개를 에디슨 Thomas Edison에게 사취당한 엔지니어 니콜라 테슬라Nikolas Tesla의 이

---

* 그림이나 판화를 반대 방향으로 전사한 것.
** céraunographie. 벼락이 남긴 흔적 연구.

야기를 나름대로의 방식으로 풀어낸 장 에슈노즈Jean Echenoz의《번개*Des éclairs*》의 도입부를 생각해보자. 샤토브리앙은 폭풍우가 몰아치고 있을 때 태어났고, 테슬라("그레고르Gregor"*)는 '자연스럽게' 뇌우가 몰아치는 가운데에서 태어났다.

> 우선은, 그가 어머니에게서 나오기 몇 분 전, 대저택에서 다들 그러듯이, 주인들은 소리를 지르고 하인들은 우왕좌왕 서로 부딪히며 하녀들은 소란을 피우고 산파들은 말다툼하며 산모는 몸을 쥐어짜는 가운데 강렬한 뇌우가 들이닥쳤다. 우박이 빽빽하게 쏟아져, 평온하고, 조용하며, 희미한 소리를 내면서도 긴박한 소동이 일어난 것이다. 마치 뇌우가, 살을 에는 바람으로 일그러진 정적을 강요하는 듯했다. 그다음엔 유독 강력한 힘으로 모든 것을 뚫어버릴 만한 바람이 이 집을 뒤집어엎으려 했다. 그렇게 하는 데 성공하진 못했으나, 뇌우는 창문들을 뚫어 유리창이 박살 나고 창살은 덜그럭대기 시작했으며 커튼은 천정으로 날아오르거나 밖으로 빨려나갔다. 뇌우는 그 안의 내용물들을 파괴하며 공간들을 장악해나갔고 비로 침수시켰다. 이 바람은 모든 것을 요동치게 했고, 양탄자를 들추면서 가구들을 뒤흔들었으며, 벽난로 위의 골동품들을 부수어 흩어버리고, 벽에 걸린 십자고상, 벽 등, 액자 들을 빙글빙글 돌아가게

---

* 장 에슈노즈의 소설《번개*Des Éclairs*》(2010)의 주인공. 미국의 전기공학자 니콜라 테슬라의 삶에서 영감을 받아 설정한 인물이다.

만들어 액자 속의 풍경은 뒤집어졌고, 전신 초상화들은 고꾸라졌다. 샹들리에를 그네처럼 흔들어 그 위의 촛불들은 즉시 꺼졌고, 바람은 등불도 모두 불어버렸다.[85]

뇌우는 확실히, 온대 지방 사람들의 상상 속에서는 앞날이 밝다.

그러므로 뇌우가 과거에도 그랬듯이 언제나 환상적인 대기 현상으로 남아 있는 것은, 문학이나 사진의 영역에서 환영들과 이미지들을 만들어내기 때문이다. 우리는 낭만주의 시대의 것이 대부분인 문학과 음악에 담긴 수많은 폭풍우와 뇌우를 묵과해버렸다.[86]

오늘날에는 뇌우 사냥꾼들이 세계 도처에서 대자연의 캔버스, 하늘 위에다 꽃을 피워내고 있다. "맹위를 떨치는 자연의 폭력에 맞선 뇌우 사냥꾼은, 자신이 탐하고 있는 번개를 불멸의 존재로 만들겠다는 희망을 품은 채 지칠 줄 모르고 적란운을 추격한다."[87] 그들 중의 한 사람인 악셀 에르망Axel Hermant은 캉탈 지방의 마르스나에 '벼락과 뇌우 박물관'을 설립했다가 최근에 문을 닫았을 것이다. 그럼에도 뇌우 사냥은 의심의 여지 없이 계속될 것이다. 뇌우는 이제 더 이상 신의 분노 표출로 인식되지 않고, 계몽주의 시대부터는 종교적이기보다는 미학적인 이해의 대상이 되었지만, 가장 노련한 기후학자들에게조차 자신의 신비를 모두 드러내지는 않았다.

뇌우의 정치적인 상징체계로 말하자면, 기상 예보가 아무리 그 어느 때보다 정치적 '폭풍우'와 사회적 '저기압'을 거론하며 생각을 거든다 해도 그것은 틀림없이 힘을 잃었다.[88] 그러나 오늘날의 혁명들은 뇌우의 메타포를 불러일으키는 것 같아 보이지는 않는다. 혁명은 이제 더 이상 계몽주의 말기처럼 문학적 용어로 쓰이지는 않는 것일까? 특히 미디어의 이미지들을 통해, 어쨌든 '새로운 것'으로서의 혁명은 일어난다. 혁명과 그 뇌우들이 온대 기후에서 멀어져 다른 하늘로 옮겨 간다면 혹시 모르겠다. 그런데 '봄'은 슬그머니라도 민중의 열망을 비춘다.

7

날씨는 어떻습니까?
열광과 근심의 대상인
오늘날의 일기예보
—

마르탱 드 라 수디에르
니콜 펠루자

마르탱 드 라 수디에르Martin de La Soudière

프랑스 국립과학연구센터 민족학자. 겨울에 대한 영화 한 편과 다수의 출판물의 저자. 저서로는
《시골 마을의 시학. 마르주리드에서의 만남들*Poétique du village. Rencontres en Margerides*》
(2010)이 있다.

니콜 펠루자Nicole Phelouzat

사회학자. 프랑스 국립과학연구센터의 자료 관리원.

우리는 상식적으로, "날씨 이야기는 시간 낭비"라고 생각해 왔다. 하지만 이제 우리는 날씨 이야기를 점차 더 많이 하며, 그 이야기를 듣는 일도 더 많아졌다. 이와 더불어 우리 사회는 날씨의 여파를 기술적으로 통제하는 법을 과거보다 오늘날 더 잘 알고 있으며, 우리는 각자 더욱 효과적으로 날씨로부터 자신을 지키고 있고, 날씨는 사회적인 무대로 진출하고 있다. 새롭게 부여된 일기예보météo라는 진지한 명칭 아래, 거의 골칫거리가 될 정도로 꿋꿋하게 지속되어온 날씨는, 1980년대까지와는 확연히 다른 방식으로 우리를 매혹하는 동시에 우리를 약한 존재로 만들기도 한다. 그런데 여기에 하나의 역설적인 점이 있다. 객관적으로는 날씨가 우리에게 점점 덜 영향을 미치는 데 반해, 날씨의 중요성은 점점 커지고 있으며, 우리는 완전히 새로운 형태로 날씨에 의존하고 있다는 점이다.

우리는 여기서, 이 책의 처음부터 끝까지 대기 현상 하나하나를 통해 분석해온 소위 기상 문화에 대한 역사적이고 문학적이기보다는 사회학적이고 심리학적인 현대의 연구 자료들을 검토해보려 한다. 7장에서는, 겨울 그리고 해로운 날씨와 모종의 관계를 맺고 있는

한 민족학자와, 빛과 좋은 날씨를 사랑하는 사회학자, 이 두 사람의
목소리가 열광과 근심의 대상인 일기예보를 소개한다.

열광

날씨에 대한 현대적 감수성은 전과 후, 두 시기 사이에 걸쳐
있다. 그러므로 매우 도식화시켜 세 단계의 시기로 나눌 수 있다. 우
선, "비는 언제나 젖은 곳에 내린다"*거나 "적신 분이 말리기도 할 것
이다"라는 속담에서 보듯이, 매일 체념과 감수를 경험한 농촌 사람
들[1]이, 절실한 필요로 인해 하늘의 변수에 밀접하게 종속되어 있었
던 계절의 시대가 있었다. 그다음은 사회적 고안물[2]인, 현재의 일기
예보의 시대로, 일기예보는 이제 하나의 사회현상이 되었다. 라디오
방송 '프랑스 앵테르'의 전前 일기예보 해설자 르네 샤부René Chaboud
는 정확하게도, "우리는 대중 기상학에서 기상학의 대중화를 거쳐왔
다"고 표현했다. 우리는 이제 기후의 시대라는 세 번째 시기의 문턱
에 와 있다. 그 지속성과 미래에 대한 걱정이 두려움의 지평을 그리
며, 다음 날뿐 아니라 그 다음다음 날과 향후 수십 년간 이어질 근심
이 윤곽을 드러내며 펼쳐진다.
그러니까 이것은 일기예보에서 말하는 날씨다. 우리는 라디오 방

---

* 부나 행운은 이미 가진 사람에게 더해진다는 의미.

송 '유럽 1'의 일기예보 해설자 알베르 시몽과 그의 유명한 개구리를 통해, 일기예보가 우리 사회에서 눈부시게 발전하기 시작한 때가 1950년대 말이었음을 추정할 수 있다. 일기예보의 발전은 1980년대 초반에 확연해진다. 그날의 다른 뉴스들 사이에 파묻힌 작은——그러나 의무를 띤——코너라는 위치에서 벗어나면서 일기예보는 자신만의 독립된 뉴스를 얻어냈고 그렇게 해서 중요한 정보가 되었다. 일기예보 지도와 여러 무대 장치가 연구되었고,[3] 해설은 끊임없이 개성화되어(자신들의 재능을 맘껏 펼쳐 시청자들을 매혹하고 그들의 호기심을 자극하는 알랭 지요 페트레Alain Gillot-Pétré, 미셸 카르도즈Michel Cardoze, 소피 다벙Sophie Davant, 카트린 라보르드 또는 나탈리 리우에Nathalie Rihouet 등의 수많은 인기 해설자가 전 국민의 스타가 되었다), 이렇게 준비된 일기예보가 프랑스의 가정에 밀려 들어왔다. 3분짜리 단막극처럼 쇼 타임이 시작되어, 대변인들이 우리를 위해 진단을 내리고, 프랑스 기상청의 기상 예측 전문가들이 예상한 결과 발표를 감행하는데, 이는 마치 매일 저녁 국가원수의 건강 상태를 점검하여 건강 검진표를 만들기라도 하듯이, '오늘 일기 님은 좀 어떠하신지'를 알리는 것이다. 게다가 공유된 이 순간은 모든 프랑스 국민에게, 합의에 의한 약속이자 거의 연맹 결성 의식과도 같다. 왜냐하면 이는 사촌이 살고 있는 디종의 날씨, 어릴 적 친구가 거주하는 마르세유의 날씨, 그리고 성령강림대축일 연휴를 보내려고 이틀 후에 가기로 한 피니스테르의 날씨(보통은 그럴 예정인 날씨)를 알려주는 동시에, 우리나라의 지리를 되짚어 기억하게 해주기 때문이다. 거리에서나 카페에서, 논밭에서나 사무실에서 하는 날씨 이야기는 그 화자들이 책임질 일이 없기에 중립적이며, 합의된 주제[4]인데, 그래서 일기예보는 어떤 과도적 대상*이나 사회적 응집 요소같이 작용한다. 17세기의 여러 작가가 이미 그렇게 썼듯이 과거에도 늘 마찬가지로 작용했다.

하늘에 관한 이 새로운 관심의 원동력은, 일일이 다 열거하려면 지겹고도 무모할 만큼 많은 우리 일상생활의 다양한 분야에서 비롯되고 있다. 지식과 예견에 대한 갈증이 완전히 새로운 것은 아니지만, (나는 여기서, 옛날 시골에서 통용되던 지역 연감을 통해 전파된, 놀라울 정도로 많은 일기예보 관련 속담들을 떠올린다. 그것은 지식에 대한 욕구와 필요를 명확히 표현하고 있었지만 우리와는 달리 더욱 간절한 이유 때문에, 즉 때로는 생존이 달려 있었던 농사일 때문에 생겨난 것이었다)[5] 오늘날에는 훨씬 효과적으로 이러한 갈증을 해소할 방법을 발견하고 있다.

이 갈증은 우선 우리의 생활 조건과 생활 양식의 진화를 의미한다. 1960년대경부터 여가가 생겨나 그 시간 동안 우리는 일기예보에 '노출'된다. 주중에는 야외 취미 활동에 할애된 시간들, 주말, 휴가(특히 노동 시간의 단축 조정으로 허용된 단기 휴가), 그리고 물론 바캉스를 빼놓을 수 없다. 또한 이 분야에서 엄청나게 까다로운 500만

---

* 어린이가 어머니와 맺는 구순적 관계에서 사물과 맺는 관계로 이행할 때 선택하는 엄지손가락, 이불자락, 봉제 인형 따위의 물건.

명의 별장 소유자들 또는 정원 가꾸기의 비약적인 발전도 생각해보자. 이제 스스로 시간표를 예상할 수 있어야 하고, 가능한 한 가장 정확하게 계획을 세워야 하는 우리는 계획과 일정이 어긋나는 것을 용납하지 못한다. 프랑스 기상청이 응답기로 받는 전화 문의 내용의 60퍼센트는 야외 활동에 관한 것이었다.[6] '라 셴 메테오La Chaîne mé-téo'라는 일기예보 전문 채널은 "여행, 운전, 숨쉬기, 정원 가꾸기, 옷입기, 선탠하기, 기분전환을 위해서 매순간 날씨를 알려주는 방송"을 표방한다.

일기예보는 각 가정에 밀고 들어와 자리를 잡았다. 그런데 거기서 앞으로 더 나아간다. 1996년 6월 21일 미국의 모델을 본뜬 '라 셴 메테오'의 창립과 함께 프랑스 기상청 열람 사이트가 개설되고 점점 더 정밀화된 덕분에, 또한 2000년대 초반 들어 기후와 관련된 인터넷 사이트들이 발전한 덕분에,[7] 이 새로운 탐닉에 가장 잘 빠져들 만한 이들에게 새로운 토양이 마련된 것이다. 이 새로운 열정을 보여주는 수많은 징후를 계속 언급할 수 있는데,[8] 예컨대 1991년부터 파리 근교의 이씨레물리노에서 매년 개최되는 국제 기상 예보 축제가 있다. 그동안 어떤 잡지는 일기예보가 "프랑스인들의 새로운 열광의 대상"[9]인 것처럼 말했으며 또 어떤 일간지는 전국적인 기후 열광증에 대해, "약한 마약이라도 많은 양을 복용한다면 중독될 위험이 있음을 알려, 여기에 의존적인 국민들이 경계하게 해야 할 것이다"[10]라고 논평하기도 했다.

이러한 주장을 글자 그대로 받아들여서는 안 된다. 이 열기가 사

실이긴 하지만 그 비평온非平穩, intranquillité 상태(나는 이 재밌는 신조어
를 포르투갈의 시인 페르난두 페소아Fernando Pessoa에게서 빌어 왔다)*가 국
민 전체에 해당되지는 않기 때문이다. 그럼에도 우리가 일기예보 마
니아라고 부르게 될 사람들은 상당히 많아서 '앵포클리마Infoclimat'
에 가입한 누리꾼은 만 명 정도다. 1990년에는 '미치광이들Les Fêlés'
이라는 사이트의 가입자가 266명에 불과했다. 그들은 극단적인 경
우를 대표한다. 그들은 자신들이 살고 있는 지역, 도시, 동네나 농촌
등지에서 관찰하고 경험한 이례적이거나 엄청난 광경의 기상 사건
들을 실시간으로 증언할 준비가 되어 있으며, 특히 강설이나 격렬
한 뇌우의 기록에 관해 타인들과 의견을 교환하길 원한다.[11] 기상 관
찰의 국지적 규모에 대한 신용이 떨어지기는커녕, 오늘날에는 인터
넷이 기상 정보의 순환을 전 지구에 걸쳐 무한대로 확장시키는 동
시에, 역설적이게도 국지적 규모에 생명력을 되돌려주고 개인적 경
험을 재평가하여 그 명예를 회복시킨다.[12] 사건 발생의 돌발성과 엄
청난 광경에 집착하는 이 누리꾼들은, 일기예보 기록 공유라는 간접
수단을 통해 일종의 매혹을 만족시킨다. 그중 한 사람은 자신의 블
로그에 "나는 세 가지 취미가 있다. 그림 그리기, 정원 가꾸기, 그리
고 나에게 아드레날린을 가장 많이 공급해주는 기상학이다. 열두 살

---

* 이와 관련된 페르난두 페소아의 저서 《불안의 글》의 포르투갈어 원제는 'Livro do De-
sassocêgo'이다. 배수아 번역의 한글판에서는 'Desassocêgo'를 '불안'으로 옮겼지만, 저자
는 프랑수아즈 레이Françoise Laye 번역의 프랑스어판 《Livre de l'intranquillité》를 참
조했을 것이므로, 역자는 신조어 'intranquillité'를 '비평온'으로 옮겨보았다.

때부터──지금은 열여덟이다──끊임없이 창밖을 주시하며 모든 채널의 일기예보를 본다. (…)"라고 썼다.

그러나 강조해야만 할 점이 있다. 이 일기예보 마니아들의 세계에는, 비교하고 깨닫고 지식을 쌓고 싶은 억누를 수 없는 강렬한 욕망 너머,[13] 대부분 일기예보의 미디어화가 만들어내고 두둔하며 조장하고 증폭시키는 이러한 열광/매혹 뒤에는, 분명 현실적인 걱정과 우리들 대다수가 가질 수도 있는 고뇌가, 단조의 나지막한 소리로 감추어져 있다는 점이다. 이렇게 어떤 대가를 치르고서라도 쉬지 않고 날씨를 지배할 방법을 모색하는 것은 결국 알랭 지요 페트레에 따르면, 은연중에 현재 진행되는 것을 제어하며 늦추고 싶어 하는 것이다.[14] 그는 한 학회에서 "일기예보는 우리를 안심시킨다. 그것은 미래가 있는, 생명을 보장해주는 담보이기 때문이다"라고 말했다.

현재의 부담스러운 세태는, 이 비평온이라는 주제와 더불어 일반화된 기상 감수성을 설명하기에 적절하다. 사실 우리가 일기예보 소식에 의존적일지라도, 의존적이냐 아니냐를 떠나, 우리가 일기예보와 맺는 관계는 보다 광범위하게 우리의 보호 욕구/필요의 연장선상에 포함되며, 현대적 생활 방식의 수많은 활동 영역과 능력에서 그것을 재발견한다. 캐나다에서는 더 오래전부터 그렇게 해왔지만, 몇 년 전부터는 텔레비전에서 체감온도에 대해 이야기하고 있다. 더욱 친숙한 방식으로, 우리가 집을 나서면서 실제로 느꼈던 것을 이야기하기 위해서다. 보험에 관해서는(보험으로 우리는 위험과 돌발적인 일에 경제적으로 대비한다. 게다가 전반적으로 모든 것이 우리로 하여금 예기치 못한 일을 더욱 견디지 못하게 압박하고 있고, 우리 각자는 더욱 개인적인 방식으로 이에 동의하면서 매우 다양한 분야에서 보장을 요구한다) 이 모든 것이 우리가 신체, 보건, 건강과 맺는 관계에 접근하여 영향을 미치며(청결과 웰빙에 대한 우리의 걱정과, 일부 사람들이 드러내는 이에 대한 강박을 보라) 이 분야에 대한 우리의 요구 사항은 나날이 배가된다. 우리 모두는, 우리가 그렇게 살고 있다는 것을 안다. 우리가 휴가를 위해 숙소나 기차표를 일찍부터 예약하도록 부추기는 것, 하늘의 색깔과 계절 고유의 돌발 사고를 예측하도록 부추기는 것은 결국 같은 원리다.[15] "우리는 규격에 맞춰진 계절을 기다리며",[16] 언제나 태양이 "자신의 의무를 다하기를" 바라고, 계절들이 "달력에게 약속을 이행하기를" 희망한다고, 드 세비녜 후작부인도 어떤 서신에서 썼다. 돌발적인 기후 사건을 더욱더 참아내지 못하고, 우리 생활 방식은 점점 그것과 양립될 수 없다는 것이 사실로 드러나고 있으니 우리는 그 점에 관해서는 전혀 발전을 하지 못했다.

날씨는 계속해서 우리에게 저항하고 있으며, 기후학자들은 그 사실을 깨닫고 "불확실성의 제국 안에는 기상학을 위한 왕국이 있다"[17]고 강조한다. "날씨를 맞힌다고 주장하는 사람은 거짓말이 하고 싶은 사람이다"라는 격언도 나름의 방식으로 그 사실을 상기시킨다. 그런데 이젠 예보의 미래는 접어두고라도, '주의보가 표시된 지도'가 우리에게 경보를 울리며 날씨를 경계하게 하고 야외 활동을 자제시킬 때, 사려 깊은 해설자들은 '신뢰 지수'가 담긴 자신들의 예보를 덧붙인다는 사실을 상기해보자. 그 즉시로 우리는 계속 불평을 하는데

(이 분야에서는 아무것도 변한 것이 없다!) 그것은 기상의 불안정성에 대한 것이고, 동시에 새로운 희생양인 해설자와 예보 전문가('그들은 또 틀렸으므로!')에 대한 것이며, 우리는 그들에게 언제나 보다 높은 정확성을 요구한다(관계자들이 접수한 항의와 불평 건수 참조).

지속적인 관심의 대상인 일기예보가, 우리를 괴롭히려고 만들어진 것처럼 보이기까지 한다는 점을 17세기의 작가들은 이미 눈치챘다. 일기예보는 우리에게 대항하기를 절대 멈춘 적이 없고 역설적이게도 과거보다 오늘날 더욱 그러하다. 일기예보는 다양한 측면을 가진 반복되는 근심거리이고, 개인적이면서도 동시에 공유되어 사회 전체에 유포되는 단신 기사다.

이 근심거리는 무엇보다 먼저, 우리가 '궂은' 날씨라고 부르며[18] 점점 더 참아내지 못하는 듯한 날씨에 대한 불관용으로 바뀔 수도 있다. 이미 앞에서도 지적했듯이, 이제 우리는 과거에 비해 매우 효과적인 자기 보호 수단(의복, 난방, 예보 등)을 무한히 갖추고 있음에도, 역설적으로 이 불관용은 심각한 거부감으로까지 번질 수 있기에 지금 그 점을 살펴보려 한다. 심리적인 요소에서부터 의학적이고 사적인 영역까지 일별해볼 것이다. 전기 낭만주의 시대 이래로 작가들과 가장 예민한 기질을 가진 이들의 전유물[19]이었던 것이 이제는 사회 전체를 장악하여 퍼져 나가는 듯하다. 특히 이들 중에서도 어떤 의사가 '노벙브리스트'*라 불렀던 일부의 사람들이 돋보인다.

---

* novembriste. '11월의 사람들'이란 뜻이다.

근심

　　우리 중 대다수가 자연과는 떨어진 채 안락한 온도를 유지하는 장소(사무실, 교통수단, 아파트)에서 생활하고 있는 반면, 날씨를 느끼는 우리의 감수성은 외부 온도와 상관없이 심화되었다. 날씨가 그 계절의 이미지에 맞게 정해진 평균치에서 벗어나면, 가을이고 봄이고 여름이고 고약한 날씨라고 말하는 소리만 들린다. 매체들은 우리의 불평불만을 다양한 톤으로 반영한다. 2012년 8월 13일 《르몽드Le Monde》 1면에 실린 플랑튀Plantu의 만평 '플랑튀의 시선'처럼 유머러스할 때도 있다. 수영복을 입고 해변에 자리 잡은 한 커플이 우산을 받쳐 들고 비를 피하는 중이다. 여자가 신문을 읽으며 "과학자들이 바나나의 염색체를 분리했대!"라고 말하자, 남자는 "햇빛의 염색체를 분리하는 게 더 나을 텐데"라고 답한다. 또는 좀 더 진지한 방법도 있다. 프랑스 기상청은 통계에 의지하여, 2013년 1월은 "2004년 1월, 1970년 1월과 함께 1950년 이후 햇빛이 가장 적은 1월 중 하나였다"[20]고 분석했다. "오세르*의 월간 일조량 부족률이 82퍼센트를 기록했다(1월 평균 64시간 22분에 비해 11시간 27분을 기록함으로써)"[21]는 것이다. 마지막으로는, 맑은 날씨를 기대하며 "당신은 어떤 방법으로 부족한 햇빛을 보충하시겠습니까?"[22]라고 질문하면서 임기응변식의 여러 가지 충고를 해준다.

─────────

* Auxerre. 프랑스 중부 내륙의 부르고뉴 지방에 위치한 도시.

위_에드워드 호퍼Edward Hopper, 〈햇볕을 쬐는 사람들〉(1960).

아래_피터 진터Peter Ginter, 〈광선 요법〉. ©Bilderberg, Ginter

브르타뉴 지방에서는 비수기인 '무아 누아르mois noirs'(검은 계절) 라 부르는 겨울에 관해서 어떤 젊은 여성은 이렇게 묘사했다. "잿빛 날씨는, 슬프고 춥고 곰팡이로 얼룩진 것 같다."[23] 안개와 회색빛이 그나마 짧은 낮을 더 짧아 보이게 하며, 공간뿐 아니라 시간까지 희미하게 만든다. "최악인 것은, 집을 나설 때도 밤이고 집으로 돌아올 때도 밤이라는 것이다." 솔직히 말하자면, 겨울이 '진짜 겨울'처럼 보이면서도 의당 겨울은 이렇다 할 정도로만 적절하다면, 그토록 못 견딜 것만은 아니리라. 확실히 춥긴 하지만 혹한은 아니며, 하얗게 남아 있어준다는 조건으로 눈도 좀 내리고, 그뿐 아니라 특히 그 옛날 테오필 고티에가 묘사했던, 우리가 갖고 있는 "하늘에 대한 향수"[24]를 위로해줄, 아주 파란 하늘에 빛나는 태양과 함께라면 말이다. 말하자면, 산으로 바캉스를 떠날 것을 제안하는 광고에 적합한 겨울이다. 이런 포스터 속의 겨울이 없다면, 21세기의 전환기에 우리는 어떻게 겨울을 겪고 견디며 그것에 적응할 수 있을 것인가?

15년 전쯤부터 매년 가을이면, 겨울이 다가온다는 것과 육체적으로나 정신적으로 반복되는 그 폐해를 조심할 것을 환기하는 기사가 나온다. 2010년 11월 2일자 《20분20minutes》*에는 "계절성 우울증은 겨울잠을 자지 않습니다"라는 구절이 나온다. "빛으로 우울증을 관리하세요. 전등이 자양강장제를 대신하는 때"는 2011년 9월 8일자 《르 누벨 옵세르바퇴르Le Nouvel Observateur》에, "겨울철 우울은

---

* 유럽 수 개국에서 발행되는 시사 일간지로 무가지이다. 프랑스판은 2002년에 창간되었다.

이제 끝 : 매우 효과적인 프로그램"은 2011년 1월 21일자《엘르*Elle*》
에 실린 기사다. 이제는 잘 알려진 것들임에도, 매체들은 그것을 매
년 반복하는 것이 자신들의 의무라고 생각한다. 이 병은 '겨울철 계
절성 우울증'이라는 이름을 갖고 있다. 가장 분명한 증상은 겨울잠
을 자고 싶은 욕구인데, 광선 요법이 동원되는 이 프로그램은 "겨울
을 활기차게 보내기 위한" 아이디어를 알려준다고 광고한다. 겨울
이 끝나갈 무렵인 2월은 가장 짧은 달이지만 끝나지 않을 것처럼 느
껴진다. 비축한 빛도 바닥나고 "배터리는 제로가 되었지만" 그 순
간에도 겨울은 끈질기게 이어지기 때문이다. 2013년 2월 4일자《뤼
니옹*L'Union*》은 "해가 나지 않아 아르덴 주*는 겨울철 우울증을 앓
고 있다"고 했고, 2013년 3월 23~24일자《트리뷴 드 주네브*Tribune de
Genève*》는 "계절성 우울증에서 벗어나는 모든 비법"을 알려주었다.

이 '병'에 이름을 붙이고 의식을 하게 된 것은 몇 년 사이에 일어
난 일이다.《우에스트프랑스*Ouest-France*》의 기자 콜레트 다비드Colette
David는 자신의 2004년 11월 1일자 기사가 일부 독자들에게 자기들
마음에 이는 동요가 계절성 우울증임을 깨닫게 하는 동시에 광선 요
법이라는 치료법을 알리게 된 것을 반가워했다.

미국 국립정신건강연구소National Institute of Mental Health(NIMH)의 노
먼 E. 로젠탈 박사**가 한 소논문의 초판에서 겨울철에 반복되는 이
'정서 장애'를 유머러스하게 '계절성 정서 장애Seasonal affective disorder'

---

* Ardennes. 프랑스 북동쪽, 벨기에와 국경을 접한 지방의 주.

를 의미하는 SAD[25]라고 명명한 것이 1984년의 일이다. 이 장애는 낮의 길이(동지에 낮이 가장 짧아진다)가 짧아지고 광도(하절기 정점에 달할 때 10만 럭스에서 동절기에 비나 눈이 오는 날엔 1,500럭스까지)가 감소하는 가을부터 시작하며 봄이 되면 저절로 사라진다. 매우 강렬한 빛에 신체를 노출하는 것이 환자의 증상을 개선한다. 고전적인 우울증 증세와 더불어 계절성 우울증은 비정형적이라고 일컬어지는 자율신경의 증세들이 특징이다(수면 과다, 체중 증가를 초래하는 탄수화물 과다 섭취). 주로 여성에게 많고, 영향을 받은 사람들 중 70퍼센트에서 80퍼센트가 고통을 겪고 있는 계절성 우울증은 1987년 미국 정신의학회American Psychiatric Association(APA)에서 발행하는《정신질환 진단 및 통계 편람Diagnostic and Statistical Manual of Mental Disorders》에 등재되었다.[26] 이 증세는 이 편람에 독립적으로 기재되지는 않았지만 그 계절적이며 반복적인 성격은 분명히 우울증의 특성을 보이는 것이었다. 다섯 번째 개정판인 DSM-V***는 2013년에 출판되었다. 노먼 E. 로젠탈[27]은 '계절성 정서 장애'의 지위를, 완전한 자격을 갖춘 하나의 질병 단위로, 그리고 주요 우울증 증상과 분리되는 독립적인 장애로 재고해달라고 요청했다.[28]

사실, 파리의 생트안 병원 소속의 정신과 의사 클로드 에벤Claude

** Norman E. Rosenthal(1950~). 1980년대에 '계절성 정서 장애'라는 명칭을 고안한 남아프리카공화국의 정신과 전문의. 그 치료법으로 광선 요법을 도입한 선구자들 중 한 사람이기도 하다.
*** 《정신질환 진단 및 통계 편람》 개정 5판의 약자.

Even에 따르면, 이 비정형적인 증상들은 첫 단계의 요법으로 빈번히 추천되는 광선 요법[29]을 적극적으로 실행함으로써 예측할 수 있는 징후들이다. 현재 고전적인 치료법은 오전 중 30분간, 1만 럭스의 강도로 적외선과 자외선을 방사하며, 선글라스를 쓰지 않고 가끔씩 바라볼 수 있는 정도의 특수 광선판 앞에서 빛을 쐬는 것이다. 이 치료법을 실행함으로써 무력증 및 여러 증상이 며칠 만에 사라지는데, 만약 다시 시작된다면 치료는 환자가 자연적으로 평소의 컨디션을 되찾을 때까지 유지되어야 할 것이다. 이 단순한 치료법은 정신과 의사 진료의 필요성을 망각하게 하는 경향을 띠는데, 정신과 의사만이 처방을 내릴 수 있고, 부작용을 없게 하려면 안과 의사의 진료도 필요하다. 전체 인구의 1퍼센트에서 3퍼센트가, 일을 중단해야 할 정도의 장애를 일으키는 진정한 SAD를 앓고 있는 반면, 일기 과민자의 15~20퍼센트는 '준準 SAD'일 뿐이다. 즉, 같은 증상을 보이기는 하지만 훨씬 경미하다. 결국 전체 인구의 약 90퍼센트는 계절에 따라 한두 가지 이상의 기분 변화를 겪을 것이다. 그러므로 병리학적이지 않은 계절성과 계절성 우울증 사이에는 일종의 연속체가 존재하게 될 것이다.

이 동절기의 불쾌감은 히포크라테스 시절부터 잘 알려져 있다. 그는 기원전 5세기부터 자신의 의학적 기후론인《공기, 물, 장소들》과 또 다른 저서들에서, 의사는 환자를, 환경과의 관계를 고려하여 진찰할 것을 권유한다. 우울한 기질[30]은 메마르고 차가운 땅과, 흑담즙이 가장 왕성한 힘을 발휘하는 위험한 계절인 가을과 관계가 있기

위_앙리 리비에르Henri Rivière, 〈트로카데로에서 본 공사 중인 에펠 탑〉(19~20세기경).

아래_앙리 리비에르, 〈비 내리는 케 드 파시Quai de Passy〉(1900).

때문이다. 이러한 권유는 17세기에 목사이자 옥스퍼드의 사서였던 리처드 버튼Richard Burton이 재조명하여,《우울증의 해부*The Anatomy of Melancholy*》[31]라는 책에서 펼친 그 특유의 견해를 통해 발전되었다.

이 겨울철 우울의 과학적 지위는, 기후 요법과 특히 생체리듬학, 그리고 신경내분비학의 과학적 발전 덕분에 확립될 수 있었다. 이러한 흐름은 1971년 24시간 생체리듬(일주율)의 발견과 1980년 빛에 의한 멜라토닌 분비물 제거의 발견으로 직접 연결되었다.

인간은 자신의 생체 기능 속에서 자신이 처한 환경과, 자연의 순환 주기에 따라야 한다는 것을 인정해야 했다. 자연의 순환 주기란, 지구의 자전과 이어지는 24시간 주기(낮/밤)와, 광光 주기의 변동이 수반되는, 태양 주위를 도는 지구의 공전과 연결되는 계절 주기를 뜻한다. '생물학적 변수'라 부르는 여러 가지 물질들이 이 순환 주기들에 따라 우리 신체를 통해 생산되며 우리 행동의 많은 부분을 결정짓는다.

현재 가장 잘 알려져 있는 것은 24시간 생체리듬(일주율)이다. 고립에서 얻은 경험 덕택에 우리는 인체가 외부적인 지표 없이도 생체리듬을 유지하고 약간은 연장시킨다는 것을 안다.[32]* 정상적인 시간 속에서 그 리듬은 외적(빛과 사회적 신호들), 내적 싱크로나이저**들

---

* 프랑스의 동굴 탐험가 미셸 시프르Michel Siffre는 1962년 7월 17일부터 물리적 시간과 내면의 시계가 일치하는지, 일치하지 않는지를 밝히기 위해 수백 개의 얼음 층으로 뒤덮인 빙하 동굴 스카라송Scarasson에서 1,500시간 동안 홀로 생활했다.
** 내인성 하루 주기 리듬과 상호작용하여 자유 리듬이 아니라 정확히 24시간 주기로 동시에 발생하도록, 즉 동조하게끔 유발하는 일부 환경 요인들. 동조 인자라고도 한다[엘리

을 통해 주기적으로 떨어지고 올라간다. 사회환경적 신호들은 사람에게 매우 중요하다.[33] 교대로 지나가는 소음과 정적, 그리고 다양한 냄새와 외부 기온이 있을 뿐 아니라 정해진 시간표 안에서 이루어지는 다양한 사회생활이 있다. 사회적 싱크로나이저가 뒷받침하는 빛은, 내적인 생체 시계[34]가 시간을 '지키는 것'과, 서로 다른 내적 리듬을 조율하는 것을 돕는다.

가을철 광 주기의 단축이나 야근, 혹은 시차jet lag가 있는 장거리 여행 등으로 외부의 싱크로나이저가 변화할 때, 생체리듬은 적응을 하지만 이는 생리적 변수(수면 리듬, 체온 등)에 따른 서로 다른 시간 내에서 이루어진다. 이러한 내적 생체리듬의 균형이 깨지는 상황은 개인마다 큰 차이를 보인다.

그중에서도 우리의 수면을 지배하는 것은, 1959년에 발견된, 그 유명한 멜라토닌[35]의 24시간 주기와 관련되는 경우가 될 것이다.[36] 사실상 이 호르몬은 밤과 낮의 교대와 관련되는데 그 분비는 밤의 지속 시간(일몰 때부터 새벽 3~4시에 정점을 찍으며 여명 무렵까지)을 나타낸다. 그것은 여름보다 겨울에 더 많이 분비되는데 어둠이 지속되는 시간이 가장 길기 때문이며, 각성 상태에서 수면 상태로 들어가는 데 중요한 역할을 한다. 이 호르몬의 활동은 눈에서 뇌에 이르는 복잡한 경로를 거친다. 빛은, 빛의 흐름에 민감한 망막 세포(추상체나 간상체와는 다른)가 포착한다. 조명 강도의 정보가 시교차 상핵

노어 로렌스,《헨더슨 생물학 사전》, 김영환 옮김(바이오사이언스, 2013)).

에 전달되면, 시교차 상핵은 멜라토닌의 합성이 일어나는 송과선에 그 정보를 보낸다.

이삼십 년 동안 겨울철 계절성 우울증이 급속히 전파된 현상을 어떻게 설명할 것인가?[37] 여기에는, 강력한 욕망의 사회에서 계절성 우울증이 가져오는 부차적 이익들, 20세기에 지속되었던 햇빛에 대한 본능적 욕구, 거기에서 파생된 결과인 자연광의 새로운 중요성, 최종적으로, 생체리듬학의 다양한 연구물의 대중화라는 요소들이 고려되어야 할 것이다.

이미 많은 논의가 이루어졌기에, 어떤 사람들은 신문을 읽거나 텔레비전을 보며 "아! 내가 바로 그런데!", "지금 내가 이렇게 불편한 건 놀랄 것 없어, 텔레비전에서 본 거야", "지금 저기서 설명하는 게 바로 나야!" 하면서 자신이 '계절성 우울증 환자'라는 사실을 발견했다. 장 스타로뱅스키*는 이렇게 설명한다.[38] "말은, 그것이 지닌 고유의 효력을 통해 그 전조가 되는 정서 경험을 고착시키고 퍼뜨리며 일반화하는 데 기여한다." 병은 "사람들이 그것에 대해 말하기 때문에 전달된다. (⋯) 말은 전염 물질로서의 기능을 수행한다." 한번 진단을 받으면 이 사람들은 진정이 된다. 환경과 관계된 장애에 걸렸음을 깨닫는다는 것은 분명히 "날씨와 빛 때문이라니 안심이군.

---

* Jean Starobinski(1920~). 유대계 폴란드인으로, 스위스 태생의 사상가. 제네바 대학교 문학, 의학 박사. 존스 홉킨스 대학교와 바젤 대학교에서는 프랑스 문학을, 제네바 대학교에서는 사상사와 의학사를 강의했으며 수많은 저서를 발표했다.

전에는 뭔가 내 안에서 속병이 난 줄로만 알았으니까" 하며 객관화될 수 있는 외인적 요소를 탓할 수 있다는 것이다. 한 정신과 의사는 "주변 환경으로 인한 장애가 생겼음을 깨닫는 것은 자책을 피하게 해준다"라고 덧붙인다. 게다가 이 사람들은, 그 전까지는 이 '병'이 자기 책임이라고 생각해온 경향이 있었던 만큼, 이 병은 그들의 정신적 마비 상태나 무기력이 그들 책임이 아님을 밝혀준다. 장 스타로뱅스키는 또한 "물리적 원인들의 불가피한 작용은 비난의 실마리를 제공하지 않는다"고 이야기한다. 이 사람들은, 모든 사람에게 자기 앞가림을 하고 독립적이 될 것이며 책임감을 갖도록 요구하는 사회에서, 그 사회에 적응하지 못하고 도움을 받아들이는 것을 정당화할 수 있었다.[39] 결국 화학 물질 없이, 보다 자연적인 방법을 통한 치료법이 '무공해'와 '환경 보호'를 추구하는 시대 조류를 만족시켰다.

빛의 결핍에서 비롯되는 이 장애를 20세기에 있었던 햇빛에 대한 과대평가와 관련지어볼 때, 이내 그 불편함은 좀 더 용인할 만한 것이 된다. 그러나 19세기 말에는 햇빛에 대한 불신이 팽배했었다. 어머니들이 더위를 경계하고 여름이 유해하다고 생각한 것은, 당대의 보건 위생과 관련된 편견들 중 하나였다. 크리스토프 그랑제는 후에 "신체와 계절의 만남을 엄숙히 조인한 것은 세균에 대한 공포"[40]라고 설명한다. 사실상 햇빛은 세균이 발견된 이후에 급변했다. 위생학 전공 의사들은 "우리는 주변의 공기 오염으로 허약해진 학생들을 끌어내서 방학 캠프에 보내야 한다"[41]며 바깥바람을 쐬고 자연에 신체를 노출하려면 세균의 온상인 도시에서 벗어나는 일이 시급하다고 선언했다. 곧, 공기 요법과 햇빛 요법, 고산 치료법이 체질에 따라 추천되었다. 새로이 등장한 기후 요법을 통해, 기후 변화가 인체에 미치는 이점이 관찰되었기 때문이다.

역사학자 조르주 비가렐로Georges Vigarello는 20세기에 자기수용성 감각*에 귀를 기울이는 신체에 대한 새로운 의식이 떠오르고 있음을 지적했다.[42] 자기 자신의 웰빙에 대한 염려는 가장 중요한 것이 되었다. 그러고는 이내, 햇빛의 맛, 온기가 맨살에 닿을 때 느끼는 관능적인 기쁨과 함께 으뜸가는 것이, 열이 주는 쾌적함이 되었다.[43] "나는 피부에 빛을 쬐어야 하고, 꼭 끼는 옷을 절대 입지 않으며, 최대한 피부를 자유롭게 한다. 그래서 여름옷만 좋아한다. 나는 공기를 느끼는 것, 목이나 다리로 바람을 느끼는 것이 좋다."

알다시피, 대중들의 향일성向日性은 그때까지 자연과 단절되어 있었고, 가정용과 공공용 전기, 주거 장소의 난방, "도시 지면의 배수 및 방수"[44]의 일반화를 통해 "계절적 요인의 편차가 줄어든", 대다수 시민들을 위한 유급 휴가의 시작과 함께 발전했다. 이런 움직임의 절정은 1960년대로, 그 유명한 슬로건 '바다, 태양, 모래사장Sea, Sun, Sand'[45]을 내걸었다. 이렇게 태양은 휴가철 '좋은 날씨'의 필수 요소가 되었다. 그때부터 햇빛을 그리워하고 겨울에 햇빛이 적다고 괴로워하는 것이 '자연스럽게' 되었다.

---

* 자신의 상태나 변화를 직접 자극으로 수용하는 감각으로, 내수용성 감각의 일종. 위치각이나 운동각이 이에 속한다.

햇빛이 가득한 니스에서 겨울을 보낼 것을 권유하는 벨 에포크 시대의 광고 포스터.

　그러나 1990년대부터 태양과 일광욕 예찬은 조금 약화되었다. 사실, 여러 분야에 걸친 과학자 그룹의 주도로 설립되었으며 유엔 세계보건기구와 연계되고 국립암연구소의 지원을 받는 태양 안전 협회[46]의 활동 덕분에 태양광의 부분적인 위험성과, 햇볕을 쬐기 전 숙지해야 할 주의 사항을 모를 수는 없게 되었다.

　게다가, 태양을 열렬히 바라는 나머지 겨울에 여행을 떠난다 해도, 여행지로 선택한 장소에 태양이 없을 수 있다. 인터뷰에 응한 어떤 여성은 연중 내내 천국 같은 곳으로 선망받는 '섬의 기후'에 매혹되었다. 그녀는 "태양의 열기가 자신을 다시 소생시켜줄 것처럼 꼼짝 않고 몸을 태울 수 있기를 꿈꾸다가" 실망하고 말았다. 이 여성은 거기서 영국의 작가 서머싯 몸Somerset Maugham이 묘사한 것을 발견했다. "하늘은 파랬는데, 이탈리아의 눈부시고 자극적인 파란색이 아니라 뿌옇고 창백하고 초췌한 동방의 파란색이었다."[47] 생물기상학자인 장 피에르 브장스노[48*]는, 열대나 아열대의 섬을 사람들이 많이 찾는 시기들은 종종 비와 태풍이 몰아치는 달과 일치하며 그때에 습도는 매우 높아지고 심한 안개가 낀다고 설명했다. 결국, 우리가 망각하고 있는 또 다른 현실은 그 시기의 열대 지방에서는 낮은 짧고(약 12시간), 석양이 없고, 길고 어두운 저녁이 뒤따른다는 것이다.

태양의 해롭고 변하기 쉽고 변덕스러운 면은 이제 잘 알려졌다 해도, 가장 큰 중요성을 부여해야 할 것은 태양에서 발산되는 빛이다. 낮 동안에는 햇빛에 노출되는 것이 절대적으로 필요해졌다. 실제로 시차의 파급 효과에 대한 생체리듬학 연구들은 폭넓게 대중화되었는데, 특히 "사회적 시차 증후군"[49]에 관해서 그러하다. 우리는 생체 시계의 리듬에 맞추어 살 수 없다. "잠으로 들어가는 문"인 수면 1단계 신호(갑작스러운 피로감, 체온의 하강) 후에도 너무 늦게 잠들며, 충분히 자지 못했는데도 기상해야 한다. 우리는 이렇게 수면 부족으로[50] 불면증, 심혈관 장애나 인지 장애까지도 일으킬 수 있다. 예컨대 학생들은 교실의 조명이 강하거나 좀 더 특별하게는, 경계심과 인지적

---

* Jean-Pierre Besancenot(1947~). 프랑스의 지리학자, 국립과학연구센터CNRS 명예 연구교수. 1988년 디종 대학교 의과대학에 '기후와 보건 연구소'를 창립하여 2007년까지 소장으로 일했다. 그의 연구와 강의의 주제는 주로 환경 보건, 특히 기후의 정점이 건강에 미치는 효과와, 보다 나은 위험 관리에 관한 것이다.

성과를 높이는 푸른 기가 도는 빛으로 조명을 하는 경우를 제외하고는 저녁 8시에서 아침 9시까지를 밤으로 생각하는 경향을 보이는 것으로 증명되었다.[51]

기업가들은 이런 빛에 대한 열렬한 관심에 우선적으로 응답했고, 이것은 광선 요법의 필요성을 만족시킬 방도를 찾고 있는 24시간 주기 일주율 연구에 직결되었다. 전등의 형태와 관련해서는, 대형 매장에서 보편화되고 인터넷에서 더욱 다양해진 시장 곁에, 에너지 소모량은 낮고 수명은 길어진 '자연광' 형광램프 시장이 떠올랐다. 사실 백열전구의 노랗고 포근한 빛의 부드러움을 도외시하면서, 생산자들은 매우 하얀빛을 내는 전구에 더 높은 가치를 부여했다. 그 이유는 "자연광의 지속적인 발산이 평안함을 가져다주는데다가 시각적으로도 실제로 편안하기 때문이다". 거기에서부터 '라이프 에너지Life energy', '데이라이트Daylight', '바이오라이트Biolight' 등의 이름들이 생겨난 것이 분명하다.

국제조명위원회CIE의 일원인 프랑스조명협회AFE 같은 단체들은, 국립야간대기환경보호협회ANPCEN에서 고발한 바 있는, 조명 때문에 생기는 야간 공해를 고려한, 공공장소와 직장 조명 개선에 대한 연구를 확산시키는 데 적극적인 역할을 수행하고 있다. 핀란드 헬싱키의 '엥겔Engel' 카페는 아침 일찍부터 대낮같이 밝은 조명을 설치하여 개인적으로 광선 요법을 받을 필요가 없게 했으며, 사무실에는 천장에 치료 효과가 있는 특별 조명을 설치하여 겨울에 부족한 빛을 공급받을 수 있게 했다.

클로드 모네, 〈루앙 성당, 성당의 정문, 흐린 날씨, 회색 조화〉(1892).

　과학기술이 겨울에도 여름의 빛을 만들어낼 수 있는 것이다! 이
는 의학이 요구하는 이상으로 앞서가는 것이 아닌가? 또 한편으로
는 우리가 살고 있는 온대 기후 지역에서, 해가 서서히 떠오르고 질
때 느끼는 감동이 사라져버릴 수도 있는 것처럼 보인다. 그것은, 아
이슬란드 태생의 덴마크 예술가 올라퍼 엘리아슨*이 2003년 런던
테이트모던뮤지엄에서 자신의 〈날씨 프로젝트The Weather Project〉를

통해 우리로 하여금 느끼게 해주고 싶었던 것일지도 모른다. 이 작품은 매우 정교한 장치를 동원하여 안개에 싸인 채 해가 떠오르는 모습을 계속적으로 보여준다. 엘리아슨은 바람이 불고, 비가 내리고, 햇볕이 내리쬐는 등의 날씨가 자연과의 기본적이고도 귀중한 만남을 가능케 하는 것 중 하나며, 이는 도시에서도 여전히 경험할 수 있다고 평가한다.

계절에 재적응하는 것이 바로 몇 년 전부터 월즈 저스티스Wirz-Justice[52] 박사가 권장해온 것이다. 이 박사는 계절성 우울증을 앓는 사람들에게 이른 아침에 하는 산책은 광선 요법[53]과 마찬가지로 유익하다고 주장한다.[54] 핀란드 사진작가 펜티 사말라티Pentti Samallahti의, 회색조 명암이 풍부한 사진을 통해 겨울 풍경을 새롭게 보노라면 그 풍경을 사랑하게 된다. 시인 필리프 자코테Philippe Jaccottet는 우리를 비난하기까지 한다. "그러나 우리는 거의 힘이 없어야 한다/ 햇빛 조금 없다고 체념하기 위해/ 어깨 위에다 몇 시간/ 구름 한 뭉치 짊어질 수도 없기 위해/(…)"[55] 결국, 중간 계절인 봄과 가을을 재발견한다. "봄의 감미로움과 가을의 그림자에 대한 찬미는, 여름의 강렬한 햇빛을 찬양하기 위해 방기되었다."[56]

준準 계절성 우울증에 관해서는, 의학의 시선에서 벗어나 이 불편함을 우리 기분의 일부로 받아들이는 것이 또 다른 해결책이다. 그

• Olafur Eliasson(1967~). 덴마크의 설치예술가. 안개, 빛, 물, 습도, 그림자, 토양, 얼음, 이끼, 바람 등을 공간에 끌어들임으로써 주로 자연과 과학기술의 관계 안에서의 지각 심리 체계를 기초로 하는 작품들을 제작하고 있다.

것이 여러 매체에서 정기적으로 "겨울을 활기차게 보내는 다섯 가지 비법"[57]이라든가, "계절성 우울증, 나는 문제없어요!"[58]라는 제목의 기사를 통해 권유하는 것이다. 각자 자신의 기분을 관리하는 법을 배우며 자신의 성격에 따라 자신만의 임기응변식 '응급조치'와 대응책을 마련하는 것이다. 야외 스포츠 활동을 하거나, 전철을 타는 대신에 걸어서 출근한다든가, 꽃피는 봄을 위해 공동 주말 농장에 '자신'의 땅을, 또는 시골에 자신만의 정원을 마련하다든가,[59] 엘리자베스 폰 아르님Elisabeth von Arnim[60]처럼 "크리스마스 준비에 여념이 없더라도 꽃집의 카탈로그를 잘 살펴, 봄을 위해 주문할 종자나 묘목의 목록을 작성하는 것" 등이다. 다른 방법으로는, 앞서와 비슷하기도 하지만 수시로 할 수 있는 것들이 있다. "저녁식사, 요리, 친구들 초대하기, 또는 금세 기분이 가벼워져 날아갈 것처럼 만들어주는, 여러 가지 색깔의 직물로 기분 내기 등, 온기를 느끼게 해줄 수 있는 모든 것"을 추구하면서 안락한 실내에 둥지를 틀 수도 있다. 북구에서 유래했다는 촛불과 꽃불 장식도 빼놓을 수 없다.

수세기 동안 지속되어왔거나 최근에 생겨난, 진정한 문화적 상징인 수많은 축제에서는 암울한 어둠이 쫓겨나고 빛이 승리한다. 예컨대 12월 13일 성녀 루치아 축일은 스웨덴 전역에 걸쳐 작은 시골 마을에서까지 기리는 축일이다. 하얀 옷을 입은 어린 소녀들이 촛불을 손에 들고, 여러 개의 촛불을 얹은 녹색 화관으로 머리를 장식한, 빛을 발하는 약혼녀 루치아를 앞세우고 행진한다. "이 소녀는 혹독한 겨울 한가운데서 얼어붙은 땅을 매력적이고 행복하게 만들어주

위_크리스마스카드에 등장하는 성 루치아(아델 소더버그Adèle Söderberg의 20세기 초반 그림).

아래_12월 8일 빛 축제가 열린 리옹.

는 온기와도 같은 존재다."[61] 스위스 발레 지방의 시골 마을 그랑지올에서는 최근 대로를 따라 거대한 나무 태양을 끌고 다니면서 빛을 붙잡아보려는 시도를 했다. 12월 8일에 리옹에서 열리는 빛의 축제는, 푸르비에르 언덕 위에 있는 성 토마스 성당의 금박 입힌 성모상에 불을 밝히고, 창문마다 '작은 촛불'을 밝힘으로써 리옹 시를 성모 마리아께 바치는 봉헌 축일에서 유래했다. 1989년부터 이 축일은 자연스럽게 관광 행사가 되었다. 예술가들의 손을 거친 수많은 빛의 유희가 시내의 주요 건물 벽면에서 펼쳐져, 민간에 전승되어오던 도시의 '작은 촛불' 전통에 합류했다.

다시 본론으로 돌아가, 앞서 이야기했던 다른 대응책으로, 어떤 이들은 여행을 떠남으로써 암울한 계절을 피하기로 마음먹기도 한다. 그것이 (앞서 언급했던 실망이 뒤따르는) 모리셔스 섬이나 앤틸리스 제도로 떠나는 12월이나 2월의 바캉스 시즌이다. 혹은 해를 볼 수 있으리라는 희망을 품고 산으로 향하기도 한다. 상대적으로 새롭다고 할 이런 습관은, 오늘날 핀란드 사람들에게는 거의 하나의 연례 의식이 되어서 많은 수가 남스페인이나 그리스로 떠난다. 캐나다의 퀘벡 사람들은 미국 플로리다의 '플로리벡Froribec'이라는 별칭이 붙은 곳에서 '스노버즈Snowbirds'[62]라 부르는 캠프를 연다. 결국엔《날씨에 따른 여행 안내서Guide de voyage météo》라는 것이 발행되어, 원하는 날씨에 알맞은 행선지를 매달 안내하며 여행자들에게 도움을 주고 있다.[63]

하지만 여름만이 날씨가 좋은 계절은 아니다! "난 겨울형 인간이지!", "난 여름을 겨우 견디는데", "매일 맑은 날은 싫어요", "난 25도

이상의 맑은 날씨는 힘들어요", "난 더우면 완전히 초죽음이 돼요. 정신적으로 심한 고통을 느끼는데 거의 공격을 받는 것 같아요… 울적한 것도 아니고 진짜 우울증에 걸린 것도 아닌데 기분이 불쾌해요. 원기가 떨어지는 거죠", "여름이면 나무들이, 이미 사람으로 꽉찬 방처럼 잎으로 가득 차서 다른 건 아무것도 맞아들이지 못해요." 이런 증상으로 고통받는 사람들에겐 실행하기에 더 용이한 대응책이 있다. 여름에 북구를 방문하거나, "눈으로 볼 수 있는 한도 내에서는 최고로 밝은 흰빛이 되며 그 이상이 되면 실명할 수밖에 없는"[64] 해가 빛나는 남쪽 나라에서 그 유명한 시에스타를 반나절 동안 즐기는 것이다. 구름 없이 파란 하늘, 그토록 열망했던 변함없이 맑은 날씨는, 너무 오래 지속되는 단조로움 때문에 우울해지게 할 수도 있다고 장 피에르 브장스노는 자신의 견해를 피력했다.

그럼에도 여름철 계절성 우울증(서머 SAD 또는 역계절성 우울증 reverse seasonal affective disorder)은 발병률이 매우 낮다(인구의 1퍼센트 미만). 겨울철 계절성 우울증과는 반대되는 증상(수면 시간 단축, 식욕 부진, 체중 감소)을 통해 심심치 않게 진단되는 병이다. 그러나 로젠탈은 앞에서 언급한 논문에서, 장차《정신질환 진단 및 통계 편람》개정 5판에서 겨울철 계절성 우울증과 같은 지위를 부여할 만큼 여름철 계절성 우울증은 아직 충분히 연구되지 않았음을 인정했다. 사실 그것은 그만큼 과학적인 호기심도 자극하지 못했다.

계절 예찬

우리는 도입부에서, 날씨에 대한 감수성의 역사를 매우 도식화시켜 세 단계로 나누어보았다. 계절의 시대, 일기예보의 시대 다음에 오는, 3단계 기후의 시대는 그 영속성과 안정성에 관한 문제를 제기하며 앞으로 수십 년 동안의 윤곽만을 드러내고 있을 뿐이다. 알다시피 전문가들은 때때로 격렬하게 학회와 미디어에서 이 새로운 문제, 기후 변화에 대해 토론하고 있다. 그러나 지금 사회학자들은 어떤 이야기를 할 수 있을까? 이러한 전망을 제시하는 것 말고는 아직 대단한 것이 구체적으로 모습을 드러내지는 않고 있어, 시골 마을이나 동네의 공원 수준 정도에서는 두드러지게 눈에 띄는 것은 없다. 환경에 가해지는 또 다른 위협의 가능성에 대해 한 동료 민족학자가 말한 것처럼, 재난은 느리고 조용하며 극적이지 않다. 우리 중 대다수는 기후 변화라는 가정을 전문가들에게만 내맡기고(반대로, 미디어는 그것을 이용해 이익을 창출하고 있다) 그 문제에 대해 그다지 관심이 없는데다, 중요성이라곤 없는 하찮은 이야기라는 식으로 그런 가정을 비웃는다.

어쩌면 계절의 흐름은 변할지도 모른다. 어쨌거나 모두들 앞다투어 그렇게 반복해 말하고 있고, 계절들은 불순해져 앙시앵 레짐 시대의 시평에서 쓰이던 표현들을 다시 쓰게 될지도 모른다. 하지만 우리는 아직 이런 가능성을 우리 문화 안에서 그다지 받아들일 준비가 된 것 같지는 않다. 우리가 만들어놓은 날씨의 유형과 그 상징적인 이미지들은 잘 없어지지 않을 것처럼 보인다. 우리는 하늘이 부과하는 해, 바람, 눈, 안개, 비 등을 견뎌내야 하지만, 또한 그 의미를 바꾸고, 그것들을 상상하고 동경하며 미화할 줄도 안다. 저마다 각자의 대기 현상이 있는 것이다. 방과 후 할머니가 만들어주신 간식 마들렌의 맛과 같이* 계절들은, 그것을 회상하는 동시에 떠오르는 어린 시절의 기억과 함께 매우 선명한 친근함을 드러낸다. 그리고 동시에, "이젠 계절이 없어졌다"[65]고 하는 표현은, 현재의 시간과는 결코 같아질 수 없는데다 항상 모순되는 어린 시절에 대한 향수에서 비롯된 표현으로 이해될 수는 없다. 콜레트는 "그 시절에는 혹한과 폭서가 있었다. (…) 어떤 겨울도 이젠 순수한 백색이 아니다"[66]라고 썼다. 그 집단적 상상력을 채워주는 시적인 연상들에도 불구하고, 그 기반과 정의조차 흔들리는 계절들은 장차 위협받을 위험에 처해 있다. 하지만 조용히 흘러가는 나날 속에서, 계절들은 우리에게 단조의 나지막한 소리로 인생의 축소판처럼 작은 교훈을 언제나 들려줄 수 있으리라고 굳게 믿어야 할 것이다. 계절들은 흐르는 세월과 모든 사물, 그리고 우리 자신의 노화를 말해주는 동시에, 때로는 안심되고 때로는 걱정스러운 모습이지만, 언제나 다시 돌아와 우리에게 '반복'이라는 역설적인 선물을 선사하는 것이다.

---

* 마르셀 프루스트의 장편소설 《잃어버린 시간을 찾아서 À la recherche du temps perdu》에서 외출했다 집으로 돌아온 주인공이 어머니가 대접한 마들렌을 홍차에 적셔서 먹으며 과거의 기억을 떠올렸던 장면을 연상시키는 비유이다.

1. 빗속에서

1 이하 인용의 출처는 다음과 같다. Bernardin de Saint-Pierre, 《자연에 관한 연구 *Études de la nature*》 개정판(Saint-Étienne : Publications de l'université de Saint-Étienne, 2007), 465쪽.

2 Joseph Joubert, 《수첩(1779~1783)*Carnets, daté de 1779 à 1783*》. Alain Corbin, 〈몸과 풍경의 구성Le corps et la construction du paysage〉, 《간사이 가쿠인 대학교 고등 사회 연구*Kwansei Gakuin University Advanced Social Research*》, 4권(2006년 9월) 참조.

3 Pierre-Henri de Valenciennes, 《한 학생을 위한, 회화 특히 풍경화에 대한 성찰과 권유*Réflexions et conseils à un élève sur la peinture et particulièrement sur le genre du paysage*》 (La Rochelle : s. d., 1799), 42~43쪽.

4 William Gilpin, 《와이 강에 대한 관찰*Observations sur la rivière Wye*》(Pau : Presses universitaires de Pau, 2009), 47쪽. * 원제는 Observations on the River Wye (1782).

5 Barbara Maria Stafford, 《본질을 찾아 떠나는 진정한 여행 : 예술, 과학, 자연, 그리고 삽화로 그린 여행 보고서(1760~1840)*Voyage into Substance : Art, Science, Nature, and the Illustrated Travel Account 1760~1840*》(Cambridge, Mass : MIT Press, 1984).

6 Charles Darwin, 《자연주의자의 세계 여행*Voyage d'un naturaliste autour du monde*》 (Paris : La Découverte, 2003), 31쪽.

7 Pierre Hadot, "오늘날엔 철학 교수들은 있지만 철학자들은 없다⋯Il y a de nos jours des professeurs de philosophie mais pas de philosophes...", Michel Granger 엮음 ; Henry D. Thoreau, 《카이에 드 레른느*Cahier de l'Herne*》(1994), 189쪽.

8 Henry David Thoreau, 《일기(1837~1861)*Journal 1837~1861*》, 1848년 3월, 37~

38쪽.

9   Patrick Boman, 《비 사전 *Dictionnaire de la pluie*》(Paris : Le Seuil, 2007), 371쪽에서 인용된 월트 휘트먼의 시.

10 Claude Reichler, 〈대기 현상과 자아 인식 : 변화의 패러다임 Météores et perception de soi : un paradigme de la variation liée〉, Karin Becker 엮음,《프랑스 문학에서의 비와 맑은 날씨 *La Pluie et le beau temps dans la littérature française*》(Paris : Hermann, 2012), 228쪽 및 이하. 멘드비랑의 일기 인용, 232~233쪽 참조.

11 Karin Becker 엮음,《프랑스 문학에서의 비와 맑은 날씨》, 38쪽에서 재인용.

12 체감이란 신체 기관의 감수성을 지칭한다는 것을 상기해보자. 이것은 내적인 감각 전체에서 퍼지며, 감각의 특징적인 역할과는 독립적으로 사람에게 존재의 전체적인 느낌을 불러일으킨다.

13 영국의 시인 콜리지 Samuel Taylor Coleridge는 그의 〈비에게 바치는 단시 An Ode To The Rain〉에서 가벼운 어조로, 귀찮은 방문객이 어서 떠날 수 있도록 그쳐달라고 비에게 청한다. 그러나 잠시 후 "착한 마음씨여, 너의 말에 얌전히 귀 기울이겠네"라고 결론짓는다.

14 Léonard de Vinci, 《레오나르도 다 빈치의 수첩 *Les Carnets de Léonard de Vinci*》(Paris : Gallimard, 1942), II권, 235쪽.

15 Marine Ricord, 〈드 세비녜 부인의《서한집》중 '비와 맑은 날씨에 관한 이야기' "Parler de la pluie et du beau temps" dans la Correspondance de Mme de Sévigné〉, Karin Becker 엮음,《프랑스 문학에서의 비와 맑은 날씨》, 169~195쪽 참조.

16 Mme de Sévigné, 《서한집 *Correspondance*》, I권, 1671년 8월 23일(Paris : Gallimard, 1972), '라 플레야드 La Pléiade' 총서, 329쪽 ; 〈드 세비녜 부인의《서한집》중 '비와 맑은 날씨에 관한 이야기'〉, 188쪽에서 마린 리코르의 분석.

17 Guillaume Gonnot, 〈도시에 비가 내리듯 : 베를렌과 회색조의 시학 Comme il pleut sur la ville : Verlaine et la poétique de la grisaille〉 인용, Karin Becker 엮음,《프랑스 문학에서의 비와 맑은 날씨》, 263쪽.

18 Karin Becker 엮음,《프랑스 문학에서의 비와 맑은 날씨》, 260쪽.

19 Karin Becker 엮음,《프랑스 문학에서의 비와 맑은 날씨》, 264쪽.

20 Patrick Boman,《비 사전》, 113쪽에서 인용된 미셸 옹프레의 말.

21 André Gide,《일기*Journal*》, '라 플레야드' 총서(Paris : Gallimard, 1996), 1906년 1월 15일과 1912년 2월 12일, I권.

22 Olivier Ritz, 〈비 내리는 혁명 기념일 : 혁명문학에 나타난 혁명파 시민 연맹 축제일의 악천후Un 14 juillet sous la pluie : les intempéries de la fête de la Fédération dans la littérature révolutionnaire〉, Karin Becker 엮음,《프랑스 문학에서의 비와 맑은 날씨》, 195~213쪽. 이후의 인용들은 이 소논문에서 발췌한 것이다.

23 Alain Corbin·Nathalie Veiga, 〈빗속의 군주. 루이 필리프 1세의 시골 순방(1831~1833)Le Monarque sous la pluie. Les voyages de Louis-Philippe Ier en province(1831~1833)〉,《대지와 도시. 필리프 비지에 헌정 논문집*La Terre et la Cité. Mélanges offerts à Philippe Vigier*》(Paris : Créaphis, 1994).

24 Alain Corbin·Nathalie Veiga, 〈빗속의 군주. 루이 필리프 1세의 시골 순방(1831~1833)〉,《대지와 도시. 필리프 비지에 헌정 논문집》, 223쪽.

25 Alain Corbin·Nathalie Veiga, 〈빗속의 군주. 루이 필리프 1세의 시골 순방(1831~1833)〉,《대지와 도시. 필리프 비지에 헌정 논문집》.

26 Alain Corbin·Nathalie Veiga, 〈빗속의 군주. 루이 필리프 1세의 시골 순방(1831~1833)〉,《대지와 도시. 필리프 비지에 헌정 논문집》.

27 Nicolas Mariot, 〈만장일치로 마음을 사로잡는 법, 의전의 정치적·과학적 사용법 : 대통령의 지역 순방(1888~1998)Conquérir unanimement les cœurs, usages politiques et scientifiques des rites : le cas du voyage présidentiel en province 1888~1998〉, EHESS(프랑스 사회과학고등연구원) 박사 논문(1999).

28 Stéphane Audoin-Rouzeau,《14~18, 참호의 용사들*14~18, Les combattant des tranchées*》(Paris : Armand Colin, 1986) 참조.

29 Stéphane Audoin-Rouzeau,《14~18, 참호의 용사들》, 37~38쪽.

30 Stéphane Audoin-Rouzeau,《14~18, 참호의 용사들》, 37쪽.

31 Stéphane Audoin-Rouzeau,《14~18, 참호의 용사들》, 38쪽.

32 Stéphane Audoin-Rouzeau, 《14~18, 참호의 용사들》.《라르고노트 *L'Argonaute*》 (1916년 6월 1일), 38쪽에서 재인용.

33 Stéphane Audoin-Rouzeau,《14~18, 참호의 용사들》.

34 이에 관해서는 폴 세비요Paul Sébillot, 아르놀 반 제넵Arnold Van Gennep, 마르크 르 프루Marc Leproux의 저서와 1960년대와 1970년대에 발간된 지역 역사에 관한 박사 논문들을 인용해보자. 2012년 3월, 파리의 케 브랑리 박물관Musée du Quai Branly(프랑스국립인류사박물관)에서 비에 관한 전시가 열렸는데, 특히 비로부터 몸을 보호하는 방법, 비와 관련된 의식들, 그중에서도 특히 다산과 풍요로 연결되는 몇 가지 의식과 그 거행을 다뤘다. 다양한 문화와 우주기원설화에서 신성시된 비까지도 아우른 전시였다.

35 이 모든 예시는 Lucian Boia,《기후와 대면한 인간. 비와 맑은 날씨의 상상력 *L'Homme face au climat. L'imaginaire de la pluie et du beau temps*》(Paris : Les Belles Lettres, 2004)을 참조했다.

36 Emmanuel Garnier, 〈지구온난화 이전의 가뭄과 폭서(1500~1950)Sécheresses et canicules avant le Global Warming. 1500~1950〉, Jacques Berchtold · Emmanuel Le Roy Ladurie 외 엮음,《폭서와 혹한, 기후 사건과 그 표현(II), 역사, 문학, 회화 *Canicules et froids extrêmes. L'événement climatique et ses représentations (II). Histoire, littérature, peinture*》(Paris : Hermann, 2012), 297~327쪽 참조.

37 19세기에는 우산의 거래가 '우산 장수'라 불리던, 캉탈 지방이나 남 리무쟁 이주민 집단의 활동을 지탱해줄 만큼 유행했다는 것을 조사에 전념한 결과 알아냈다.

38 이 모든 점들에 관해서는 Patrick Boman,《비 사전》에서 종합해놓았다.

39 Alain Corbin,《19세기의 구식과 현대성*Archaïsme et modernité au XIXe siècle*》(Paris : Marcel Rivière, 1975/Paris : PULIM, 2000), I 권, V장〈탈기독교화의 확장과 구태적 행위의 고수L'ampleur de la déchristianisation et la fidélité aux pratiques archaïques〉.

40 Alain Corbin,《대지의 종. 19세기 농촌에서의 소리의 풍경과 감성적 문화*Les Cloches de la terre. Paysages sonores et cultures sensibles dans les campagnes au XIXe siècle*》(Paris : Albin Michel, 1994/Paris : Flammarion, 2000).

41 Vincent Combe, 〈기후 재앙과 홍수의 상징적 표상Désastres climatiques et représenta-tions symboliques du Déluge〉, Karin Becker 엮음, 《프랑스 문학에서의 비와 맑은 날씨》, 287~303쪽.

42 Alain Corbin, 《루이 프랑수아 피나고가 재발견한 세계, 낯선 이의 흔적을 찾아서Le Monde retrouvé de Louis-François Pinagot, Sur les traces d'un inconnu》(Paris : Flam-marion, 2008), 298쪽.

43 이 책의 제7장 참조.

2. 햇빛, 또는 평온한 날씨의 맛

1 《파리 시 공보Bulletin municipal officiel de la ville de Paris》, 1915년 3월 6일자, 478쪽 ; 1921년 9월 27일자, 4112쪽 ; 1928년 4월 28일자, 2072쪽.

2 이 주제에 관해서는 Martin de La Soudière, 《계절의 행복. 일기예보 세계로 떠나는 여행Au bonheur des saisons. Voyage au pays de la météo》(Paris : Grasset, 1999) 참조.

3 Roland Barthes, 〈날씨Le temps qu'il fait〉, 《롤랑 바르트가 본 롤랑 바르트Roland Barthes par lui-même》(Paris : Seuil, 1975), 178쪽.

4 Pierre Bailly, 《자연의 신기한 문제들Questions naturelles et curieuses, contenans diverses opinions problématiques recueillies de la médecine, touchant le régime de santé, où se voient plus-ieurs proverbes populaires, fort plaisans et récréatifs qui se proposent journellement en compagnie. curieusement recherchées&résolues》(Paris : Bilaine, 1628), 76~82쪽.

5 Antoine Porchon, 《건강 규칙, 혹은 건강과 질병에서 관찰해보아야 할 진정한 양생법Les Règles de la santé, ou le Véritable régime de vivre, que l'on doit observer dans la santé et dans la maladie》(Paris : Villery, 1684), 3쪽.

6 앞서 언급한 Pierre Bailly, 《자연의 신기한 문제들》에서 나오는 권유. 100년 후 Charles-Augustin Vandermonde, 《인류를 개선하는 방법에 관한 시론Essai sur la manière de perfectionner l'espèce humaine》(Paris : Vincent, 1756)에도 같은 내용이 나온다.

7 Nicolas Lemery, 《상당한 양의 세련된 비책으로 구성되었으며 그중 몇 가지는 드로피탈 후작의 서재에서 발견된 것으로, 자연과 예술에서 가장 경이로운 효과 중 새롭고 진기한 것 모음집*Le nouveau recueil de curiositez rares, nouvelles des plus admirables effets de la nature et de l'art, composé de quantité de beaux secrets galans, dont quelque uns ont été tirez du cabinet de feu Monsieur le marquis de l'Hôpital*》(Paris : van der Aa, 1685), 149쪽과 1709년 증보판의 61~62쪽과 263~264쪽.

8 Hippocrate, 《공기, 물, 장소*Airs, eaux, lieux*》(Paris : Payot, 1996), 63~64쪽 ; 지네브라 봄피아니Ginevra Bompiani의 서문, 〈숭고한 존재와 그 기후Le Sublime et son climat〉, 9~44쪽에서 설명된 계보 인용.

9 Georges Vigarello, 《위생과 비위생. 중세 이후 건강과 복지 향상*Le Sain et le Malsain. Santé et mieux-être depuis le Moyen Âge*》(Paris : Seuil, 1993), 149~155쪽. * 국내에도 번역서가 나와 있다. 《깨끗함과 더러움 : 청결과 위생의 문화사》, 정재곤 옮김(돌베개, 2007).

10 완성도 높은 논의를 위해서는 다음의 저작들을 참조하라. Benjamin Rumford, 《열기에 관한 논문집*Mémoires sur la chaleur*》(Paris : Firmin Didot, 1805) ; Antoine Boin, 《지금까지 나타난 이론들의 검토와 이견 발표를 포함하는 생명의 열기에 관한 소논문*Dissertation sur la chaleur vitale, comprenant un examen des théories qui ont paru jusqu'ici et l'exposition d'une explication différente*》(Paris, 1802) ; Claude-Servais-Matthias Pouillet, 《태양의 열기, 대기의 발광력과 흡수력, 공간의 온도에 관한 논문집*Mémoire sur la chaleur solaire, sur les pouvoirs rayonnants et absorbants de l'air atmosphérique, et sur la témperature de l'espace*》(Paris : Bachelier, 1838).

11 John Arbuthnot, 《인체에 미치는 공기의 영향에 관한 시론*Essais des effets de l'air sur le corps humain*》(Paris : J. Barois, 1742), 9~10쪽. 아리스토텔레스식 기후 해석의 재출현에 관해서는 Wladmir Jankovic, 《기후의 해석 : 영국 기후의 문화사(1650~1820)*Reading the Skies : A Cultural History of English Weather, 1650~1820*》(Chicago : University Chicago Press, 2001) 참조.

12 Jan Ingenhousz, 《식물에 대한 실험들, 특히 그것이 고온에서 띠는 속성, 즉 햇빛

을 받아 대기를 개선하거나, 밤 혹은 그늘에서 그것을 오염시키는 속성에 대한 실험에 관하여 *Expériences sur les végétaux, spécialement sur la propriété qu'ils possèdent à un haut degré, soit d'améliorer l'air quand ils sont au soleil, soit de la corrompre la nuit, ou lorsqu'ils sont à l'ombre*》(Paris : P. Fr. Didot, 1787~1789〔1777〕).

13 Jean-Jacques Rousseau,《에밀, 혹은 교육에 관하여 *Émile, ou De l'éducation*》(Paris : Hachette, 1882〔1762〕), 84~85쪽.

14 Thomas Tredgold,《공공건물, 주택, 공장, 병원, 온실 등의 난방과 환기법의 원리 *Principes de l'art de chauffer et d'aérer les édifices publics, les maisons d'habitation, les manufactures, les hôpitaux, les serres, etc.*》(Paris : Bachelier, 1825), 13쪽·296쪽.
   * 원제는 Principles of Warming and Ventilating Public Buildings(1824).

15 Joseph Fuster,《프랑스의 기후 변화. 기상 격변의 역사 *Des changements dans le climat de la France. Histoire de ses révolutions météorologiques*》(Paris : Capelle, 1845), 308~310쪽.

16 Hérodote,《역사 *L'Enquête*》(Paris : Gallimard, 1964), IX, 122, 445쪽.

17 Jean-Baptiste Pamard,《아비뇽과 주변 지역의 신체 의학 지형도 *Topographie physique et médicale d'Avignon et de son territoire*》(Avignon : J. J. Niel, 1801) ; Abel Gobillot, 《캉브레 의학 지형도 *Topographie médicale de Cambrai*》(Paris : V. Goupy et Jourdan, 1885) ; Joseph Daquin,《샹베리 시와 그 주변 지역의 의학 지형도 *Topographie médicale de la ville de Chambéry et de ses environs*》(Chambéry : M. F. Gorrin, 1787).

18 Joseph Fuster,《계절과 관계된 프랑스의 질병, 혹은 프랑스 의학·기상학 역사 *Des maladies de la France dans leurs rapports avec les saisons, ou Histoire médicale et métorologique de la France*》(Paris : Dufart, 1840).

19 Philippe Pinel, 〈정신착란 혹은 정신이상 Vésanies ou aliénations de l'esprit〉,《철학적 질병학, 혹은 의학적 분석 방법 *Nosographie philosophique, ou la méthode de l'analyse appliquée à la médecine*》(Paris : Maradan, 1797), 2권, 8~9쪽.

20 Jean-Georges Cabanis,《인간의 육체와 정신의 관계 *Rapports du physique et du moral de l'homme*》(Paris : Baillière, 1844〔1802〕), 366쪽.

21 Charles-Augustin Vandermonde,《인류를 개선하는 방법에 관한 시론》, 71~72쪽.

22 Pierre Foissac, 《기후가 인간에 미치는 영향에 대하여De l'influence des climats sur l'homme》(Paris : Baillière, 1837), 244쪽.

23 Pierre Foissac, 《기후가 인간에 미치는 영향에 대하여》, 56쪽.

24 Désiré Lechaptois, 《가족 위생L'Hygiène des familles》(Paris : Valin, 1840), 97쪽.

25 Chevalier de Jaucourt, 〈태양Soleil〉, Denis Diderot · Jean d'Alembert 엮음, 《백과 사전, 혹은 과학, 예술, 직업에 관한 체계적인 사전Encyclopédie, ou Dictionnaire raisonné des sciences, des arts et des métiers》(Neuchâtel, 1751~1765), XV권, 315쪽. http://portail.atilf.fr/encyclopedie/에서 자료 검색 가능. 보다 폭넓은 내용을 살펴보기 위해서는 Anouchka Vasak, 《기상학. 계몽주의 시대부터 낭만주의 시대까지의 하늘과 기후에 대한 담론Météorologies. Discours sur le ciel et le climat des Lumières au romantisme》(Paris : Honoré Champion, 2007) 참조.

26 Jean-François de Saint-Lambert, 《사계절. 시Les Saisons. Poème》(Paris : Salmon, 1823〔1750〕), 17쪽.

27 Jean-François de Saint-Lambert, 《사계절. 시》, 69~70쪽.

28 이 글의 중요성에 대해서는 Robert Mauzi, 《18세기 프랑스 문학과 사상에 나타난 행복의 관념L'Idée du bonheur dans la littérature et la pensée françaises au XVIIIe siècle》(Paris : Armand Colin, 1960) 참조.

29 Thomas Burnet, 《지구에 관한 신성한 이론The Sacred Theory of Earth》(London, 1684〔1681〕), 제I권, XI장.

30 Antoine Pluche, 《자연의 장관, 혹은 청년들의 호기심을 일으키고 그들의 정신을 교육하기에 가장 적절했던 자연사의 특성에 관한 대담Le Spectacle de la nature, ou Entretiens sur les particularités de l'histoire naturelle qui ont paru les plus propres à rendre les jeunes gens curieux et à leur former l'esprit》, I권(Paris : Guérin, 1875〔1732~1750〕), 47쪽·279쪽·376쪽·280쪽·402쪽·290쪽. 이 주제에 관한 최근의 연구로는 Guilhem Armand, 〈자연의 장관 혹은 직관적 인식의 미학Le Spectacle de la nature ou l'esthétique de la révélation〉, 《18세기Dix-Huitième siècle》, 제45호(2013), 329~345쪽 참조.

31 Louis Cotte, 《기상학에 관한 논고Mémoire sur la météorologie》(Paris, 1788) ; Jean-

Baptiste Fellens, 《기상학 개론서, 혹은 대기 현상이라는 이름으로 알려진 현상들에 대한 설득력 있는 이론적 설명*Manuel de météorologie, ou Explication théorique et démonstrative des phénomènes connus sous le nom de météores*》(Paris : Roret, 1833), 36~61쪽.

32 Bernardin de Saint-Pierre, 《자연에 관한 연구*Études de la nature*》(Paris, 1784~1788), 연구 X.

33 Paul-Henri Dietrich d'Holbach, 《문학 텍스트 모음, 혹은 철학, 문학, 예술에 관한 창작, 번역, 작품집*Variétés littéraires, ou Recueil de pièces, tant originales que traduites, concernant la Philosophie, la Littérature et les Arts*》, IV권 ; 《태양 예찬*Hymne au soleil*》(Paris : Xarouet, 1804), 305~310쪽.

34 Hugues Laroche, 《여러 장소들에서 본 석양. 19세기 프랑스 시에 나타난 여명과 석양*Le Crépuscule des lieux. Aubes et crépuscules dans la poésie française du XIXᵉ siècle*》(Aix-en-Provence : Presses universitaires de Provence, 2007).

35 Philippe Boutry, 《신앙의 변화*Les mutations des croyances*》, Jacques Le Goff·René Rémond 엮음, 《프랑스 종교사*Histoire de la France religieuse*》, III권(Paris : Seuil, 2001〔1991〕), 해당 부분은 450~453쪽.

36 Paul Sébillot, 《오트브르타뉴 지방의 전통과 미신*Traditions et superstitions de la Haute-Bretagne*》(Paris : Maisonneuve et Larose, 1882), II권, 347~366쪽(〈대기 현상 Les météores〉), 해당 부분은 363쪽.

37 Édouard Monneret, 《위생학 개론, 혹은 일반 위생학, 아동 위생학과 전염병 예방법을 포함하는 건강 관리법*Traité d'hygiène, ou Règles pour la conservation de la santé, comprenant l'hygiène générale, l'hygiène des enfants et les moyens de prévenir les épidémies*》(Paris : Delloye, 1857), 78~79쪽.

38 Jules Michelet, 《여자*La Femme*》(Paris : Calmann-Lévy, 1879〔1859〕), 73~79쪽(〈태양, 공기 그리고 빛Le soleil, l'air et la lumière〉).

39 Adolphe Bonnard, 《야외 활동을 통한 보건*La Santé par le grand air*》(Paris : Baillière et fils, 1906).

40 이 모든 것에 관해서는 다음의 저작들을 참조하라. Christophe Granger, 《여름의 신체. 계절적 변화의 탄생*Les Corps d'été. Naissance d'une variation saisonnière*》(Paris : Autrement, 2009) ; Christophe Granger, 〈대기의 영향. 청명한 날씨의 역사(Im) pressions atmosphériques. Histoire du beau temps〉, 《프랑스 민족학*Ethnologie française*》, 제1호(2004), 123~127쪽.

41 Guy de Maupassant, 《태양의 나라에서*Au soleil*》(Paris : Havard, 1888) 등.

42 Émile Zola, 《사랑의 한 페이지*Une page d'amour*》(Paris : Charpentier, 1878), 48쪽·215~216쪽.

43 이 주제에 관한 연구는 Jean-Pierre Richard, 《프루스트와 감각의 세계*Proust et le monde sensible*》(Paris : Seuil, 1974), 63~67쪽(〈일조*L'ensolleillé*〉) 참조.

44 Foissac, 《계절별 건강 관리법*Hygiène des saisons*》(Paris : Baillière, 1884).

45 Émile Théotime, 《불로크 신부님의 방법과 전언에 따른 건강 보전, 개선 기법 *L'Art de conserver, améliorer sa santé, d'après la méthode et les communications de M. le curé de Bouloc*》(Agen : V. Lenthéhirc, 1877), 70쪽.

46 Émile Théotime, 《불로크 신부님의 방법과 전언에 따른 건강 보전, 개선 기법》, 127쪽 ; Auguste Benoist de la Grandière, 《초등학교 학생 및 교사용 보건 기초 지식*Notions d'hygiène à l'usage des instituteurs et des élèves des écoles normales primaires*》(Paris : Delahaye et Cie, 1877), 101쪽.

47 Fabien Locher, 《학자와 폭풍우. 대기 연구와 일기 예측*Le Savant et la Tempête. Étudier l'atmosphère et prévoir le temps*》(Rennes : Presses universitaires de Rennes, 2008). 그 중 특히 나의 흥미를 끈 것을 찾아보려면 Fabien Locher, 〈금리 생활자와 기압계. 19세기 학자의 기상학과 문외한의 기상학*Le rentier et le baromètre. Météorologie "savante" et météorologie "profane" au XIXe siècle*〉, 《프랑스 민족학》, 제4호(2009) 참조.

48 Paul Laurencin, 《비와 청명한 날씨. 일상의 기상학*La Pluie et le beau temps. Météorologie usuelle*》(Paris : Rothschild, 1874), 2쪽.

49 Camille Flammarion, 《하늘에서 그리고 땅에서. 그림과 조화*Dans le ciel et sur la terre. Tableaux et harmonies*》(Paris : Marpon et Flammarion, 1887), 171~173쪽.

50 Ernest Hareux, 《유화의 전 과정. 예술, 과학, 전문 화가*Cours complet de peinture à l'huile. L'art, la science, le métier du peintre*》(Paris : Laurens, 1901), 103~104쪽 ; 〈밝은 태양 혹은 정면으로 빛을 받은 풍경*Le plein soleil ou le paysage éclairé de face*〉.

51 G. Bruno(Augustine Fouillée), 《프랑시네. 일반 강독서*Francinet. Livre de lecture courante*》(Paris, 1885), 23쪽.

52 Henri Ferté, 《프랑스어 작문 초급 강의*Cours élémentaire de composition française*》(Paris : Hachette, 1890), 128~129쪽.

53 David Herbert Lawrence, 〈태양*Soleil*〉, 《탈출한 여전사*L'Amazone fugitive*》(Paris : Stock, 1976〔1928〕), 77~100쪽.

54 Pierre Laurier, 〈태양*Soleil*〉, 《포드지*La Revue Ford*》(1935년 6월), 38~39쪽.

55 Roger Ribérac, 《해변의 사랑*Amours de plage*》(Paris : Figuière, 1934), 29~30쪽.

56 Paul Morand, 〈태양이 주는 양식Les nourritures solaires〉, 《오를레앙의 공화주의자*Le Républicain orléanais*》(1935년 9월).

57 Léon-Paul Fargue, 《햇빛 아래의 아침식사*Déjeuners de soleil*》(Paris : Gallimard, 1942), 107~114쪽.

58 Colette, 〈여름의 미Beauté d'été〉, 《페미나*Fémina*》(1932년 8월), 30~31쪽.

59 Henri Duvernois, 《미*Beauté*》(Paris : Flammarion, 1929), 142~143쪽. 알베르 카뮈와 관련해서는 〈알제에서 보낸 여름L'été à Alger〉〔1938〕, 《결혼*Noces*》(Paris : Gallimard, 1959), 33~52쪽 참조.

60 Mouriquand, 《병원과 기상학*Clinique et météorologie*》(Paris : Masson, 1932) ; Ernest Huant, 《자율신경체계와 자외선 방사*Système neurovégétatif et radiations ultraviolettes*》(Paris, 1933), 의학 박사 논문 ; Nguyen-Bach, 《일광욕, 그리고 신체 위생에 대한 태양의 작용*Insolation et action du soleil en matière d'hygiène corporelle*》(Paris, 1934), 의학 박사 논문.

61 〈의사는 일광욕 캠페인을 벌여야 한다Le médecin doit faire campagne pour les bains de soleil〉, 《라 클리니크*La Clinique*》(1927년 7월), B., 341~344쪽.

62 〈햇빛의 남용에 관하여De l'abus du soleil〉, 《의사 저널*Journal des praticiens*》(1931년

11월 21일)과 Roffo, 〈암과 햇빛Cancer et soleil〉,《의학 아카데미*Académie de méde-cine*》(1934년 12월 18일).

63 Maurice Maeterlinck,《코트다쥐르에서 여름을 보내세요, 거긴 비가 오지 않습니다!*Passez l'été sur la Côte d'Azur, il n'y pleut pas!*》(Paris : Barreau, 1938), 5~6쪽.

64 《현실*Réalités*》(1969년 6월), 86~91쪽 ; Alain Laurent, 〈휴가 관련 기관의 광고에 나타난 태양의 주제Le thème du soleil dans la publicité des organismes de vacances〉,《코뮈니카시옹·*Communication*》, 제10호(1967), 35~50쪽.

65 R. Clausse·A. Guerout, 〈강수 시간, 기후 지수, 혹은 관광기후학의 요소La durée de précipitations, indice climatique ou élément de climatologie touristique〉,《기상학*La météorologie*》, 제37호(1955), 1~9쪽 ; Henri Berg, 〈생물기상학과 인간La biométéorologie et l'homme〉,《기상학》, 제41호(1956), 1~19쪽.

66 《여론조사*Sondages*》, 제2호(1964).

67 Jean Merrien, 〈악천후라는 재해Le désastre : le mauvais temps〉,《휴가에 관한 모든 것 *Le Livre des vacances*》, II권(Paris : Robert Laffont, 1966), 45~50쪽.

68 〈빗물 만세!Et vive la pluie!〉,《파리 마치*Paris Match*》(1973년 7월 26일), 83쪽.

3. 이야기 따라 바람 따라

1 폭풍tempête은 저기압성의 폭풍을 뜻한다.

2 orage. 옛 프랑스어 중 바람을 뜻하는 'ore'에서 'orage'라는 단어가 유래했다.

3 Michel Cosem, 〈초롱 장수Le marchand de cages〉,《랑그도크 지방 전통 설화*Contes traditionnels du Languedoc*》, 천년 설화·Mille ans de contes 총서(Toulouse : Milan, 1995), 49쪽.

4 Michel Cosem, 〈마스 카바르데스 다리Le pont de Mas Cabardès〉,《랑그도크 지방 전통 설화》, 천년 설화 총서, 81쪽.

5 Claude Clément, 〈갇힌 바람Le vent prisonnier〉,《프로방스 지방 전통 설화*Contes traditionnels de Provence*》, 천년 설화 총서(Toulouse : Milan, 1994), 56~58쪽.

6 Jean Muzi, 〈요술 사파이어Le saphir magique〉, 《코르시카 지방 전통 설화Contes traditionnels de Corse》, 천년 설화 총서(Toulouse : Milan, 1996), 69~70쪽.

7 Michel Cosem, 〈리아의 떡갈나무Le chêne de Ria〉, 《피레네 지방 전통 설화Contes traditionnels des Pyrénées》, 천년 설화 총서(Toulouse : Milan, 1991), 42쪽.

8 Jacques Cassabois, 〈담보티에의 마지막 축하연La dernière fête de Damvauthier〉, 《프랑슈콩테 지방 전통 설화Contes traditionnels de Franche-Comté》, 천년 설화 총서(Toulouse : Milan, 1997), 119쪽.

9 Évelyne Brisou-Pellen, 〈코릴Les Korils〉, 《브르타뉴 지방 전통 설화Contes traditionnels de Bretagne》, 천년 설화 총서(Toulouse : Milan, 1997), 10쪽.

10 Évelyne Brisou-Pellen, 〈귀Les oreilles〉, 《브르타뉴 지방 전통 설화》, 천년 설화 총서, 78쪽.

11 Michel Cosem, 〈제보당의 야수La bête du Gévaudan〉, 《랑그도크 지방 전통 설화》, 천년 설화 총서, 158쪽.

12 Michel Cosem, 〈새 포도주Le vin nouveau〉, 《가스코뉴 지방 전통 설화Contes traditionnels de Gascogne》, 천년 설화 총서(Toulouse : Milan, 1996), 107쪽.

13 Françoise Rachmulh, 〈멜뤼진과 샤틀레옹 경Mélusine et le sire de Châtelaillon〉, 《오니 생통주 지방 전통 설화Contes traditionnels d'Aunis Saintonge》, 천년 설화 총서(Toulouse : Milan, 1997), 50쪽.

14 Françoise Rachmulh, 〈프로 베르크타Frau Berchta〉, 《알자스 지방 전통 설화Contes traditionnels d'Alsace》, 천년 설화 총서(Toulouse : Milan, 1995), 61쪽.

15 Françoise Rachmulh, 〈그네 위의 가니포트La Ganipote sur l'escarpolette〉, 《오니 생통주 지방 전통 설화》, 천년 설화 총서, 11쪽.

16 Françoise Rachmulh, 〈오프레디 이야기Histoire d'Aufredi〉, 《오니 생통주 지방 전통 설화》, 천년 설화 총서, 24쪽.

17 Françoise Rachmulh, 〈노인과 운디네Le vieil homme et l'ondine〉, 《알자스 지방 전통 설화》, 천년 설화 총서, 133쪽.

18 Michel Cosem, 〈사튀르냉의 황소Le taureau de Saturnin〉, 《가스코뉴 지방 전통 설

화》, 천년 설화 총서, 144쪽.

19 Jean Muzi, 〈망루의 호두나무Le noyer de la tour〉, 《사부아 지방 전통 설화Contes traditionnels de Savoie》, 천년 설화 총서(Toulouse : Milan, 1997), 10쪽.

20 Claude Clément, 〈갇힌 바람〉, 《프로방스 지방 전통 설화》, 천년 설화 총서, 58~59쪽.

21 Françoise Rachmulh, 〈엘루의 세이렌La sirène des Éloux〉, 《방데 지방 전통 설화 Contes traditionnels de Vendée》, 천년 설화 총서(Toulouse : Milan, 1998), 39쪽.

22 파랑은, 먼 바다에서 불어오는 바람이 바다 표면 위에 일으키는 물결의 움직임 이다.

23 Françoise Rachmulh, 〈세 개의 파도Les trois vagues〉·〈회개한 여인La repentie〉, 《오 니 생통주 지방 전통 설화》, 천년 설화 총서, 123쪽·36쪽.

24 Évelyne Brisou-Pellen, 〈우에상 섬의 모르강 가족Les Morgans de l'île d'Ouessant〉, 《브 르타뉴 지방 전통 설화》, 천년 설화 총서, 35~36쪽.

25 Nicolas Schoenenwald·Martine Tabeaud, 〈폭풍에 대면한 내륙인들과 섬사람들 Terreins et Îliens et face aux tempêtes〉, 《16~20세기 산림, 환경, 사회 연구서Cahier d'études Forêt, environnement et société, XVIᵉ-XXᵉ siècles》, 제19호(Paris : CNRS, 2009), 22~27쪽.

26 Claude Clément, 〈갇힌 바람〉, 《프로방스 지방 전통 설화》, 천년 설화 총서, 55쪽.

27 Claude Clément, 〈갇힌 바람〉, 《프로방스 지방 전통 설화》, 천년 설화 총서, 58쪽.

28 Claude Clément, 〈아비뇽 다리Le pont d'Avignon〉, 《프로방스 지방 전통 설화》, 전 통 설화 총서, 11쪽.

29 Jean Muzi, 〈빌려온 나날들Les journées prêtées〉, 《코르시카 지방 전통 설화》, 전통 설화 총서, 139쪽.

30 Évelyne Brisou-Pellen, 〈파리 여행Le voyage à Paris〉, 《브르타뉴 지방 전통 설화》, 전 통 설화 총서, 21쪽.

31 Françoise Rachmulh, 〈생마르메의 풍차Le moulin de Saint-Marmé〉, 《오니 생통주 지방 전통 설화》, 전통 설화 총서, 64쪽.

32 Claude Clément, 〈갇힌 바람〉,《프로방스 지방 전통 설화》, 전통 설화 총서, 58쪽.

33 Évelyne Brisou-Pellen, 〈장 데 피에르Jean des Pierres〉,《브르타뉴 지방 전통 설화》, 전통 설화 총서, 54쪽.

34 Michel Cosem, 〈꽃 이야기Le conte de la Fleur〉,《랑그도크 지방 전통 설화》, 전통 설화 총서, 23~24쪽.

35 Nicolas Schoenenwald·Martine Tabeaud, 〈하늘에 대한 시선, 종교의 일반적 성향Des regards sur le ciel, une constante dans les religions〉, Paul Arnould·Eric Glon 엮음,《지리적 환경 속에서 자연은 아직 자리를 차지하고 있는가? La nature a-t-elle encore une place dans les milieux géographiques?》(Paris : Publications de la Sorbonne, 2005), 27~34쪽.

36 Michel Cosem, 〈아서 왕의 사냥La chasse du Roi Arthur〉,《가스코뉴 지방 전통 설화》, 전통 설화 총서, 132쪽.

37 Paul Sébillot, 〈프랑스의 민속Le Folklore de la France〉(Paris : Imago, 2006).

38 Michel Cosem, 〈바람을 퍼뜨리는 사람Le semeur de vent〉,《랑그도크 지방 전통 설화》, 전통 설화 총서, 65~66쪽.

39 니옹 시 웹사이트www.nyons.com/decouvrir/patrimoine/legende-locale.htm 참조.

4. 눈을 맛보다, 보다, 만지다

1 Charles-Pierre Péguy,《눈La Neige》(Paris : Presses universitaires de France, 1968), 9쪽.

2 Philippe Vardot, 〈눈에 관한 모든 것. 활주와 체형의 상상적 이종교배La neige dans tous ses états : un métissage d'imaginaires de la glisse et de la forme〉, ethnographiques.org, 제10호(2006년 6월) ; www.ethnographiques.org/2006/Vadrot.html

3 말을 사랑하는 이들을 위한 두 개의 참고문헌은 다음과 같다. Martin de La Soudière, 〈겨울에 관한 입문서Petit abécédaire de l'hiver〉,《고지목장L'Alpe》, 제51호, 56~63쪽. Martin de La Soudière, 〈부랑, 뷔를, 블리자르. 계절이 불어올 때

Bouran, Burle, Blizzard. Quand souffle la saison〉, Martine Tabeaud·Alexandre Kislov 엮음, 《기후 변화. 북아시아, 북아메리카Le Changement climatique. Asie septentrionale, Amérique du Nord》(Allonzier-la-Caille : Eurcasia, 2011), 165~170쪽. 더불어 눈을 묘사하는 프랑스어의 단어들은, 에스키모인들이 사용하는 수많은 용어(혹은 분류군)와 비교하면 빈약해 보일 수도 있다는 점을 짚고 넘어가자. 이에 관해서는 2008년 12월 18일에 열린 세미나 '기후에 대한 인지Perception du climat' 에서 발표된 Béatrice Collignon, 〈에스키모족의 눈과 얼음Neiges et glace chez les Inuits(Canada)〉; www.perceptionclimat.net/seminaire.php?id=40을 참조하라. 영국 가수 케이트 부시Kate Bush의 마지막 앨범에 나오는 눈에 관한 50가지 단어와 비교해도 역시 매우 빈약하다!

4 Philippe Vadrot, 〈눈에 관한 모든 것. 활주와 체형의 상상적 이종교배〉, eth-nographiques.org, 제10호.

5 여기서는 세 가지 출판물을 인용해보자. Esther Katz·Annamaria Lammel·Marina Goloubinoff, 《하늘과 땅 사이, 기후와 사회Entre ciel et terre, Climats et sociétés》(Paris : Ibis presse, 2003) ; Martin de La Soudière, 《겨울, 농한기를 찾아서L'hiver. À la recherche d'une morte-saison》(Paris : La Manufacture, 1987) ; 《프랑스 민족학》, 특집호 '일기예보. 기후와 사람들Météo. Du climat et des hommes', 제39권 제4호 (Paris : Presses universitaires de France, 2009). 그 밖에도 EHESS(프랑스 사회과학고등연구원)에서 매년 열리는 세미나 '기후에 대한 인지' www.perceptionduclimat.net 참조.

6 예를 들어 알랭 코르뱅Alain Corbin(역사학자), 클로드 레슐레Claude Reichler(문학교수), 또는 리디 필드네Lydie Goeldner(지리학자)의 연구를 각각 참조하라.

7 캐나다, 러시아, 일본 등 유럽 외 지역에서의 눈을 느끼는 감각(감수성)에 관해서 할 이야기가 분명히 많을 것이다. 이곳들은 장차 겨울 여행의 행선지가 될까?

8 Alain Corbin, 《악취와 황수선화Le Miasme et la Jonquille》(Paris : Flammarion, 1982), 서문 II쪽.

9 Alberto Grandi, 《시원한 웰빙. 15세기부터 19세기까지 유럽의 눈과 얼음 소비Le

bien-être frais. La consommation de glace et de neige en Europe du XVᵉ au XIXᵉ siècle〉, 2007년 5월 4~5일 릴에서 열린 프랑스-이탈리아 경제사 위원회(AFHESISE) 강연문. 이 자료를 전달해준 마르틴 타보에게 감사를 전한다.

10 본 인용과 이어지는 인용은 Robert Maggiori, 〈차갑게 마시는 습관은 어떻게 전파되었는가?Comment s'est propagée l'habitude de boire frais?〉,《리베라시옹*Libération*》(1995년 1월 13일)〔인용된 자비에 드 플라놀Xavier de Planhol의 저서에 대한 리뷰〕을 참조한 것이다.

11 Fernand Braudel,《지중해. 공간과 역사*La Méditerranée. L'espace et l'histoire*》(Paris : Flammarion, 1985), 33쪽.

12 Montaigne,《이탈리아 여행기*Journal de voyage en Italie*》(Paris : Le Livre de poche, 1992), 199쪽.

13 Xavier de Planhol,《눈을 녹인 물, 미지근한 것과 시원한 것 : 냉음료의 역사와 지리*L'Eau de neige. Le tiède et le frais : histoire et géographie des boissons fraîches*》(Paris : Fayard, 1995).

14 Xavier de Planhol,《눈을 녹인 물, 미지근한 것과 시원한 것 : 냉음료의 역사와 지리》, 59쪽.

15 Xavier de Planhol,《눈을 녹인 물, 미지근한 것과 시원한 것 : 냉음료의 역사와 지리》.

16 Ada Acovitsióti-Hameau, 〈방투 산의 빙설 : 피에몽 지역의 산림자원La glace-neige du Ventoux : une ressource forestière des communes du Piémont〉,《지중해 해안의 숲*Forêt méditerranéenne*》, 제30호, 1권(2009), 43~46쪽. 저자는 빙설 상거래 전문가이다.

17 Alberto Grandi,《시원한 웰빙. 15세기부터 19세기까지 유럽의 눈과 얼음 소비》.

18 Lando Scotoni, 〈60마일 구역에서의 눈의 집하 및 무역Raccolta e commercio della neve nel circondario delle 60 miglia〉,《이탈리아 지오그래픽*Rivista Geografica Italiana*》, 제79호(1972년 3월), 60~70쪽. Alberto Grandi,《시원한 웰빙. 15세기부터 19세기까지 유럽의 눈과 얼음 소비》에서 재인용.

19 Giani Ottonello,《레 네비에레와 마소네 주변 : 눈을 얼음으로 처리하기 위한 도

구와 장비*Le neviere a Masone e dintorni : strumenti e attrezzi per la transformazione della neve in ghiaccio*》(Genève, 2000). Alberto Grandi,《시원한 웰빙. 15세기부터 19세기까지 유럽의 눈과 얼음 소비》에서 재인용.

20 Jean-Robert Pitte, 〈시원한 것 있습니다! 얼음 있습니다!À la fraîche, à la glace!〉, 《지리학*La Géographie*》, 제1532호, 48~51쪽.

21 Xavier de Planhol,《눈을 녹인 물, 미지근한 것과 차가운 것 : 냉음료의 역사와 지리》.

22 이에 관련하여 열성적인 분들은 르 바르Le Var 지방 마조그Mazaugues에 위치한 얼음 박물관(http://museedelaglace.free.fr)을 놓치지 마실 것.

23 Anne Cablé·Martine Sadion 엮음,《눈, 이미지, 텍스트와 음악*Les Neiges, Images, textes et musiques*》[에피날 이미지 미술관 전시도록](Épinal, 2011), 8쪽.

24 Fleur Vigneron,《14~15세기 프랑스 시에 나타난 계절들*Les Saisons dans la poésie française des XIVᵉ et XVᵉ siècle*》(Paris : Honoré Champion, 2002), 361쪽.

25 Fleur Vigneron,《14~15세기 프랑스 시에 나타난 계절들》, 369쪽.

26 과학사 전문가이자 프랑스 국립과학연구센터(CNRS) 연구실장 프레데리크 레미Frédérique Rémy의 저서를 읽으면 눈에 쏟는 이러한 관심을 더 자세히 되짚어볼 수 있다. Frédérique Rémy,《빙하학의 역사*Histoire de la glaciologie*》(Paris : Vuibert, 2007).

27 Johannes Kepler,《새해 선물, 또는 육각형의 눈*L'Étrenne ou la neige sexangulaire*》, Robert Halleux 옮김(Paris : Vrin, 1975), 56쪽.

28 독일어로 'nichts'는 아무것도 아닌 것, 무無를 뜻한다.

29 Martine Bubb,《카메라 옵스큐라, 기계의 철학*La Caméra obscura, philosophie d'un appareil*》(Paris : L'Harmattan, 2010).

30 Wolfgang Stechow, 〈예술사에서의 겨울 풍경The Winter landscape in the History of Art〉,《크리티시즘*Criticism*》, 제2호(1960), 175~189쪽.

31 이 주제에 관해서는 질베르 뒤랑Gilbert Durand이 전문가다. 가스통 바슐라르Gaston Bachelard에게 바친 그의 경탄할 만한 소논문 Gilbert Durand, 〈눈의 정신분석

학Psychanalyse de la neige〉,《메르퀴르 드 프랑스Mercure de France》, 제1080호(1953
년 8월), 615~639쪽 참조.

32 Pierre Reverdy,《타원형의 천창La Lucarne ovale》(1916).

33 Gilles Lapouge,《눈 내리는 소리Le bruit de la neige》(Paris : Albin Michel, 1996), 30
쪽.

34 Martin de La Soudière, 〈눈의 색채들Les couleurs de la neige〉,《프랑스 민족학》, 제
20호(1990), 428~438쪽.

35 피에르 마낭의 소설 몇 편은 눈보라에 대한 훌륭한 묘사를 담고 있다. 본 인용
은,《송로버섯 숲으로 간 경찰서장Commissaire dans la truffière》, '폴리오Folio'(Paris :
Gallimard, 2004), 86쪽.

36 특히 Claude Henri-Rocquet,《브뤼헐, 겨울을 향한 열정Bruegel, la ferveur des hivers》
(Paris : Fleurus, 1993) 또는 Gérald Collot,《눈의 색채들Couleurs de neige(1992
년 1월 17일~3월 19일)》〔샹베리 사부아 미술관 전시도록〕(Chambéry·Genève :
Albert Skira, 1992)의 서문.

37 Emmanuel Le Roy Ladurie,《기후 인간 비교사Histoire humaine et comparée du cli-
mat》, I권(Paris : Fayard, 2004) ; Christian Pfister,《일기예보. 500년 동안의 기
후 변화와 자연재해(1496~1995)Wetternachhersage. 500 Jahre Klimatvariationen und
Naturkatastrophen, 1496~1995》(Berne : Haupt, 1999) ; Jan Buisman,《1,000년의
날씨, 네덜란드의 바람과 비Duizend jaar weer, Wind en water in de Lage Landen》, 4권
(La Haye : Wijnen-KNMI, 2000).

38 겨울 저녁에(혹은 추위를 추억하는 취미가 있는 사람들은, 여름 저녁에) : Alexis
Metzger,《얼음이 주는 기쁨. 황금기 네덜란드의 겨울 회화에 대한 시론Plaisirs de
glace. Essai sur la peinture hollandaise hivernale du Siècle d'or》(Paris : Hermann, 2012).

39 Gilbert Durand, 〈눈의 정신분석학〉,《메르퀴르 드 프랑스》, 제1080호, 631쪽.

40 Danièle Alexandre-Bidon, 〈중세와 르네상스 시대의 겨울철 놀이와 스포츠Les
jeux et sports d'hiver au Moyen Âge et à la Renaissance〉,《중세와 고전주의 시대의 놀이,
스포츠, 오락Jeux, sports et divertissements au Moyen Âge et à l'âge classique》(Chambéry :

éditions du CTHS, 1993), 142~156쪽.

41 〈동계 스포츠Sports d'hiver〉,《퐁타를리에*Journal de Pontarlier*》(1909).

42 Maurice Leblanc, 〈해와 비의 이야기. 동계 스포츠Conte du soleil et de la pluie. Sports d'hiver〉,《로토*L'Auto*》(1906년 1월 23일).

43 이브 모랄은 자신의 박사학위 논문을 쥐라 주의 동계 스포츠 문화사에 할애했다. Yves Morales,《동계 스포츠의 문화사. 프랑스 쥐라 산맥에서 그 기원부터 1930년 대까지*Une histoire culturelle des sports d'hiver. Le Jura français des origines aux années 1930*》(Paris : L'Harmattan, 2007) 참조.

44 에르베 귀뮈시앙Hervé Gumuchian은 마을 사람들이 겨울에 이동을 하기는 하지만 그의 연구는 그보다 조금 나중에 이루어졌다고 밝혔다. 자료가 잘 뒷받침되어 있는 그의 연구,《프랑스령 북 알프스의 눈. 잊힌 계절, 겨울*La Neige dans les Alpes françaises du Nord. Une saison oubliée : l'hiver*》(Grenoble : éditions Cahiers de l'Alpe, 1982) 참조.

45 나는 여기서 다비드 맥 칼람David Mc Callam의 글을 떠올린다. 〈하얀 죽음에 대면하여 : 18세기 눈사태나 눈 속에서 겪는 혹한의 이해Face à la mort blanche : conceptions du froid extrême dans les avalanches et dans les neiges au XVIIIe siècle〉, Jacques Berchtold·Emmanuel Le Roy Ladurie 외 엮음,《폭서와 혹한, 기후 사건과 그 표현(II), 역사, 문학, 회화》, 97~108쪽. 또한 현재 진행 중인 플로리 자코나Florie Giacona의 박사학위 논문 〈중간 높이 산에서의 눈과 눈사태의 지리적 역사를 위하여. 18세기부터 오늘날까지 보주 산악 지방에 대한 학제적 분석Pour une géo-histoire de la neige et des avalanches en moyenne montagne. Analyse pluridisciplinaire dans le Massif vosgien du XVIIIe siècle à nos jours〉, 또는 피에르 마냥의 너무 일찍 잊힌 소설《이상한 새벽*Aube insolite*》에 나오는, 눈사태로 세상과 단절된 마을이 멋지게 묘사된 장면을 떠올린다.

46 René Favier, 〈하얀 죽음La mort blanche〉,《고지목장》, 제51호, 14~19쪽. 재난사 전문가인 저자는 산사태의 인명 살상은 거의 없다고 밝혔다.

47 Yves Ballu,《활주와 빙판의 겨울*L'Hiver de glisse et de glace*》(Paris : Gallimard, 1991).

48 Yves Morales, 《동계 스포츠의 문화사. 프랑스 쥐라 산맥에서 그 기원부터 1930년 대까지》, 27쪽.

49 예를 들어, 엘로디 마니에Elodie Magnier의 연구 참조. 박사학위 논문은《인공설과 중간 높이 산의 수자원 : 환경의 영향과 문제들. 북부 석회암 알프스(프랑스, 스위스)의 예Neige artificielle et ressource en eau en moyenne montagne : impacts et problèmes environnementaux. L'exemple des Préalpes du nord(France, Suisse)》, 로잔 대학교와 파리4대학교(2013).

50 이브 발뤼Yves Ballu가《활주와 빙판의 겨울》에서 인용.

51 Victor Hugo, 〈속죄L'Expiation〉, 《시 작품 IIŒuvres poétiques II》(Paris : Gallimard, 1967), 136~146쪽.

52 Georges Rodenbach, 《침묵에 관하여. 시Du silence. Poésies》(Paris : Alphonse Lemerre, 1888), 시 XV. Philippe Kaenel·Dominique Kunz Westerhoff, 《눈 흰색 종이, 현대의 시와 시각예술Neige blanc papier. Poésie et arts visuels à l'Âge contemporain》(Genève : Metispresse, 2012), 214쪽에서 재인용.

53 《시 전집Œuvres poétiques complètes》(Poët-Laval : Curandera)에 재수록된 Alain Borne, 《눈과 스무 편의 시Neige et vingt poèmes》(Les Angles : Pierre Seghers, 1941), 시 XLI. Philippe Kaenel·Dominique Kunz Westerhoff, 《눈 흰색 종이, 현대의 시와 시각예술》, 228쪽에서 재인용.

54 Gilles Lapouge, 《눈 내리는 소리》, 47쪽.

55 Philippe Kaenel·Dominique Kunz Westerhoff, 《눈 흰색 종이, 현대의 시와 시각예술》.

5. 안개를 쫓아

1 대기 현상이란 비, 바람, 안개, 무지개 등 대기 중에서 일어나는 여러 가지 현상을 말한다.

2 '안개의 밖에 있다'는 의미의 'débrouillard'(약삭빠른, 곤경을 잘 벗어나는)라는

단어와 반대되는 어구. '연무brume 속에 있다'라는 표현은 존재하지 않는다.

3 F'murr,《고지 하계목장의 천재 : 태업과 목축업*Le Génie des alpages : sabotage et pâtur-age*》, 11권(Paris : Dargaud, 1995), 3~4쪽.

4 Victor Hugo,《바다의 노동자*Les Travailleurs de la mer*》(Paris : Garnier-Flammarion, 1980), 215쪽.

5 Victor Hugo,《바다의 노동자》, 302쪽.

6 Gavin Pretor-Pinney,《구름 사냥꾼 안내서*Le Guide du chasseur de nuages*》(Paris : Jean-Claude Lattès, 2007), 102쪽.

7 Victor Hugo,《알프스와 피레네*Alpes et Pyrénées*》. 이러한 비유는 드 비트De Witt 부인의 저서,《호수 위에서*Au-dessus du lac*》(Paris : Hachette, 1889), 116쪽에서 다시 찾아볼 수 있다. 한 뱃사람이 랑베르 일가와 함께 레만 호수 위를 이동하다가 필라투스 산이 '모자와 외투'를 뒤집어쓰고 있는 모습을 보고는 곧 날씨가 바뀔 것을 확인한다.

8 oros는 '산'을 뜻하는 그리스어 접두사이다.

9 이 십자가에 얽힌 이야기가 마르탱 드 라 수디에르의 호기심을 자극하여 그는 자신의 책《시골 마을의 시학. 마르주리드에서의 만남들*Poétique du village. Rencontres en Margeride*》(Paris : Stock, 2010)에 이 이야기를 수록했다.

10 Aristote,《기상학*Les Météorologiques*》(Paris : Vrin, 1976), 49쪽.

11 Louis Dufour,《연무와 안개라는 용어의 기상학적 의미에 관한 몇 가지 역사적 고찰*Quelques considérations historiques sur le sens météorologique des termes brumes et brouillard*》(Bruxelles, 벨기에 왕립 기상학 연구소Institut royal météorologique de Belgique, 1964), 1쪽에서 재인용.

12 Alain Corbin,《악취와 황수선화》, 25쪽.

13 Alain Corbin,《무의 영토. 서양 세계와 해안에 대한 욕망(1750~1840)*Le Territoire du vide. L'Occident et le désir du rivage, 1750-1840*》(Paris : Aubier, 1988), 173쪽에서 재인용.

14 James Lovelock,《가이아의 시대*Les Âges de Gaïa*》(Paris : Robert Laffont, 1990),

185쪽.

15 Pierre de Lancre, 《나쁜 천사들과 악마들의 변화무쌍한 모습에 관한 그림 *Tableau de l'inconstance des mauvais anges et démons*》(Paris : Aubier, 1982), 145쪽.

16 지금은 고인이 된, 루아레의 농민 테레즈 Thérèse F.와의 2002년 인터뷰.

17 공저, 《대백과사전 *La Grande Encyclopédie*》(Paris : H. Lamirault et Cie éditeurs, 1885~1902).

18 Paul Sébillot, 《바다의 전설, 신앙, 미신 시리즈 II, 대기 현상들과 폭풍들 *Légendes, croyances, et superstitions de la mer, série II, Les Météores et les Tempêtes*》(Paris : G. Charpentier et Cie, 1887), 67쪽.

19 Clémentine Chasles, 《빅토리아 여왕 시대(1837~1901) 영국 문학에서 안개를 묘사한 작품들 *Les Représentations du brouillard dans la littérature anglaise à l'époque victorienne(1837~1901)*》, 파리1대학교 석사논문(2005), 21쪽.

20 Charles Ferdinand Ramuz, 《태양이 떠오르지 않는다면 *Si le soleil ne revenait pas*》(Lausanne : L'Âge d'Homme, 1989), 70쪽.

21 출처의 표시 없이 큰따옴표로 묶은 말들은 조사 과정에서 얻은 답변에서 나온 말들이다.

22 이러한 표현은 Guy de Maupassant, 《피에르와 장 *Pierre et Jean*》, '폴리오 Folio' (Paris : Gallimard, 1982), 118쪽에서 안개의 악취를 묘사한 부분에 나온 것이다.

23 Anatole Le Braz, 《브르타뉴의 마력 *Magies de la Bretagne*》(Paris : Robert Laffont, 1994), 793쪽.

24 Anatole Le Braz, 《브르타뉴의 마력》, 810쪽.

25 Anne-Claude Philippe de Caylus, 〈빛나 공주님 *La Princesse Lumineuse*〉, 《새로운 환상의 세계 *Féeries nouvelles*》, II권(La Haye, 1741), 123~124쪽.

26 Henri Beugras, 《안개 *Le Brouillard*》(Talence : L'Arbre vengeur, 2013), 32쪽.

27 Guy de Maupassant, 《물 위에서 *Sur l'eau*》. Louis Dufour, 《프랑스 문학 속의 안개 *Le Brouillard dans la littérature française*》(Bruxelles, Institut royal météorologique de Belgique, 1978), 6쪽에서 재인용.

28 Charles Ferdinand Ramuz,《안개 속에서 길 잃은 남자L'Homme perdu dans le brouil-
    lard》(Lauzanne : L'Âge d'homme, 1989), 377쪽.

29 Umberto Eco,《언어와 함께 여행하는 법. 새로운 파스티슈와 포스티슈Comment voy-
    ager avec un saumon. Nouveaux pastiches et postiches》(Paris : Grasset, 1997), 266쪽. * 원
    제는 Il Secondo diario minimo. 국내에도 번역서가 나와 있다.《세상의 바보들에
    게 웃으면서 화내는 법》, 이세욱 옮김(열린책들, 2003).

30 Jean Chevalier·Alain Gheerbrant,《상징 사전Dictionnaire des symboles》(Paris : Rob-
    ert Laffont, 1982), 149쪽.

31 Pascale Olivier,《지상의 노래Un chant sur la terre》(Paris : Le Divan, 1951), 214쪽.

32 John Ruskin,《터너에 대하여Sur Turner》(Paris : Jean Cyrille Godefroy, 1983), 248
    쪽.

33 저자의 안개에 대한 연구를 위해 1996년에 행한 인터뷰 중에서.

34 Aristote,《기상학Les Météorologiques》, I권, IV장. Jean-Claude Lebensztejn,《색채의
    예술L'Art de la tache》(Chalon-sur-Saône : Édition du Limon, 1990), 97쪽에서 재
    인용.

35 Pierre Le Loyer,《유령의 서書 혹은 인간이 보기에는 고통스러운 영, 천사, 악마의
    출현Le Livre des spectres ou Apparitions et visions d'esprit, anges et démons se montrant pénible-
    ment aux hommes》(Angers : Georges Neveu, 1536).

36 Patrice Bollon·Philippe Marchetti, 〈안개의 근원으로의 여행Voyage aux sources du
    brouillard〉,《싸 맹테레스Ça m'intéresse》, 제192호(1992년 2월).

37 Henri Gougaud,《부엉이의 성경 La Bible du hibou》(Paris : Seuil, 1993), 245쪽.

38 Hésiode,《노동과 나날/신통기Les Travaux et les Jours, La Théogonie》(Paris ： Arléa,
    1995), 31쪽.

39 마르코 복음 9장 7절.

40 André-Marie Gérard·Andrée Nordon-Gérard,《성경 사전Dictionnaire de la Bible》
    (Paris : Robert Laffont, 1989), 1017쪽.

41 Hésiode,《노동과 나날/신통기》, 67쪽.

42 Bernard Sergent, 《인도 유럽어족, 역사, 언어, 신화*Les Indo-Européens, Histoire, langues, mythes*》(Paris : Bibliothèque historique Payot, 1995), 355쪽.

43 Jacques Le Goff, 《연옥의 탄생*La Naissance du Purgatoire*》(Paris : Gallimard, 1981), 395쪽.

44 Robert-Yves Creston, 《천국을 찾아 떠난 브렌던 성인의 항해 일기*Le Journal de bord de saint Brendan à la recherche du Paradis*》(Paris : Éditions de Paris, 1957), 170쪽.

45 Jean Delumeau, 《서방 세계의 두려움*La Peur en Occident*》(Paris : Fayard, 1978), 90쪽.

46 Mary Webb, 《커다란 저주*Sarn*》(Paris : Grasset, 1955), 114쪽.

47 Boris Vian, 《소설, 단편, 그 밖의 작품들*Romans, nouvelles, œuvres diverses*》(Paris : Livre de poche, 1991), 765~772쪽.

48 Thomas Hardy, 《더버빌 가문의 테스*Tess d'Uberville*》(Paris : Éditions de la Sirène, 1924), 113쪽.

49 H. F. Arnold, 〈야간 속보*Dépêche de nuit*〉, Jacques Sadoul, 《위어드 테일즈에서 가장 재미있는 이야기들*Les Meilleurs Récits de Weird Tales*》, I권(Paris : J'ai Lu, 1975), 103~111쪽.

50 Oscar Wilde, 《거짓의 종말*Le Déclin du mensonge*》(Paris : Complexe, 1986), 67쪽.

51 Ch'ien Wen-shih, François Cheng, 《숨결-정신*Souffle-Esprit*》(Paris : Le Seuil, 1989), 115쪽.

52 James McNeill Whistler, 《열 시*Ten o'clock*》(Stéphane Mallarmé 옮김).

53 Paul Sébillot, 《꽃 핀 바다*La Mer fleurie*》(Paris : Alphonse Lemerre éditeur, 1903), 116쪽.

54 Guy de Maupassant, 《환영과 그 밖의 서스펜스 이야기*Apparitions et autres contes d'angoisse*》(Paris : Garnier-Flammarion, 1987), 96~97쪽.

55 Ismaïl Kadaré, 《전설에 관한 전설*La Légendes des légendes*》(Paris : Flammarion, 1995), 270~271쪽.

56 Paul Hazard, 《책, 어린이, 사람*Les Livres, les Enfants et les Hommes*》(Paris : Hatier,

1967).

57 Robert Vautard·Pascal Yiou·Geert Jan van Oldenborgh, 〈과거 30년간 유럽에서의 안개, 박무, 연무의 감소Decline of Fog, Mist and Haze in Europe over the past 30 years〉, 《네이처 지오사이언스*Nature Geoscience*》, 제2호(2009), 115~119쪽.

58 Alphonse Daudet, 〈장부 담당 직원Un teneur de livres〉, 《월요 이야기*Contes du lundi*》.

59 René Chaboud, 《일기예보, 날씨의 문제들*La Météo, questions de temps*》(Paris : Nathan, 1993), 228쪽.

6. 뇌우가 몰아칠 듯한 날씨

1 알랭 코르뱅에 따르면, "다감각성polysensorialité"은 낭만주의 시대 풍경의 특성이다. Alain Corbin, 《풍경 속의 인간*L'Homme dans le paysage*》(Paris : Textuel, 2001), 31쪽.

2 Martine Tabeaud, 〈일드프랑스 지역의 뇌우들 : 정의와 위험 예방 관리Les orages en Île-de-France : définition et gestion préventive des risques〉, Martine Tabeaud 엮음, 《일드프랑스 지역의 뇌우들*Les orages dans l'espace francilien*》(Paris : Publications de la Sorbonne, 2000), 13쪽.

3 과학사가 파비앵 로셰Fabien Locher는 1854년 11월 14일에 닥친 폭풍우 '르 베리에Le Verrier'에 관한 연구에서 일기예보의 역사를 되새겨보았다. 파리 천문대 소장 르 베리에의 이름을 딴 명칭이나, 특히 1862년 파리 천문대 일기예보 국장 마리에 다비Marié-Davy의 이름을 딴 명칭으로부터, 우리는 '기상에 관한 미디어 문화의 변천'을 목도한다. 이 문화는 이내 1863년 12월부터 파리 천문대가 매일 발행하는 기상 지도와 일기예보를 거치게 된다. 그 후 날씨에 관한 우리의 지각은 '일람적 시각'으로 특징지어진다. 초기의 '예상' 지도들은 1876년 《르 프티 주르날*Le Petit Journal*》에서 간행되었다. Fabien Locher, 《학자와 폭풍우. 19세기의 대기 연구와 일기 예측》, V장 ; 2013년 4월 18일 EHESS에서 열린 세미나, '기후에 대한

인지Perception du climat'. Martine Tabeaud, 〈기상의 일치. 르 베리에에서 앨 고어
까지Concordance des temps. De Le Verrier à Al Gore〉(2008) : www.espacestemps.net/
articles/concordance-des-temps/

4 Martine Tabeaud, 〈일드프랑스 지역의 뇌우들 : 정의와 위험 예방 관리〉,《일드프
랑스 지역의 뇌우들》, 18쪽.

5 Fabien Locher, 2013년 4월 18일 EHESS에서 열린 세미나.

6 2012년 4월 30일 툴루즈의 토네이도, 2012년 10월 14일 방데 지방과 마르세유의
'미니 토네이도', 2001년 7월 6일 스트라스부르의 푸르탈레스 성에서 일어난 '작
은 돌풍' 등.

7 Patrick Prado, 〈폭풍우 후의 풍경. 자연재해의 여파 : 문화적인 것에서의 질서와
무질서Paysage après tempête. Les retombées d'une catastrophe naturelle : ordre et désordre
dans le culturel〉,《랑드 지방의 폭풍우, 역사, 기억Tempête sur la forêt landaise, histoires,
mémoires》(Langon : L'Atelier des Brisants, 2011), 161쪽.

8 Jean-Baptiste Lamarck,《폭풍우와 뇌우, 태풍과의 구별에 관하여. 혁명 9년 무월霧
月(2월) 18일의 재난을 몰고 온 바람의 성격에 대하여Sur la distinction des tempêtes
d'avec les orages, les ouragans, etc. Et sur le caractère du vent désastreux du 18 brumaire an IX》.
국립연구소에서는 혁명 9년 3월 11일로 읽음 : www.lamarck.cnrs.fr

9 Emmanuel Garnier, 〈프랑스 삼림에서 일어난 폭풍우의 5세기Cinq siècles de
tempêtes dans les forêts françaises〉,《랑드 지방의 폭풍우, 역사, 기억》, 55쪽.

10 Martine Tabeaud 엮음,《일드프랑스, 폭풍주의보 포스 12Île-de-France avis de tempêtes
force 12》(Paris : Publications de la Sorbonne, 2003), 22쪽.

11 파비앵 로셰는 '폭풍우에 관한 논쟁'의 역사를 되짚어보았다.《학자와 폭풍우. 19
세기의 대기 연구와 일기 예측》, 113쪽.

12 1776년 8월 22일, 23일의 뇌우. 모르비앙 국립문서보관소, 캉 대학교 HIST-
CLIME 프로그램, Emmanuel Garnier 외 : www.uni-caen.fr/histclime/rech.php

13 〈1788년 7월 13일 뇌우에 관한 관찰록Recueil d'observations sur l'orage du 13 juillet
1788, avec les principales circonstances qui l'accompagnaient dans les Pays-Bas autrichiens et

les Provinces-Unies〉, Théodore Augustin Mann, 《대혹한과 그 결과에 관한 연구 논 문집 *Mémoires sur les grandes gelées et leurs effets*》, 뮈리엘 콜라르Muriel Collart 서문 (Paris : Hermann, 2012), 182쪽.

14 Alain Rey 외 엮음, 《프랑스어의 역사 사전 *Dictionnaire historique de la langue fran-çaise*》(Paris : Le Robert, 1992), 〈뇌우-Orage〉편.

15 "17세기 초반에는 번개('벼락 화살les carreaux de la foudre')가 벼락이 던진, 쇠뇌의 화살 같은 고체 물질이므로 맞으면 죽는다고 생각했다. 물리학자 자크 로오 Jacques Rohault(1618~1672)는 《자연학 개론 *Traité de physique*》(1671)에서 이 화살을 찾으려고 모든 노력을 기울였으나 허사였다고 말하며 번개는 그것에 맞으면 죽는 특별한 불이라고 결론지었다. 넓은 의미에서는 벼락, 천둥 모두를 뜻한다."(Émile Littré, 《프랑스어 사전 *Dictionnaire de la langue française*》(Paris : Hachette, 1873~1877), "큰 화살Carreau".) Cotte, 《기상학 개론 *Traité de météorologie*》(Paris, 1774), "벼락Foudre"도 참조하라. : "벼락 혹은 번개는 순식간에 단단한 건축물들을 무너뜨리며 극히 단단한 물체들을 태우거나 녹이는 그런 종류의 물질이다. 그 여파는 그 규모뿐 아니라 특성에 있어 가히 경이로운 수준이다."

16 Denis Diderot·Jean d'Alembert 엮음, 《백과사전, 혹은 과학, 예술, 직업에 관한 체계적인 사전》(Paris : Briasson, 1751~1782), 〈뇌우(시)Orage(Poésie)〉, http://portail.atilf.fr/encyclopedie/ 참조.

17 Martin de La Soudière, 〈로타르, 마르탱과 그의 친구들 : 두려움은 또 다른 두려움을 감출 수 있다Lothar, Martin et leurs complices : Une peur peut en cacher une autre〉, 《랑드 지방의 폭풍우, 역사, 기억》, 184쪽.

18 에마뉘엘 가르니에는 "새로운 기후 사건은 기억 속에서 공존할 가능성 없이, 앞서의 것이 없어지기를 바라는 도태의 과정"임을 강조한다. 〈프랑스 삼림에서 일어난 폭풍우의 5세기〉, 《랑드 지방의 폭풍우, 역사, 기억》, 64쪽. 에마뉘엘 가르니에는 또한 공저로 출간된 소논문 〈18세기 초반 유럽에서 일어난 세 차례의 혹독한 겨울 폭풍에 대한 기상학적 관점과 문화적 기억The Meteorological framework and the cultural memory of three severe winter-storms in early eighteenth century Europe〉, 《기후 변

화 *Climatic Change*》, 제101호(2010년 7월), 281~310쪽에도 근거한다.

19 René Descartes, 《기상학*Météores*》, 〈제7론 : 폭풍우, 벼락, 그리고 공중에서 빛나는 그 밖의 모든 불에 대하여Discours septième : Des tempêtes, de la foudre, et de tous les autres feux qui s'allument en l'air〉, 《데카르트 작품집*Œuvres de Descartes*》, édition de Victor Cousin(Paris : Levrault, 1824), IV권, 264쪽.

20 Jean-Nicolas Buache·Jean-Baptiste Leroi·Alexandre Tessier, 〈1788년 7월 13일 일요일에 쏟아진 우박 뇌우에 대한 보고서 혹은 부차적 논문Rapport ou Seconde Mémoire sur l'orage à grêle du dimanche 13 juillet 1788〉, 《과학 학술원 논문집》(Paris : Imprimerie du Pont, 1797).

21 Alexandre Tessier, 〈1788년 7월 13일에 쏟아진 뇌우에 관한 논문Mémoire sur l'orage du 13 juillet 1788〉, 《과학 학술원 논문집》(1789).

22 Charles Messier, "1788년 7월 13일의 뇌우L'orage du 13 juillet 1788", Jean Dettwiller, 〈1789년 혁명과 기상학La révolution de 1789 et la météorologie〉, 《교통부 기상국 공보지*Bulletin d'information du ministère des Transports, direction de la Météorologie*》, 제40호(1978년 7월)에서 재인용.

23 〈1788년 7월 13일의 뇌우를 겪은 플랑드르 지방 쿠르트레의 뇌우와 우박에 대한 견해Observations faites à Courtrai en Flandre sur l'orage et la grêle qu'on y a essuyés le 13 juillet 1788〉, Théodore Augustin Mann, 《대혹한과 그 결과에 관한 연구 논문집》, 184쪽.

24 몽디디에 문서보관소Archives de Montdidier(솜Somme 소재) : www.uni-caen.fr/histclime/rech.php.

25 Jean-Nicolas Buache·Jean-Baptiste Leroi·Alexandre Tessier, 〈1788년 7월 13일 일요일에 쏟아진 우박 뇌우에 대한 보고서 혹은 부차적 논문〉, 《과학 학술원 논문집》.

26 《과학 학술원 논문집》.

27 〈브뤼셀 학술원 회원, 투르네 주교좌성당 참사원, 에베를랑주 드 비트리 신부의 편지 발췌문Extrait d'une lettre de M. l'abbé d'Everlange de Witry, chanoine de Tournai, membre de l'Académie de Bruxelles〉, 《과학 학술원 논문집》.

28 Emmanuel Le Roy Ladurie, 《서기 1000년 이후의 기후사*Histoire du climat depuis l'an mil*》(Paris : Flammarion, 1983(1967)), I권, 15쪽.

29 Jean-Nicolas Buache·Jean-Baptiste Leroi·Alexandre Tessier, 〈1788년 7월 13일 일요일에 쏟아진 우박 뇌우에 대한 보고서 혹은 부차적 논문〉.

30 Fabien Locher, EHESS(2013년 4월 18일).

31 Pierre Alexandre, 《중세 유럽의 기후. 서유럽의 설화 원전에 따른 1000년부터 1425년까지 기후 변화사에 대한 공헌*Le Climat en Europe au Moyen Âge. Contribution à l'histoire des variations climatiques de 1000 à 1425, d'après les sources narratives de l'Europe occidentale*》(Paris : éditions de l'EHESS), 13쪽. Théodore Augustin Mann, 《대혹한과 그 결과에 관한 연구 논문집》 서문에서 뮈리엘 콜라르의 인용, 37쪽.

32 Jean-Patrice Courtois, 〈몽테스키외와 루소 혹은 창세기의 거래Montesquieu et Rousseau ou la transaction de la Genèse〉, 《기후 사건과 그 표현(17~19세기)*L'Événement climatique et ses représentations(XVIIe-XIXe siècles)*》(Paris : Desjonquères, 2007), 166쪽.

33 Johann Wolfgang von Goethe, 《젊은 베르테르의 슬픔*Les Souffrances du jeune Werther*》, Bernard Groethuysen 옮김, '폴리오Folio'(Paris : Gallimard, 1973), 53쪽.

34 Johann Wolfgang von Goethe, 《젊은 베르테르의 슬픔》.

35 Gaston Bachelard, 《과학 정신의 형성, 지식의 정신분석학에 대한 기여*La Formation de l'esprit scientifique, contribution à une psychanalyse de la connaissance*》(Paris : Vrin, 1993(1938)), 26쪽.

36 Claude Reichler, 〈18세기 전환기의 공기, 뇌우, 그리고 대기 현상들Air, orages et météores au tournant du XVIIIe siècle〉, 《기후 사건과 그 표현(17~19세기)》, 144쪽.

37 Jean-Paul Schneider, 〈징벌의 뇌우에서 제압된 카오스까지De l'orage châtiment au chaos maîtrisé〉, 《기후 사건과 그 표현(17~19세기)》, 126쪽.

38 Jean-Baptiste Monet, chevalier de Lamarck, 《혁명력 13년(1805) 기상 연감*Annuaire météorologique pour l'an XIII*》. www.lamarck.cnrs.fr 참조.

39 Nathalie Vuillemin, 〈'극적 장치'의 몇 가지 양상 : 몽블랑의 초기 탐사자들이 겪은 고산지대의 뇌우와 폭풍우Quelques aspects d'un "instrument dramatique" : Orages et

tempêtes en haute montagne, chez les premiers voyageurs du mont Blanc〉,《기후 사건과 그 표현(17~19세기)》, 185쪽.

40 Horace-Bénédict de Saussure, 1788년 7월 7일 아내에게 보낸 편지. Nathalie Vuillemin, 〈'극적 장치'의 몇 가지 양상 : 몽블랑의 초기 탐사자들이 겪은 고산지대의 뇌우와 폭풍우〉, 186쪽에서 재인용.

41 Edmund Burke,《숭고와 미의 관념에 대한 철학적 탐구Recherches philosophiques sur nos idées du sublime et du beau》(1757). * 원제는 A Philosophical Enquiry into the Origin of Our Ideas of the Sublime and Beautiful.

42 Emmanuel Kant,《판단력 비판Critique de la faculté de juger》, 〈숭고의 분석Analytique du sublime〉(1790). * 원제는 Kritik der Urteilskraft.

43 "큰 바다에서 바람이 파도를 일으킬 때, 뭍에서 타인의 고된 수고를 지켜보는 것은 흐뭇한 일이다. 사람의 고통이 우리에게 큰 기쁨을 준다는 것이 아니라, 자신이 어떤 불행을 피했는지 아는 것이 흐뭇한 것이리라." Titus Lucretius Carus,《만물의 본성에 대하여De la nature》, Ⅱ권, 1~4행(Paris : Les Belles Lettres, 1966).

44 René Démoris, 〈푸생의 폭풍우Les tempêtes de Poussin〉,《기후 사건과 그 표현(17~19세기)》, 233쪽.

45 Bernardin de Saint-Pierre,《폴과 비르지니》(Paris : Garnier-Flammarion, 1966), 157쪽.

46 Hans Blumenberg,《구경꾼이 있는 난파Naufrage avec spectateur》, Laurent Cassagnau 옮김(Paris : Arche, 1997). * 원제는 Schiffbruch mit Zuschauer(1979).

47 Jean-Michel Racault, 〈폭풍우 애호가. 베르나르댕 드 생피에르 자연철학에 나타난 태풍의 물리학, 형이상학, 미학L'amateur de tempêtes. Physique, métaphysique et esthétique de l'ouragan dans la philosophie de la nature de Bernardin de Saint-Pierre〉,《기후 사건과 그 표현(17~19세기)》, 200쪽.

48 Daniel Arasse,《그림 속의 주체 Le Sujet dans le tableau》(Paris : Flammarion, 1997).

49 Pierre-Henri de Valenciennes,《실용적 원근법의 요소들. 한 학생을 위한, 회화 특히 풍경화에 대한 성찰과 권유Éléments de perspective pratique, suivi de Réflexions de

conseils à un élève sur la peinture, et particulièrement sur le genre du paysage》(Paris : l'Auteur, 혁명력 8년(1799~1800)). Madeleine Pinault-Sørensen, 〈뇌우와 폭풍우. 18세기 후반과 19세기 초의 회화와 데생Orages et tempêtes. Peintures et dessins, deuxième moitié du XVIIIe siècle et début du XIXe siècle〉,《기후 사건과 그 표현(17~19세기)》, 264쪽에서 재인용.

50 Turner, 〈눈보라. 얕은 바다에서 신호를 보내며 유도등에 따라 항구를 떠나가는 증기선. 나는 에어리얼 호가 하위치 항을 떠나던 밤의 폭풍우 속에 있었다Snow Storm-Steam-Boat off a Harbour's Mouth Making Signals in Shallow Water, and Going by the Lead. The Author Was in This Storm on the Night the Ariel left Harwich〉. 1842년 로열 아카데미 전시작.

51 Claude-Henri Watelet, Denis Diderot·Jean d'Alembert 엮음,《백과사전, 혹은 과학, 예술, 직업에 관한 체계적인 사전》,〈효과Effet〉항목. http://portail.atilf.fr/encyclopedie 참조.

52 Diderot, 〈1763년의 살롱전Salon de 1763〉,《회화론. 1759년, 1761년, 1763년 살롱전*Essai sur la peinture, Salons de 1759, 1761, 1763*》(Paris : Hermann, 2007), 227쪽.

53 Alain Corbin,《무의 영토. 서양 세계와 해안에 대한 욕망(1750~1840)》.

54 Alain Corbin,《풍경 속의 인간》, 94쪽.

55 Caspar Wolf, 〈그린델바트 빙하 위의 뇌우와 번개Orage et foudre sur le glacier du Grindelwald〉(1774~1775).

56 Philippe-Jacques de Loutherbourg, 〈뇌우에 놀란 여행자들Voyageurs surpris par un orage〉(Rennes : musée des Beaux-Arts).

57 Pierre Wat,《훌륭한 거짓말쟁이 터너*Turner menteur magnifique*》(Paris : Hazan, 2010), 27쪽.

58 Pierre Wat,《훌륭한 거짓말쟁이 터너》.

59 John Ruskin,《알프스에 관한 글*Écrits sur les Alpes*》, 엠마 스데뇨Emma Sdegno와 클로드 레술레가 모아 소개한 글(Paris : Presses universitaires de Paris-Sorbonne, 2013), 56쪽.

60 "폭풍우의 이미지는 화산의 이미지와 함께 가장 일반적으로 정치적인 혼란, 특히 프랑스 대혁명에 빗대어졌다." Aurelio Principato, 〈폭풍우 또는 대홍수 : 샤토브리앙 작품에 나타난 혁명의 은유들Tourmentes ou déluge: métaphores révolutionnaires chez Chateaubriand〉, 《기후 사건과 그 표현(17~19세기)》, 464쪽. Olivier Ritz, 〈폭풍우 속의 역사가 : 혁명을 연구한 초기 역사가들의 역사 기록에 대한 이미지(1789~1815)L'historien dans la tempête : images de l'écriture de l'histoire chez les premiers historiens de la Révolution(1789~1815)〉, Anouchka Vasak 엮음, 《두 물길 사이를 오가며. 제2의 계몽주의와 그 양면성Entre deux eaux. Les secondes Lumières et leurs ambiguïtés》(Paris : Le Manuscrit, 2012), 〈비 내리는 혁명 기념일 : 혁명문학에 나타난 혁명파 시민 연맹 축제일의 악천후〉, Karin Becker 엮음, 《프랑스 문학에서의 비와 맑은 날씨》, 195~212쪽 참조. 우리의 소논문, 〈1788년 7월 13일의 뇌우. 폭풍 전야의 역사L'orage du 13 juillet 1788. L'histoire avant la tourmente〉, 《르 데바 Le Débat》(2004년 5~8월) 참조.

61 Jean Bodin, 《국가론 6권Les Six Livres de la République》(Paris, 1578). 장 마리 굴르모Jean-Marie Goulemot에 이어 올리비에 리츠가 재인용, Olivier Ritz, 〈폭풍우 속의 역사가 : 혁명을 연구한 초기 역사가들의 역사 기록에 대한 이미지(1789~1815)〉, 309쪽.

62 Jean-Antoine de Baïf, 《제1 대기 현상Le Premier des Météores》(1567). Claude La Charité, 〈"전쟁으로 이성을 잃은 시민의 뇌우" : 장 앙투안 드 바이프와 이자크 아베르의 과학 시에 나타난 대기 현상들"De l'orage civil forcenant par la guerre" : les météores dans la poésie scientifique de Jean-Antoine de Baïf et Issac Habert〉, Thierry Belleguic·Anouchka Vasak 엮음, 《세계의 질서와 무질서. 르네상스에서 근대까지의 대기 현상 조사Ordre et désordre du monde. Enquête sur les météores de la Renaissance à l'âge moderne》(Paris : Hermann, 2013)에서 재인용.

63 "1788년 남북 간의 열렬한 만장일치는 그것이 전국적인 성격을 띠고 있기 때문에 매우 중요하며, 이러한 성격 또한 우연하게도 혁명 전해인 1788년, 강한 햇볕에 의한 밀의 피해로 빚어진 빈곤에서 비롯된 것이었다." Emmanuel Le Roy Ladurie,

《기후와 비교해본 인간사. 빈곤과 혁명(1740~1860)*Histoire humaine et comparée du climat. Disette et révolution 1740~1860*》(Paris : Fayard, 2006), 150쪽.

64 Lamoignon de Malesherbes, Valérie André, 《루이 16세의 말제르브, 혹은 카산드라의 경고 : 1787~1788 미발표 회고록*Malesherbes à Louis XVI ou Les avertissements de Cassandre : mémoires inédits, 1787-1788*》(Paris : Tallandier, 2010)에서 재인용.

65 Bernardin de Saint-Pierre, 《어느 고독한 이의 기원. 자연에 관한 연구 속편 자료*Vœux d'un solitaire. Pour servir de suite aux Études de la nature*》(Paris : de l'imprimerie de Monsieur, 1789), 5쪽.

66 Arthur Young, 《1787년, 1788년, 1789년의 프랑스 여행*Voyage en France dans les années 1787, 1788 et 1789*》(Paris : 10/18, 1970), 159쪽.

67 Jules Michelet, 《프랑스 혁명사*Histoire de la Révolution française*》, I권, VI장 〈파리의 봉기 Insurrection de Paris〉, '부캥Bouquins'(Paris : Robert Laffont, 1979), 136쪽.

68 《전국 연맹, 혹은 1790년 7월 14일 파리의 혁명 1주년 기념식에서 일어난 모든 일에 대한 정확하고 상세한 이야기*Confédération nationale, ou Récit exact et circonstancié de tout ce qui s'est passé à Paris : le 14 juillet 1790, à la Fédération*》(Paris : Garnéry, 자유 2년(1790)). Olivier Ritz, 〈비 내리는 혁명 기념일 : 혁명문학에 나타난 혁명파 시민 연맹 축제일의 악천후〉, 《프랑스 문학에서의 비와 맑은 날씨》, 118쪽에서 재인용.

69 Chateaubriand, 《프랑스 혁명과의 관계 안에서 고찰한, 신구 혁명에 대한 역사적·정치적·도덕적 시론*Essai historique, politique et moral sur les révolutions anciennes et modernes, considérées dans leurs rapports avec la Révolutions française*》, '플레야드 총서Bibliothèque de la Pléiade'(Paris : Gallimard, 1978), 15쪽.

70 《기후 사건과 그 표현(17~19세기)》, 81~90쪽에 나오는 우리의 해석 제안 참조 : "1788년 7월 13일의 뇌우, 혁명 9년 무월 18일의 폭풍우 : 기상 요소 안에서 정치적 요소의 기재."

71 Lamarck, 《폭풍우와 뇌우, 태풍과의 구별에 관하여. 혁명 9년 무월 18일의 재난을 몰고 온 바람의 성격에 대하여》.

72 Dubois, 《자연학, 자연사와 예술의 진보 연표*Tableau annuel des progrès de la Physique,*

de l'Histoire naturelle et des Arts》(1772). Bachelard,《과학 정신의 형성》, 33쪽에서 재인용.

73 바슐라르는 1767년 출간되었고 프랑스에는 1771년에 소개된 조지프 프리스틀리Joseph Priestley의《전기의 역사*Histoire de l'électricité*》(원제는 The History and Present State of Electricity)를 인용한다. 프랭클린과 그의 친구들은 "축전기로 켠 불 앞에서, 전기 쇼크로 칠면조를 잡고 나서 전기 배터리의 방전음을 깔고 영국, 네덜란드, 프랑스, 독일의 유명 전기학자들을 위해 감격에 겨운 축배를 들었다". Bachelard,《과학 정신의 형성》.

74 Bachelard,《과학 정신의 형성》.

75 Fabien Locher,《학자와 폭풍우》, 189쪽.

76 "폴립토트polyptote란, 같은 문장이나 여러 개의 절이 조화를 이루는 긴 문장에서, 같은 단어가 우연히 여러 형태로 쓰이는 것을 말한다." Pierre Fontanier,《담화의 문채*Les Figures du discours*》(1821), '샹 클라시크Champs classiques' 총서(Paris : Flammarion, 1977), 352쪽.

77 Georges Didi-Huberman,《하늘의 징후*L'Empreinte du ciel*》는 Camille Flammarion,《벼락의 변덕*Les Caprices de la foudre*》개정판에 함께 실렸다〔(Paris : Antigone, 1994), 20쪽〕.

78 F. Sestier,《벼락, 그 형태와 효과에 대하여*De la Foudre, de ses formes et de ses effets*》(1866) ; Arago,《천둥과 벼락*Tonnerre et foudre*》(1859) ; Kaemtz,《기후학 개론*Traité de météorologie*》(1831~1836)〔1843년 프랑스어로 번역〕 ; A. Poey,《벼락의 광전기 이미지의 역사적 관계*Relation historique des images photo-électriques de la foudre*》(1861) 등등.

79 카미유 플라마리옹은 "우리 눈에는 변덕스러워 보이지만, 그것은 실제로 그렇다기보다는 그렇게 보이는 것이다. 왜냐하면 그것은 원인이 정해져 있기 때문이다. (…) 게다가 가장 예쁜 여자의 변덕도 마찬가지다. 그 여자는, 생각 없이 외적이거나 내적인 원인에 따를 뿐, 보기보다 그렇게 변덕스럽지는 않다"고 밝혔다.《벼락의 변덕》, 97쪽.

80 G. Goubier-Robert, 〈사드의 번개에서 공화국의 벼락까지De la fulguration sadienne aux foudres républicaines〉,《기후 사건과 그 표현(17~19세기)》, 415~429쪽.

81 Sade, 〈미덕의 불행Les Infortunes de la vertu〉,《작품집 II Œuvres II》, '플레야드Pléiade' 총서(Paris : Gallimard, 1995), 119쪽.

82 Camille Flammarion,《번개의 변덕》, 89쪽. 보고된 사건은《쥐스틴, 혹은 미덕의 불행》이 출간된 해인 1791년 8월 29일에 일어났다. 사드는 그 책을 1787년에 썼다.

83 Camille Flammarion,《번개의 변덕》, 148~149쪽.

84 Saint-Charles,《폭풍우의 공포, 지상과 해상에서 폭풍우, 회오리바람, 태풍, 사이클론 등으로 일어나는 끔찍한 재난들Les Horreurs de la tempête, Terribles catastrophes sur terre et sur mer causées par les ouragans, trombes, typhons, cyclones, etc.》(Lille : Maison du Bon Livre et Grammont〔벨기에〕).

85 Jean Echenoz,《번개Des Éclairs》(Paris : Minuit, 2010), 8~9쪽.

86 예를 들어 브론테Brontë 자매의《제인 에어Jane Eyre》(1847),《폭풍의 언덕Wuthering Heights》(1847)이나, 빅토르 위고의 《바다의 노동자》(1866),《웃는 남자 L'Homme qui rit》(1869) 같은 소설들이나, 베토벤의 〈전원 교향곡〉 4악장 또는 〈피아노 소나타 17번〉에 담긴 폭풍우들.

87 www.chasseurs-orages.com 중 크리스토프 수아레즈Christophe Suarez의 말을 인용.

88 2013년 4월 8일, 개인 세계일주 요트 경기 대회 벙데 글로브Vendée Globe 우승자들을 위한 축하 연회 연설에서 프랑수아 올랑드 대통령은 맞서서 극복해내야 하는 '악천후'의 은유를 사용했다. 공화국의 대통령이란 국가라는 배를 지휘하고 때로는 전투까지 치러내야 하는 고독한 항해자로 비유한 것이다.

7. 날씨는 어떻습니까? 열광과 근심의 대상인 오늘날의 일기예보

1 우리는 여기서 전형적인 현대 농부들의 경우를 다루지는 않을 것이다. 그들은 점점 더 주변의 '기상 문화'를 공유하고는 있지만, 그럼에도 여전히 비밀을 알고 있는 자들로 남아 있다. 소위 자연과의 진정한 관계—— 그것을 인정하는 것은 낭만

주의식의 이상화에 굴하는 것이리라──가 아니라, 거기에 의존하고 있기 때문에 날씨의 '의미'를 알고 있는 것이다. 질 라푸즈는 "농촌은 기후가 저항력을 만들어내는 곳"이라 썼다(〈기후 이론에 대한 공헌Contribution à une théorie des climats〉, 《농촌 연구Études rurales》, 제118~119호(1990)].

2 물론 관습적으로 17세기 말로 거슬러 올라가는 과학적인 고안이 아니라, 19세기 후반 위르뱅 르 베리에Urbain Le Verrier 같은 과학자들과 더불어 비약적으로 발전한 일기예보를 의미한다.

3 그런데 이와는 반대로 이탈리아에서는 오늘날까지도 제복을 입은 군인들이 텔레비전에서 일기예보를 맡고 있다.

4 여기서 펼쳐진 몇 가지 주제(특히 대화에서 일기예보가 차지하는 위상, 농부들이 날씨와 맺는 관계)는 저자의 저서에서 좀 더 자세히 다루고 있다. Martin de La Soudière, 《계절의 행복. 일기예보 세계로 떠나는 여행》.

5 나는 여기서 에마뉘엘 르 루아 라뒤리의 연구, 예를 들어 《중세부터 현대까지 기후사 개요. 아누슈카 바작과의 인터뷰Abrégé d'histoire du climat du Moyen Âge à nos jours. Entretien avec Anouchka Vasak》(Paris : Fayard, 2007)를 참조한다.

6 예컨대 일간지 《산La montagne》 클레르몽페랑판 2013년 4월 5일자에 실린, "그저 하나, 둘, 셋 하면… 해가 나는 주말이면 좋겠다. 궂은 날씨다. 해 없이 겨울을 나기란 쉽지 않은데 특히 주말마다 비가 온다면 더욱 그렇다"했던 기사와 징후가 비슷하다.

7 '일기예보 미치광이들Les Fêlés de la météo' (구 사이트) ; '열렬히 사랑하는 일기예보 La Météo passionément(asso.infoclimat.fr)'와 '앵포클리마les forums d'Infoclimat(forum. infoclimat.fr)'.

8 Martin de La Soudière, 〈일기예보, 혹은 다음 날에 대한 근심, 호기심인가 강박인가 열정인가?La météo ou le souci du lendemain : curiosité, obsession, passion?〉, Christian Bromberger 엮음, 《평범한 취미들Passions ordinaires》(Paris : Bayard, 1998), 219~239쪽에서 그 징후들을 다시 발견할 수 있다.

9 《제오Géo》, 제101호(1987년 7월).

10 Jean-Pierre Quélin, 〈기후열광증Climatomanie〉,《르몽드Le Monde》(1995년 1월 17
일).

11 Martin de La Soudière·Martine Tabeaud, 〈일기예보 애호가들은 모두 기록광들
인가?Les météophiles sont-ils tous fêlés de records?〉, Jacques Berchtold· Emmanuel Le
Roy Ladurie 외 엮음,《폭서와 혹한, 기후 사건과 그 표현(II), 역사, 문학, 회화》,
287~296쪽.

12 이미지와 과장된 댓글로 서로 경쟁하는 블로거들은 2013년 1월, "오늘 아침 8시
34분, 우리 집 정원에 내린 눈을 보세요!" 같은 포스팅을 하며, 가장 고귀하고 가
장 놀라운 그들만의 눈을 제각기 연출하는 즐거운 시간을 만끽했다.

13 증언하고 기록하는 것은 또 다른 기능을 지닌다. 그것은, 상당히 많은 현대인이
그렇게 하는 것처럼, 자기 삶의 일상적인 흐름을 회상하고 흔적과 기억을 간직하
는 것이다. 이들은 그날의 날씨를 수첩, 비망록, 또는 일기에까지 세밀하게 기록
한다(Solange Pinton, 〈날씨의 기분. 크뢰즈 지역 어느 농부의 일기Les humeurs du
temps. Journal d'un paysan de la Creuse〉,《프랑스 민족학》, 제4호(2009), 587~596쪽
을 참조하라). 시골 사제들과 지난 세기의 편년사가들은 "재난을 초래하는 이런
사건들이 다시는 일어나지 않도록" 증거와 기록을 종종 남겼다.

14 미셸 투르니에Michel Tournier의 소설《대기 현상Les Météores》에 나오는 쌍둥이들
에게서 전형적으로 나타나는 비평온.

15 여행자들의 기다림과 인내의 한계를 보여주는 특별한 경우에 관해서는 Jean-
Pierre Besancenot,《기후와 관광Climat et tourisme》(Paris : Masson, 1990) 참조.

16 Anne Vallaeys,《계절에 맞지 않게 고약한 날씨Sale temps pour les saisons》(Paris :
Hoëbeke, 1993), 10쪽에서 재인용.

17 1912년 앙리 푸앵카레Henri Poincaré의 발언. Charles-Pierre Péguy,《기후의 영
향과 문제점Jeux et enjeux du climat》(Paris : Masson, 1989), 81쪽에서 재인용.

18 기상학자들 중 어떤 이는 궂은 날씨란 "기상학적 난센스"(지요 페트레)라 하며,
또 다른 이는 고백하건대 궂은 날씨는 특히 겨울에 자신의 친구라고 한다. 〈궂은
날씨 예찬Éloge du mauvais temps〉,《칸 섬L'Île Carn》(Grâne〔Drôme〕 : Créaphis,

2001), 201~206쪽 참조.

19 Pierre Pachet, 《영혼의 지표. 일기의 탄생*Les Baromètres de l'âme. Naissance du journal intime*》(Paris : Hatier, 1990) 참조.

20 《리베라시옹》(2013년 3월 1일).

21 www.alertes-meteo.com/stephane/climat/ann/com2013.html

22 《르 파리지앵*Le Parisien*》(2011년 8월 27일).

23 이전의 조사 당시 행한 인터뷰. 출전을 명시하지 않은 다른 인용들도 이에 속한다.

24 Théophile Gautier, 《생동감 넘치는 알제리 여행*Voyage pittoresque en Algérie*》(Paris · Genève : Droz, 1973), 마들렌 코탱Madeleine Cottin의 서문과 주석.

25 프랑스어로는 dépression saisonnière hivernale 또는 DS.

26 약자 DSM-III-R로 알려짐.

27 〈DSM-V의 쟁점 : 계절성 우울증과 계절적 변동Issues for DSM-V : Seasonal affective disorder and Seasonality〉, 《미국 정신의학 학술지*American Journal of Psychiatry*》, 166권, 제8호(2009), 852~853쪽.

28 Claude Even, 〈계절성 우울증Dépression saisonnière〉, 《내·외과 백과사전*Encycl. Méd. Chir.*》, 127권, 제37호(Paris : Elsevier, 2006), 1~5쪽(article. 37-480-A-20).

29 Claude Even, 〈광선 요법Photothérapie〉, 《내·외과 백과사전》, 9권, 제2호(Paris : Elsevier, 2012), 1~9쪽(article. 37-480-A-10).

30 그리스어로 Melankholia에서 유래했다. 단어 그대로 해석하면 '검은 담즙melas khole'이다.

31 Richard Burton, 《우울증의 해부*Anatomie de la mélancolie*》, Bernard Hoepffner 옮김, Jean Starobinski 서문(Paris : José Corti, 2000). * 원제는 The Anatomy of Melancholy(1626).

32 1962년 미셸 시프르Michel Siffre의 고립 경험 참조.

33 Damien Léger 외, 〈맹인들에게서 나타나는 수면/기상 장애의 유행Prevalence of sleep/wake disorders in persons with blindness〉, 《임상과학*Clinical Science*》, 제97(2)호(1999), 193~199쪽.

34 현재는 시상하부의 기저에 위치한 시교차 상핵이, 24시간 리듬의 주主 진동자 자리다. 그 옆으로 여러 개의 하부 시계가 상호 연결되어 존재하는 것으로 보인다.

35 '어둠의 호르몬' 혹은 '수면 호르몬'으로 불리기도 한다.

36 베르길리우스는 이미 인체가 일주율에 의존한다는 것을 간파했다. "그리고 벌써 축축한 밤이 하늘을 뒤덮고, 기우는 별들은 우리를 잠으로 이끈다", 《아이네이스 Énéide》, II, 9.

37 우리는 '준準 SAD'가 나타내는 사회현상, 즉 겨울에 어려움을 겪는 기상 민감자들만을 연구 대상으로 삼을 것이다.

38 Jean Starobinski, 〈병의 고안 L'invention d'une maladie〉, 《우울의 문체 L'Encre de la mélancolie》(Paris : Seuil, 2012)를 참조하라.

39 Alain Ehrenberg, 《본심이 주는 피로 La Fatigue d'être soi》(Paris : Odile Jacob, 1998).

40 Christophe Granger, 《여름의 신체. 계절적 변화의 탄생》.

41 George Vigarello, 《위생과 비위생. 중세 이후 건강과 복지 향상》. 1883년 학교장 코티네 Cottinet의 발언 재인용.

42 George Vigarello, 《회복된 신체. 교육권의 역사 Le Corps redressé. Histoire d'un pouvoir pédagogique》(Paris : Armand Colin, 2001〔1978〕).

43 기후학자들은 이 온도를 섭씨 25도로 설정하고 있다. '체감온도'는, 온도를 낮추는 바람의 강도를 감안한다.

44 〈도시의 계절들 Les saisons dans la ville〉, 《도시연구 연보 Les Annales de la recherche urbaine》, 제61호(1994).

45 이 구호는 여전히, 타일랜드 푸켓에 소재한 스파 리조트 '씨 선 샌드 Sea Sun Sand' 같은 일부 호텔에서 게시되고 있으며, 반면 바하마에서는 "'바하마 군도'는 하나의 슬로건 그 이상이다"라며 관광업의 다각화를 강력하게 요구하고 있다. : www.bahamapundit.com/2010/07/sun-sand-and-sea.html

46 www.infosoleil.com 참조.

47 Somerset Maugham, 《아시아의 어떤 신사 Un gentleman en Asie》(Paris : 10/18, 2000). * 원제는 The Gentleman in The Parlour(1930).

48 Jean-Pierre Besancenot,《기후와 관광》.

49 Marc Wittmann·Jenny Dinich·Martha Merrow·Till Roenneberg, 〈사회적 시차증 : 생물학적·사회적 시간의 불일치Social Jetlag : Misalignment of Biological and Social Time〉,《국제 시간생물학Chronobiology International》, 23권, 제1~2호 (2006년 1월), 497~509쪽.

50 사실, (우리가 이미 살펴보았듯이) 수면은 낮/밤 리듬과, 생리 평형 과정의 화합 작용에 의해 조정되는데, 이는 시계추처럼 각성 상태에서 축적되고 수면 상태에서 감소하는 수면 압력을 받는다.

51 청색 빛이 백색 빛보다 더 효과적일 수 있지만, 눈에 미치는 위험성이 아직 다 밝혀지지 않았으므로 신중을 기하기 위해 광선 요법에는 청색 빛을 사용하지 않는다.

52 안나 월즈 저스티스Anna Wirz-Justice 박사는 스위스 바젤 대학교 시간생물학 센터 Center for Chronobiology 명예교수다.

53 그래도 월즈 저스티스 박사는, 불행히도 너무 일찍 세상을 떠난 생트안 병원의 아킴Hakim 박사와 함께 유럽에 광선 요법을 도입한 선구자들 중 한 사람이다.

54 그러나 이른 아침의 산책은, 그들의 수면 과다와 무력증으로 인해 실제적으로는 불가능하다.

55 《겨울의 빛에게. 구름 아래에서의 사유À la lumière d'hiver suivi de Pensées sous les nuages》, '시Poésie'(Paris : Gallimard, 1994).

56 Alain Beltran·Patrice-Alexandre Carré,《선녀와 하녀 : 19세기에서 20세기, 전기를 대하는 프랑스 사회La Fée et la Servante : la société française face à l'électricité, XIXᵉ-XXᵉ siècle》(Paris : Belin, 1991) 중 알랭 코르뱅의 서문.

57 《텔레옵스Téléobs》(2010년 11월 18~24일).

58 《엘르》(2009년 10월 23일).

59 살아 있는 토양과 접촉하며 햇빛 아래에서 노동하는 방식의 원예 치료법은 양로원 환자들에게 점차 빈번히 권장되고 있다.

60 Elisabeth von Arnim,《엘리자베스와 그녀의 독일식 정원Elisabeth et son jardin allemand》(Paris : 10/18, 1996〔1898〕). 영국 태생인 이 여성은 포메라니아 지역에

있는, 남편인 독일인 폰 아르님 백작의 영지를 조경했다.

61 Selma Lagerlöf, 〈루치아 성녀 축일의 전설Légende de la fête de la Sainte-Luce〉,《성탄절의 책Le livre de Noël》(Arles : Actes Sud, 1994). 이 축일의 기원지는 시칠리아의 시라쿠스로, 그곳에서 성녀 루치아는 신앙을 잃지 않고 구혼자들을 물리치기 위해 자신의 두 눈을 뽑아버렸다고 한다.

62 Celia Forget,《길 위에서 살기. 북아메리카의 신유목민들Vivre sur la route. Les nouveaux nomades nord-américains》(Montréal : Liber, 2012). 저자는 북아메리카의 이동문화를 연구하면서 이주민들을 만났다. 그들은 추위가 시작되면 매년 플로리다주에 있는 이동식 주택으로 돌아와 한 장소에 모여 겨울을 난다.

63 Louis Bodin·Bernard Thomasson,《날씨에 따른 여행 안내서Guide de voyage météo》(Paris : Odile Jacob, 2013).

64 Georges Limbour,《도둑 까치La Pie voleuse》(Paris : Gallimard, 1939), 29쪽.

65 이 구절은 그 기원이 초기 그리스도 교회 시대로 거슬러 올라가며, 그 이후로도 거의 변함없이 르네상스 시대의 시평과 드 세비녜 부인의 편지 등에서 재발견되고 있음을 상기해보자.

66 Colette,《시도Sido》(1901).

Yves Ballu, 《활주와 빙판의 겨울L'Hiver de glisse et de glace》(Paris : Gallimard, 1991).

Karin Becker 엮음, 《프랑스 문학에서의 비와 맑은 날씨. 중세부터 현대까지 과학적 담론과 문학적 변모La Pluie et le beau temps dans la littérature française. Discours scientifiques et transformations littéraires, du Moyen Âge à l'époque moderne》(Paris : Hermann, 2012).

Thierry Belleguic·Anouchka Vasak 엮음, 《세계의 질서와 무질서. 르네상스에서 근대까지의 대기 현상 조사Ordre et désordre du monde. Enquête sur les météores de la Renaissance à l'âge moderne》(Paris : Hermann, 2013).

Jacques Berchtold·Emmanuel Le Roy Ladurie·Jean-Paul Sermain 엮음, 《기후 사건과 그 표현(17~19세기), 역사, 문학, 음악, 회화L'Événement climatique et ses représentations(XVIIe-XIXe siècles), histoire, littérature, musique et peinture》(Paris : Desjonquères, 2007).

Jacques Berchtold·Emmanuel Le Roy Ladurie·Jean-Paul Sermain·Anouchka Vasak 엮음, 《폭서와 혹한, 기후 사건과 그 표현(II), 역사, 문학, 회화Canicules et froids extrêmes. L'événement climatique et ses représentations(II). Histoire, littérature, peinture》(Paris : Hermann, 2012).

Lucian Boia, 《기후와 대면한 인간. 비와 맑은 날씨의 상상력L'Homme face au climat. L'imaginaire de la pluie et du beau temps》(Paris : Les Belles Lettres, 2004).

Anne Cablé·Martine Sadion 엮음, 《눈, 이미지, 텍스트와 음악Les Neiges, Images, textes et musiques》(에피날 이미지 미술관 전시도록)(Épinal, 2011).

Jean-Philippe Chassany, 《대중 기상학 사전Dictionnaire de météorologie populaire》(Paris : Maisonneuve et Larose, 1989).

J. Damien, 〈바람에 관한 두 가지 옛 개념Le vent : deux conceptions anciennes〉, 《기상학La météorologie》, 시리즈 VI, 제32호(1983년 3월).

Pierre Deffontaines, 《캐나다에서의 사람과 겨울L'Homme et l'hiver au Canada》(Paris : Gallimard, 1957).

Gilbert Durand, 〈눈의 정신분석학Psychanalyse de la neige〉, 《메르퀴르 드 프랑스 Mercure de France》, 제1080호(1953년 8월), 615~639쪽.

Jean-Claude Flageollet, 《꿈결처럼 흘러간 지난날 : 보주 산악지대에 내린 눈의 역사 2세기Où sont les neiges d'antan? : Deux siècles de neige dans le masssif vosgien》(Nancy : Presses Universitaires de Nancy, 2005).

Christophe Granger, 《여름의 신체. 계절적 변화의 탄생Les Corps d'été. Naissance d'une variation saisonnière》(Paris : Autrement, 2009).

Claude Gronfier·Laurent Chneiweiss, 《겨울철 우울증 끝장내기, 그리고 각성/수면 리듬의 장애들En finir avec le blues de l'hiver et les troubles du rythme veille/sommeil》(Paris : Marabout, 2008).

Jean-Paul Guérin·Hervé Gumuchian, 《왜 동계 스포츠인가? 신화 및 실재Pourquoi les sports d'hiver? Mythologies et pratiques》(Grenoble : Institut de géographie alpine, 1978).

Marie-France Gueusquin, 〈바람, 공간, 사람(프로방스, 코탕탱, 플랑드르)Des vents, des espaces et des hommes(Provence, Cotentin, Flandre)〉, 《농촌 연구Études rurales》, 제177호 (2006년 1~6월), 121~136쪽.

Hervé Gumuchian, 《프랑스령 북 알프스의 눈. 잊힌 계절, 겨울La Neige dans les Alpes françaises du Nord. Une saison oubliée, l'hiver》(Grenoble : éditions Cahiers de l'Alpe, 1984).

Luke Howard, 《구름의 변모에 관하여Sur les modifications des nuages》(1803), Anouchka Vasak 편역(Paris : Hermann, 2012).

Philippe Kaenel·Dominique Kunz Westerhoff, 《눈 흰색 종이, 현대의 시와 시각예술Neige blanc papier, Poésie et arts visuels à l'âge contemporain》(Genève : Metispresse,

2012).

Pascal Kober 엮음, 〈내 고향은 겨울이다Mon pays, c'est l'hiver〉, 《고지목장L'Alpe》, 제 51호(2011년 겨울).

Catherine Laborde, 《궂은 날씨란 존재하지 않는다Le mauvais temps n'existe pas》(Paris : Editions du Rocher, 2005).

Gilles Lapouge, 〈기후 이론에 대한 공헌Contribution à une théorie des climats〉, 《농촌 연구Études rurales》, '일기예보. 날씨의 인류학을 위하여La météo. Pour une anthropologie du temps qu'il fait', 제118~119호(1990).

Gilles Lapouge, 《눈 내리는 소리Le Bruit de la neige》(Paris : Albin Michel, 1996).

Martin de La Soudière, 〈일기예보 혹은 다음 날에 대한 근심La météo ou la souci du lendemain〉, Christian Bromberger 엮음, 《평범한 취미들. 축구시합에서 받아 쓰기까지Passions ordinaires. Du match de football au concours de dictée》(Paris : Bayard, 1998), 219~239쪽.

Martin de La Soudière, 《겨울, 농한기를 찾아서L'Hiver. À la recherche d'une morte-saison》 (Paris : La Manufacture, 1987).

Martin de La Soudière, 《계절의 행복. 일기예보 세계로 떠나는 여행Au bonheur des saisons. Voyage au pays de la météo》(Paris : Grasset, 1999).

Martin de La Soudière, 〈궂은 날씨 예찬Éloge du mauvais temps〉, Hervé Jézéquel 엮음, 《칸 섬 : 시간의 가장자리에서의 만남L'Île Carn : Rencontres en bordure du temps》 (Grâne(Drôme) : Créaphis, 2001), 201~206쪽.

Martin de La Soudière, 〈사라진 계절들Y a plus d'saisons〉, Martine Tabeaud 엮음, 《환경의 변화Le changement en environnement》(Paris : Publications de la Sorbonne, 2009), 88~91쪽.

Martin de La Soudière·Nicole Phelouzat, 〈검은 계절. 계절성 우울증과 광선 요법 : 인류학적 접근Les mois noirs. Dépression saisonnière et photothérapie : approche anthropologique〉, 《정신건강의 복잡한 증세, 연구 및 치료Méandres, Recherches et soins en santé mentale》(Le Havre : UCID-Hôpital Pierre Janet, 2001), 제

8호, 7~63쪽.

Martin de La Soudière·Nicole Phelouzat, 〈겨울철 계절성 우울증에 대한 사회학적 접근Approche sociologique de la dépression saisonnière hivernale〉, 《정신의학, 인문학, 신경과학Psychiatrie, sciences humaines, neurosciences》, 1부, 5권, 제3호(2007), 153~161쪽 ; 2부, 5권, 제4호, 204~211쪽.

Martin de La Soudière·Martine Tabeaud 엮음, 〈날씨. 기후와 사람들Météo. Du climat et des hommes〉, 《프랑스 민족학Ethnologie française》, 제4호(2009).

Emmanuel Le Roy Ladurie, 《중세부터 현대까지 기후사 개요. 아누슈카 바작과의 인터뷰Abrégé d'histoire du climat du Moyen Age à nos jours. Entretiens avec Anouchka Vasak》 (Paris : Fayard, 2007).

Pascal Ory, 《선탠의 창안L'invention du bronzage》(Paris : Complexe, 2008).

Charles-Pierre Péguy, 《눈La Neige》(Paris : Presses universitaires de France, 1968).

Charles-Pierre Péguy, 《기후의 영향과 문제점Jeux et enjeux du climat》(Paris : Masson, 1989).

Xavier de Planhol, 《눈을 녹인 물, 미지근한 것과 시원한 것 : 냉음료의 역사와 지리 L'Eau de neige. Le tiède et le frais : histoire et géographie des boissons fraîches》(Paris : Fayard, 1995).

〈도시의 계절들Les saisons dans la ville〉, 《도시연구 연보Les Annales de la recherche urbaine》, 제61호(1994).

Pierre Sansot, 〈기상학은 결코 우발적인 사고를 없애지 못하리라. 나르본의 야채 수레Jamais la météorologie n'abolira le hasard. Le chariot des quatre saisons à Narbonne〉, 《농촌 연구Études rurales》, 제118~119호(1994).

Nicolas Schoenenwald·Martine Tabeaud, 〈하늘에 대한 시선, 종교의 일반적 성향Des regards sur le ciel, une constante dans les religions〉, Paul Arnould·Eric Glon 엮음, 《지리적 환경 속에서 자연은 아직 자리를 차지하고 있는가?La nature a-t-elle encore une place dans les milieux géographiques?》(Paris : Publications de la Sorbonne, 2005), 27~34쪽.

Nicolas Schoenenwald·Martine Tabeaud, 〈"큰 바람이 몰아치던 밤"(1839년 1월 6~7일) : 아일랜드 전역의 집단적 기억에 각인된 폭풍우"The Night of the Big Wind"(6~7 janvier 1839) : une tempête inscrite dans la mémoire collective de toute l'Irlande〉, 《메 마르*Met Mar*》, 제212호(Paris : Météo France, 2006), 16~19쪽.

Nicolas Schoenenwald·Martine Tabeaud, 〈폭풍에 대면한 내륙인들과 섬사람들Terreins et Îliens et face aux tempêtes〉, 《16~20세기 산림, 환경, 사회 연구서*Cahier d'études Forêt, environnement et société, XVIe-XXe siècles*》, 제19호(Paris : CNRS, 2009), 22~27쪽.

Jean Starobinski, 〈병의 고안L'invention d'une maladie〉, 《우울의 문체*L'Encre de la mélancolie*》(Paris : Seuil, 2012).

Martine Tabeaud, 〈뿌린 대로 거둔다Qui sème le vent récolte la tempête〉, Andrée Corvol 엮음, 《프랑스의 숲에 불어닥친 폭풍(16~20세기)*Tempêtes sur la forêt française, XVIe-XXe siècle*》(Paris : L'Harmattan, 2005), 35~46쪽.

Anne Vallaeys, 《계절에 맞지 않게 고약한 날씨*Sale temps pour les saisons*》(Paris : Hoëbeke, 1993).

Anouchka Vasak, 《기상학. 계몽주의 시대부터 낭만주의 시대까지의 하늘과 기후에 대한 담론*Météorologies. Discours sur le ciel et le climat des Lumières au romantisme*》(Paris : Honoré Champion, 2007).

Georges Vigarello, 《위생과 비위생. 중세 이후 건강과 복지 향상*Le Sain et le Malsain. Santé et mieux-être depuis le Moyen Âge*》(Paris : Seuil, 1993).

David Vinson, 〈바람의 역사 : 퐁티아스, 신화와 현실 사이에서Histoire d'un vent : le Pontias, entre mythes et réalités〉, 《드로무아즈지誌*Revue drômoise*》, 제521호 (2006), 14~24쪽.

옮긴이 길혜연

성균관대학교 불어불문학과를 졸업하고 파리10대학교에서 프랑스 현대문학 석사 과정을 수료했다. 지은 책으로 프랑스 문학 기행 에세이 《마음은 천천히 그곳을 걷는다》(2013 문화예술위원회 선정 우수문학도서), 《프랑스 문화예술, 악의 꽃에서 샤넬 NO. 5까지》(공저)가 있고, 옮긴 책으로 아니 에르노의 《단순한 열정》, 발레리 줄레조의 《아파트 공화국》, 로랑스 타르디외의 《사랑은 끝나지 않았다》, 프랑수아즈 에리티에의 《달콤한 소금》, 프랑수아 쳉의 《아름다움에 대한 절대적 욕망》 등이 있다. 프랑스 문화에 관련된 글들을 여러 매체에 기고했고, 유럽영화 전문 웹진 '시네 시테'에 프랑스 영화 에세이를 연재했다.

날씨의 맛

비, 햇빛, 바람, 눈, 안개, 뇌우를 느끼는 감수성의 역사

초판 1쇄 발행 2016년 3월 30일
초판 4쇄 발행 2022년 10월 4일

지은이 알랭 코르뱅 외
옮긴이 길혜연

펴낸이 김현태
펴낸곳 책세상

등 록 1975년 5월 21일 제2017-000226호
주 소 서울시 마포구 잔다리로 62-1, 3층(04031)
전 화 02-704-1251
팩 스 02-719-1258
이메일 editor@chaeksesang.com
광고·제휴 문의 creator@chaeksesang.com
홈페이지 chaeksesang.com
페이스북 /chaeksesang 트위터 @chaeksesang
인스타그램 @chaeksesang 네이버포스트 bkworldpub

ISBN 979-11-5931-055-3 03900